学校教育学视与思

黄积才 —— 著

中国文联出版社

图书在版编目（CIP）数据

学校教育学视与思 / 黄积才著. —北京：中国文联出版社，2023.7
ISBN 978-7-5190-5269-0

Ⅰ.①学… Ⅱ.①黄… Ⅲ.①学校教育—教育研究 Ⅳ.①G4

中国国家版本馆CIP数据核字（2023）第133783号

著　　者	黄积才
责任编辑	王　萌
责任校对	秀点校对
装帧设计	刘贝贝　李　娜

出版发行	中国文联出版社有限公司
社　　址	北京市朝阳区农展馆南里10号　　邮编　100125
电　　话	010-85923025（发行部）　010-85923091（总编室）
经　　销	全国新华书店等
印　　刷	北京四海锦诚印刷技术有限公司
开　　本	710毫米×1000毫米　　1/16
印　　张	18.5
字　　数	327千字
版　　次	2023年7月第1版第1次印刷
定　　价	58.00元

版权所有·侵权必究
如有印装质量问题，请与本社发行部联系调换

导语

学校是立德树人共同体

学校是教学相长共同体

学校是激励生命共同体

学校是生命生长共同体

学校是美好生活共同体

序 一

要在教育学视野中研究学校教育

20世纪90年代，是我国民办教育发展最为快速的阶段。而广州英豪学校的创办，则是教育与金融结合的一次有益尝试。创办初期，因为办学模式新、名校深度参与、教师待遇高，吸引了内地不少优秀教师加盟，故一度办得红红火火、声名远播。我在广州英豪学校做校长时的同事与学生中，现在有不少都在深圳工作。我也常常受邀出席深圳市各类教育评审活动，活动的空隙，有时也会与他们欢聚。有几次这样的场合，黄积才老师都在其中。同事介绍他是深圳市教育科学研究院负责教育科研管理的部门主任，曾经是中学化学老师。我也曾在几次课题研究方面的研讨会上和他有过交流，给我留下了不错的印象。

有一天黄老师给了我一个微信问候，同时问我能否为他的关于学校教育管理方面的新书作一个序，因为有之前几次交往的机缘，所以我欣然同意了。

学校是一种专司人才培养的社会组织，现代人多是通过学校教育获得通往社会的各种知识和能力。随着人民群众生活水平的日益提高，老百姓的孩子不仅要有学上，还希望能上好学，能去更好的学校上学。学校教育是政府为公民提供的一个公共产品，是社会二次分配（追求公正公平）的重要方式，也是民生之首。中国政府不仅承担着办世界上最大规模的教育的巨大责任，而且不断提高这种基本公共服务的质量和水平。在普及义务教育之后，又继续普及高中阶段教育，实现高等教育普及化，这是人类教育史上一件非常了不起的伟大事件。国家办教育，要有全局、长远、前瞻的眼光，校长办学校，同样需要有正确的人才观质量观、全面的学校功能观、科学的教育教学观。没有理论修养，没有坚定正确的价值取向，想办好一所学校绝非易事。

黄积才老师的这本《学校教育学视与思》，围绕学校这个概念范畴，以学校教育学角度，选择7个领域70个视点，从实践出发进行教育学意义上的思考，尝试建构一种新型的学校教育观察视角，我觉得这也是一种有创意的结集体例。

本书视点内容是著者近十年来公开发表的成果文章，体现了较高的思考水平与写作能力，也体现了一个基层教育工作者持之以恒的努力，难能可贵。

学校是立德树人共同体、学校是教学相长共同体、学校是激励生命共同体、学校是生命生长共同体、学校是美好生活共同体，我认为提炼概括得很好！因为我也一直认为，学校是师生生命成长的共同体，是一个双向成就的群体。学校具有组织属性，是美好社会整体中的一部分，要激活学校的办学活力，要发挥组织的力量。

本书第一章收录了深圳市龙岗区四联小学"品位教育"样例、龙岗区外国语学校"美好"样例、龙岗区石芽岭学校"石芽"样例、盐田区乐群实验小学"乐群"样例、坪山区中山小学"习性教育"样例、龙华区松和小学"松和涵养"样例6个核心理念引领学校发展样例，著者在这些样例中从理念缘起、理念内涵意义、理念支撑体系以及理念引领成效等要素为体例进行了解读，呈现了6所学校发展的精彩案例。我们知道，化学是研究物质变化的种类及其变化规律的学科，生物学是研究生物的种类及其生命生长规律的学科，学校教育学当然是研究学校教育的种类及其发展规律的学科。6所学校育人初心是一样的，但核心理念表述不一样，赋予学校发展的内涵意义就不一样，在核心理念引领下呈现出了6种学校发展样态，这正是在学校教育学意义上的一种呈现。

本书选择的视点有立德树人的智慧、文化传承的智慧、制度设计的智慧、启发式教学的智慧、因材施教的智慧、有教无类的智慧、教育需要扬长的智慧、知与行的智慧、致良知的智慧、自主学习的智慧、教材内容的智慧、让评价具有点石成金的智慧、组织考试的智慧，等等，其思考思辨都相当深入深刻，足见著者很重视对传统教育教学智慧的整理与阐释，在当下的教育学术语境中，具有重要的现实意义，也有相当的理论价值。

本书内容还体现了一个特点，就是学生立场，即站在学生立场来思考教育，如，"校长教育学是一种立人之学，是一种因人而立、因需而立、因时而立、因用而立和因势而立的教育学，是一种使学生具有自知、自适、自省、自信和自强之智慧的教育学""教育要触动孩子的内心世界，要给孩子一个自动、自觉和自发的火引子，点燃生命的发动机""教育的使命就是要激活每个孩子创新的种子，给以沃土养分，给以阳光雨露，给以唤醒、鼓舞、引领和扶持，让创新的种子生根、发芽、开花、结果，成就传奇、荣耀和幸福的一生""一百个孩子就有一百个样子。教育的目的不是把这一百个孩子变成一个样子，而是让这一百个孩子更加有模有样"……这些话语都体现了著者对学校教育本质的深刻理解。

  本书著者作为基础教育学校领域的一名研究者，能够长期深入学校实际，观摩中比较、比较中研究、研究中解读、解读中指引，我觉得这是一种很好的工作方式，也是一种很好的教育生活方式。总体来说，本书体现了著者对学校教育教学实践的深刻思考与感悟，具有较高的学术水平，也具有很好的可读性，适合校长及学校管理干部、教育学专业研究人员阅读。同时，我也期待有更多的地方教育科研部门的专业人员，帮助本地学校推动改革、致力创新，绘就更多中国特色学校高质量发展的美好画卷。

  是为序。

吴颖民

2022年12月1日于广州

（作者系中国教育学会副会长、广东省中小学校长联合会首任会长、广东省首批南粤优秀校长、当代教育名家、研究员。曾任华南师范大学副校长、华南师范大学附属中学校长、华南师范大学基础教育培训与研究院院长；广州中学创校校长；第九届、第十一届广东省人民代表大会代表、第九届广东省人大教科文卫委员会委员，广东省人民政府副总督学、中国教育学会高中教育专业委员会副理事长等多项社会职务）

序 二

敏锐的视角　深刻的思考

认识积才，源于他的文章。

积才的文章，视角之敏锐，思考之深刻，我很佩服。

第一次引人注目是他关于学校品牌的系列文章。

积才认为，在经历标准化、特色化之后，中小学教育将迈进品牌化时代。但是，在学校品牌建设中，要么是学校品牌建设理论占有者缺乏实践的支持，要么是学校品牌建设实践者缺乏理论的指引。于是，他结合自己多年基层学校品牌创意工作经历，以主持深圳市首批教育科研专家工作室为平台，以区域推进学校品牌建设的研究与实践为课题，以探索学校品牌建设具有创意的操作性策略体系为目标，开展学校特色品牌理论与实践探索。他强调，学校特色品牌建设要发挥理念的力量，要以核心理念建构师生美好生活、激活师生心灵活力、引领学校发展愿景和设计学校特色发展体系。其中，他对深圳市一区六校的核心理念引领发展的解读尤为精彩。

第二次引人注目是他关于课程建设的系列文章。

积才认为，准确界定课程概念，无论对课程研究还是课程实践都具有重要意义。对当前纷繁的课程概念进行本义梳理与界定，对于形成中国特色的课程理论体系，具有基础性价值。从课程要解决的实际问题出发，把课程主体、课程客体、课程本体和课程功夫等要素进行统筹，融主体论、本体论、价值论、认识论与方法论于一体，就能够完成课程概念的本义界定。课程就是一种师生教学共同体，是一种学习平台、成长平台及生活平台，是制度化平台，也是自组织平台。学校相同，每个学生的学习历程却不同。每个学生都是上自己选择的科目，上属于自己的学，上适合自己的学。积才对课程建设的理论思考，对学校的实际指导，其成果得到了同行的广泛关注。

第三次引人注目是他关于教学成果的系列文章。

积才认为，教学成果培育，既要从之价值维、本体维、主体维、理论维及实践维等维度进行学理分析，也要从培育依据、培育目标、培育思路、获培条件、培育方向及培育举措等方面进行事务安排。他认为，能获奖的教学成果要符合四个要求：一是回应教育教学重大问题（立德树人方向），二是基于问题的创造性解决方案（独门功夫），三是基于问题的整体解决方案，四是教学成果要在推广应用上达到一定年限（二年以上具备二等奖资格，四年以上具备一等奖资格）。他本人曾获得广东省首届基础教育教学成果一等奖，也指导过不少的学校和个人获奖。

积才之于教育，始于化学，陷于才华，忠于热爱。他2011年5月到深圳市教育科学研究院工作，服务引领，笔耕不辍，前后在各级各类期刊公开发表90篇文章，实属难得。本书围绕学校、教育、人、理念、课程、教学等要素展开，每一视点都是问题导向，自成体系，展现了他敏锐的视角、深刻的思考。值得品读。

是为序。

闫德明
2022年12月1日

（作者系广东第二师范学院教授，广东省教育学会学校特色研究专业委员会理事长，全国教育管理学科专业委员会副理事长）

序 三

学校发展需要专业引领

积才主任是我的老朋友。我们初次相识是一起到珠海调研，彼此一见如故，成为至交。弹指一挥间，20年，就这样匆匆而过。

那时我在深圳市教科所工作，他在龙岗区教育局教研室做化学教研员，并负责全区的教育科研管理工作。我经常受积才主任的邀请，到龙岗区参与一些学校的课题活动，有时也去做一点科研辅导报告。正因为他的牵线搭桥，我与龙岗区不少学校结下了深厚情谊。市教科院成立后，为充实科研管理力量，有丰富经验的积才主任被调到市教科院教育科研管理中心工作，先后任副主任、主任。因为他组织管理能力强，工作一直很出色，有口皆碑。那时，我已经被调到深圳大学任教，但我们的联系和交流仍然很多。给我留下深刻印象的是，出身化学专业的他竟然对教育理论有浓厚兴趣和执着追求。他在核心期刊上发表过的教育理论文章，我都拜读过，水平不错，为此我专门请他为深圳大学师范学院师生做过学术报告，深圳大学也聘任他为教育管理专业的硕士生导师。

最近，积才主任告诉我，他的新书《学校教育学视与思》即将问世，让我作一个序。我一介书生，并非专家，从来不敢给人写序，但考虑这是老朋友多年研究的心血和结晶，便怀揣着学习的态度，欣然答应了。

接到任务后，我一口气读完全部书稿，获益匪浅，感慨良多，我认为这是围绕学校发展各要素进行的一个比较系统和深入的研究。仔细品读，本书至少有以下特点。

一是政策性强。如视点，高考改革不只是加和减、新高考再思考、考试要赋能生命生长、让评价引领人的成长、组织考试的智慧刍议等，都是舆情之后或者国家文件颁发之后对相关政策进行的解读。

二是前沿性强。如视点，核心素养要素有哪些、学科核心素养要突出"学科"特点、略议STEM教育、应提倡技术为王、教育国际化要走中国路径、防止教育造词怪象、学校集团化办学、课程改革的中国立场、学习方式：适合的才是最好的等，都是当时及现今的热点。

三是引领性强。如视点，核心理念引领学校发展的"习性教育"样例、核心理念引领学校发展的"松和涵养"样例、核心理念引领学校发展的"石芽"样例、核心理念引领学校发展的"乐群"样例、核心理念引领学校发展的"美好"样例、核心理念引领学校发展的"品位教育"样例等，展示了如何以核心理念引领学校发展出自己的特色，为学校办学理念顶层设计提供了6个案例。

四是原创性强。如视点，学校课程概念：界定与阐释、课程之课：构建立人本体科目体系、课程之程：要立人路径架构体系等，首次提出："课程即课与程"的学术主张，从课程之课之本体、课程之程之功夫（路径）来开设学校课程，从而为破解学校课程同质化设置提供了一个指引。

五是指导性强。如视点，教学成果：概念要义及梳理要略、教学成果培育：学理呈现与事理安排、国家级教学成果奖深圳组织工作、广东省教学成果奖深圳组织工作等，既有理论指导，又有实际工作经验的支持。深圳近几届省教学成果奖、国家级教学成果奖能够取得好成绩，积才主任的组织与指导起到了重要的推手作用。

本书的结集出版，是积才主任持续十余年的观察与思考结出的一个硕果。看得出他是一位认真工作、勤于思考、乐于表达的人，也是一位忙忙碌碌、激情满满、精神爽朗的人，难能可贵。新时代的学校发展，需要专业引领。我相信，本书对基础教育学校的治理与发展，一定能起到重要的专业引领作用。

是为序。

李 均

2022年12月1日

（作者为深圳大学教育学部执行主任、教授、博士生导师，广东省教育学会教育管理专业委员会副理事长）

前 言

每个人都会因学校而改变。

学校改变人,让世界有了改变的起点。

学校教育,为国育才,深刻影响着国家未来。

不仅要有学上,而且要上好学,但谁又知道哪一种学是"好"学?

学校,是一种平凡平常的存在,却是对每一个人都非常重要的存在。

因工作原因,常常去学校,观察思考、解读体悟,我们到底需要怎样的学校?

学校,要赋能每一个生命,让生命健壮健康生长,有一个幸福的未来。

本书就是围绕学校、教育、人、理念、课程、教学等要素视点展开,视中思与行,行中求知,知而践行,知行合一,探索学校教育学规律,孜孜以求学校教育学行动智慧。

本书对学校的定位是,学校是一种立人共同体、生命生长共同体、美好生活共同体,是文明的象征,也是文明传承的载体。

本书核心观点是,学校发展需要核心理念引领,需要高位意义赋予,需要实践体系支撑。核心理念即初心,要牢记初心使命,让学校成为最个性特色的自己,成为最优质品牌的自己。

本书共有7章70个视点。7章分别是学校理念引领、学校管理治理、学校课程治理、学校课堂变革、学校教师成长、学校评价变革和学校成果培育,体系较为完整。

第一章,学校理念引领,含有14个视点,内容主线是学校特色品牌建设要发挥理念的力量,要以核心理念建构师生美好生活、激活师生心灵活力、引领学校发展愿景、设计学校特色发展体系，探寻学校品牌建设的操作性智慧以及区域推进路径，其中对深圳市一区六校的核心理念引领发展的解读尤为精彩。

第二章，学校管理治理，含有12个视点，内容主线是深圳先行示范区建设教育何为？深圳学校教育发展思考、如何激活学校办学活力，校长如何形成自己的教育学，如何集团化办学，如何科研引领、制度设计及文化传承，还关注到民办教育、教育国际化以及教育造词乱象等内容。

第三章，学校课程治理，含有11个视点，内容主线是通过对学校课程概念进行本义界定与阐释的基础上，课程论学术界第一次提出课程即课与程，学校课程是一种师生教学共同体，是一种学习平台、成长平台及生活平台，是制度化平台，也是自组织平台。要求全科目设计课程之课之本体结构框架体系，全路径设计课程之程之立人路径架构体系，要站在中国立场，形成中国课程话语体系，呈现了三个学校课程样例，对学生发展核心素养、学科核心素养进行了很好的梳理，还关注到STEM教育及技术教育等内容。

第四章，学校课堂变革，含有15个视点，内容主线是要发挥学生心灵的力量，要激活学生创新的种子，课堂应是学堂，生动是课堂最本质的标识，学习方式适合的才是最好的，要重拾传统教育智慧，如启发式教学、因材施教、有教无类、知行合一、致良知等内容，也要特别重视扬长教育、优化教学内容设计，自主学习，立德树人，强调劳动教育价值。

第五章，学校教师成长，含有7个视点，内容主线是做教师要做明师，师贵有道，更贵传道，为师者要敬畏教育，要安身立命，政府要让教师享有职业尊荣，教研要有教育性含量，合格教研员"四三三"进步方略等内容。

第六章，学校评价变革，含有7个视点。主线是让评价能够点石成金，让评价促进学生创意成长、引领成长，要有组织教育的智慧，高考不只是加与减，新高考要再思考，考试要赋能生命生长等内容。

第七章，学校成果培育，含有4个视点，内容主线是国家教学成果奖励制度的落地机制建设，如何指导一线教师生成教学成果，如何概括呈现、优化提升，教学成果学理要素与培育事理安排，深圳在广东省教育成果培育获奖情况，以及深圳在国家教学成果的获奖情况等内容。

本书是著者主持的2011年深圳市首批教育科研专家工作室主持人核心课题"以教育科研引领学校特色品牌建设研究"（批准号：mzj010）、2017年全国教育科学规划课题"基础教育学校立德树人共同体建设研究"（批准号：FHB170586）两个课题的研究成果。全部是公开发表的文章，这些文章都是围绕"学校"发展有关的学校问题进行的独立思考与感悟，具有一定的独创性，其特点：每一视点都是问题导向，自成体系。总体而言是较高水准的呈现。

本书没有从学校教育学的概念出发，没有从什么是学校教育学、学校教育产生的现状、学校教育要素框架出发，而是从一种围绕学校教育的实践性探索出发，在现象中发现问题、解决问题，形成一种问题导向的实践改进体系，是一种建构中的结构，在建构中完善结构的要素框架体系，即以现实的、实践的问题为载体，在视思悟中完成学校教育学要素结构的建构，具有十分重要的样例意义。

学校好了，教育就好了，这是本书最重要的理念。《学校教育学视与思》，历十余载而成，作者作为基础教育领域的一名工作者、研究者，希望解读学校发展密码，为办好学校而视思悟，这是一种使命，一种责任，一份正心敬业的心意。

视中思、思中悟，视思悟结合，在视思悟中改进工作、提升自我，是一种工作方式，也是一种生活方式，天道酬勤，为国家立德树人大事业尽微薄之力，与有荣焉。

黄积才
2022年10月

目 录

第一章 学校理念引领

视点1　理念的力量 …………………………………………………… 003
视点2　以核心理念建构学校师生美好教育生活 …………………… 006
视点3　核心理念激活师生心灵活力 ………………………………… 010
视点4　核心理念引领学校发展愿景 ………………………………… 014
视点5　核心理念创意设计学校特色发展体系 ……………………… 019
视点6　学校品牌建设的操作性智慧 ………………………………… 024
视点7　以科技教育推进中小学特色品牌建设 ……………………… 031
视点8　教育科研引领学校品牌建设 ………………………………… 035
视点9　核心理念引领学校发展的"习性教育"样例 ……………… 048
视点10　核心理念引领学校发展的"松和涵养"样例 ……………… 054
视点11　核心理念引领学校发展的"石芽"样例 …………………… 059
视点12　核心理念引领学校发展的"乐群"样例 …………………… 065
视点13　核心理念引领学校发展的"美好"样例 …………………… 070
视点14　核心理念引领学校发展的"品位教育"样例 ……………… 075

第二章 学校管理治理

视点1　先行示范，教育何为？ ……………………………………… 085
视点2　要激活学校发展内生活力 …………………………………… 088
视点3　核心理念建构校长教育学 …………………………………… 090

视点4　深圳教育领跑：使命、智慧及愿景创意 …………… 092
视点5　文化传承的智慧 ……………………………………… 098
视点6　制度设计的智慧 ……………………………………… 101
视点7　科研管理重在引领 …………………………………… 104
视点8　促进教育民办的智慧 ………………………………… 106
视点9　学校集团化办学 ……………………………………… 109
视点10　幼儿园精粹管理的深圳样例 ………………………… 112
视点11　教育国际化应走中国路径 …………………………… 114
视点12　防止教育造词怪象 …………………………………… 116

第三章　学校课程治理

视点1　课程概念的界定与阐释 ……………………………… 121
视点2　浅析课程之课之本体建构及意蕴 …………………… 131
视点3　课程之程：建构立人路径架构体系 ………………… 141
视点4　课程改革的中国立场 ………………………………… 150
视点5　幼儿园特色课程的深圳样例 ………………………… 152
视点6　幼儿成长启蒙的盐田样例 …………………………… 155
视点7　玉龙君子的新生活课程样例 ………………………… 157
视点8　核心素养，要素有哪些？ …………………………… 159
视点9　学科核心素养要突出"学科"特点 ………………… 161
视点10　略议STEM教育 ……………………………………… 164
视点11　应提倡技术为王 ……………………………………… 167

第四章　学校课堂变革

视点1　心灵的力量 …………………………………………… 171
视点2　激活每个孩子创新的种子 …………………………… 173

视点3	学习方式：适合的才是最好的	175
视点4	课堂应是学堂	177
视点5	生动是课堂最本质的标识	179
视点6	启发式教学的智慧	182
视点7	因材施教的智慧	185
视点8	有教无类的智慧	187
视点9	知与行的智慧	190
视点10	致良知的智慧	193
视点11	教材内容的智慧	196
视点12	立德树人的智慧	199
视点13	教育需要扬长的智慧	202
视点14	自主学习的智慧	205
视点15	让孩子学会劳动	208

第五章　学校教师成长

视点1	愿天下教师皆为明师	213
视点2	师贵有道，更贵传道	215
视点3	为师者，要有安身立命的智慧	217
视点4	为师者要敬畏教育	220
视点5	教师应享有职业尊荣	223
视点6	教研活动要有教育性含量	226
视点7	合格教研员"四三三"方略	229

第六章　学校评价变革

| 视点1 | 为孩子找寻创意成长的密码 | 235 |
| 视点2 | 让评价具有点石成金的智慧 | 237 |

视点3　组织考试的智慧刍议 …………………………………… 239
　　视点4　新高考，再思考 ………………………………………… 242
　　视点5　让评价引领人的成长 …………………………………… 245
　　视点6　高考改革不只是加和减 ………………………………… 248
　　视点7　考试要赋能生命生长 …………………………………… 250

第七章　学校成果培育

　　视点1　教学成果：概念要义及梳理要略 ……………………… 255
　　视点2　教学成果培育的学理呈现与事理安排 ………………… 262
　　视点3　国家级教学成果奖深圳组织工作 ……………………… 269
　　视点4　广东省教学成果奖深圳组织工作 ……………………… 273

后　记 ……………………………………………………………… 275

第一章 学校理念引领

标准化特色化品牌化是学校教育发展三样态

品牌化是学校教育发展新基点新视点新战略

学校理念创意是教育转型发展知识生产技术

学校理念创意技术建构新型教育生产新方式

学校核心理念引领教育回归共同生活新意义

视点1　理念的力量

什么是理念？关于理念的概念或者说法有多种，各说各有理。笔者以为要理解理念的本义，需要从分析汉字本身字义开始，进行推理和梳理才能真正理解。

理字从玉，里声。里指里边、内部。玉指玉石。玉和里组成的理字，本义指根据玉石内部的纹路进行加工雕琢。理字的本义即直接指向客观物质（或者事物）本身的内核及其纹路、层次、次序、规律，并以此为是非判断的标准。念字从心，今声，本义为常思，即念念不忘之意。梵语中的刹那，翻译为念，刹那指瞬间之意，刹那之间即指一念（或一瞬）之间。由以上梳理，可见理念是指人接触某一物质（事物）后，不经思考并且一念之间就拥有的一种价值判断，是指人在潜意识层面对外界刺激的一种本能应答。

一个人躯体的力量是有限的。当一个人拥有了根植于内心深处的理念后，就会拥有无穷无尽的力量：一是拥有指引力量，知道自己内心需要什么，知道自己的目标是什么，知道方向在哪，理念会指引前行，直到心愿和目标达成。二是拥有潜在力量，知道人的潜能是无限的，心有多大，力量就有多大，理念会通过内心发出心声，从而创造无限的人生舞台，这个舞台大可以无限，小也可以无限，重要的是各自的价值无限。三是拥有独特力量，知道每个人都是独特的个体，没有任何一个人可以通过接受教育，改造成为另一个人；知道世界是由各种各样的人组成，不羡慕别人能上北大或者做总理，而自己能心安理得、自食其力、自得其乐地做自我。四是拥有自强力量，知道自己是不成熟的，需要卓越的成长，所以能不断发展自己和完善自己，使自己具有良好的品德修养，具有较强的适应社会和贡献社会的能力，具有幸福快乐生活的智慧。

人的理念是一种个性化、系统化的世界观，是这个人立身处世的方法论基础，所以人的理念决定人的思想、行为、习惯和性格，是决定人成长的内在力量。教育的本质是立人，教育的目的是立人，教育的作用是帮助孩子更好地成长起来、站立起来。孩子的成长是自主的、能动的、独特的和创意的。孩子的站立是一种自立，自立心志、自立情怀，自立成为一个真善美的人。

所以教育也需要理念，关于教育理念的说法也有很多种，诸如素质教育理念、创新教育理念、主体性教育理念、开放教育理念、个性教育理念等等，学界从不同角度对教育理念进行了"规定性、陈述性及纲领性"的定义。但就是缺少从教育的对象——学生个人的角度进行定义。笔者以为，教育理念是一种基于教育对象应然的成长愿景的一种价值判断。离开教育对象角度定义的教育理念，从观念层面理解是正确的，从理念层面理解是不准确的。因为观念处于意识层面，理念则处于潜意识层面。教育理念的话语，如果离开了教育对象（孩子）就只能是自说自话。

最好的教育理念就是要帮助孩子拥有根植于孩子心灵的理念。要做到三个坚持。

一要坚持以人为本。通常以为教育是为了培养人才，所以要教给人各种各样的知识，却常常把孩子这个人忘了，以致这个人虽然学到了知识，却失去了对知识的兴趣。所以教育要重视人、尊重人、理解人、爱护人，并且要依托人，要帮助人能够更好地融入人的世界。虽然21世纪是信息化的世纪，是激烈竞争的世纪，但根本是人的世纪，是人的竞争的世纪。

二要坚持个性为本，一百个孩子就有一百个样子。教育的目的不是把这一百个孩子变成一个样子，而是让这一百个孩子更加有模有样。教育要承认并尊重个性差异，因材施教、启发诱导、循序渐进，为每一位学生个性和谐发展提供平等展示的机会和条件，帮助孩子自己成长为他（她）自己所期望成为的那个人，教育的作用是帮扶和促进，而不是灌输、管束、改变或者塑造。

三要坚持健康为本。健康是人生的第一财富，也是人的基本权利。但现在我们的中小学生已成为负担最重、生活最累的群体之一，睡眠不足和营养不良正危害着他们的健康。学生体能下降、近视率提高、心理问题增多现象日益严重。促进学生健康成长是教育的第一要义,也是学校存在的使命。

教育是关乎人类灵魂的事业。教育的真谛是爱,是激励、唤醒和鼓舞。从孩子内心需求出发,依托孩子的个性潜能,要帮助孩子找到健康成长自立自为的力量,一种要根植于孩子心灵深处的理念的力量,这就是最高的教育智慧。

(原载《未来教育家》2013年第11期)

视点2　以核心理念建构学校师生美好教育生活

理念是一种价值判断，同时也是一种价值引领。人的某种理念一旦确立就有了方向和力量，就会主动、自动和能动地进行选择、吸纳、建构和呈现，就会不断对外进行创意展示。这一过程就是这个人对自己整个生活进行顶层设计的过程，也是一个创意生活的过程，这一过程的逻辑起点是人的内在需求，终点是人的终极需求。学校发展需要创意设计自己的教育理念。学校一旦拥有了自己的教育理念，就会根据教育对象即自己学校学生的健康成长和创意成长的需要，依据健康成长和创意成长的原理和规律，围绕学生健康成长和创意成长的路径和方式，进行规划、设计、建构、呈现和完善，打造一个适合学生健康成长和创意成长的学园，是一个活生生的学校教育美好生活的乐园。这同样是一个依随教育理念进行顶层设计和创意设计的过程。学校教育理念同时是学校文化的核心，也是学校精神的核心。学校教育理念是学校师生教育生活共同坚守的价值观念、价值取向和价值判断。学校拥有了适合的教育理念并以此进行顶层设计，学校就会获得主动发展、持续发展和健康发展的力量源泉和航向灯塔，就能够适应社会转型发展，可见现实意义十分重大。

核心理念建构学校师生美好教育生活的创意样例

样例1　新生小学善本教育核心理念创意

新生小学把"善使人的心灵更纯洁"作为学校办学核心理念，理念中的核心概念是善良为本（善本），引导每一个孩子拥有一颗善心，做一个善良的人，做一生的善事。引导教师把教育作为一种善事，让日常的教与学活动提升到道德的高度。

理念创意来源：新生小学从2002年开始，先后接收了来自龙岗区福利中心的数十名孤儿随班就读。这批特殊的群体既有身体残疾的，又有智力障碍的；既有基础特别差的，又有习惯不良的；既有生活不能自理的，又有行为违反常态的。这给学校正常教学带来了巨大冲击。如何让孩子们融合，为每一个孩子提供适合的教育，让所有孩子同享一片蓝天，就成了学校办学核心理念创意的核心关切。

核心理念顶层设计：新生小学善本教育理念，倡导"善是一种境界，更是一种行动"，立人以善，立善以德，立德以行。以孝心、爱心、信心和诚心建构善心。以课程文化、德育文化、管理文化和环境文化建构善文化。从尊重生命开始，通过课程渗透、活动养成和环境熏陶，唤醒人性的善的基因，使人性向善，学会与人为善，与世界友好，实现善本教育理念从课堂到校园再到校外的全程化、主题化建构，使六年的小学学习能开启孩子们人生的新生之旅。师生相约日行一善、周记一善、月述一善、季献一善等系列体验活动，感悟善心善意、善行善性，心生善念，滋养心灵，能善因结善果是一种善因缘，建构美好善生活。

样例2　布吉高中扬长教育核心理念创意

布吉高中把"让每一个学生都体验成功"作为办学理念，理念中的核心概念是扬人长处（扬长），引导孩子做一个有长处的人。要求面向全体学生，面对学生的差异，不抛弃、不放弃，发现并打造学生的长处，让长处闪闪发光，从而创造条件张扬学生个性，使具有不同长处（个性品质和潜能）的学生都能成为有科学精神、实践能力和人文素养的新型建设人才。

理念创意来源：布吉高级中学于1995年由南岭村举办，起点低，基础差。因为是一所村办高中，所以生源基础成绩在深圳市普通高级中学里面，一直以来是最低的。如果让这些文化成绩差的孩子硬碰硬去参加高考文化成绩比拼，肯定是没有出路的。所以如何让这些孩子健康成长，并且能够顺利通过高考，考上自己理想的学校，无法走正常路径，关键就需要办学理念的创意。

核心理念顶层设计：布吉高中扬长教育理念，提倡让每一个学生都找到自己的长处，挖掘自己身上成长的积极因素和独特优势，找到自己长处的成长空间，扬人之长，越扬越长，将长处发展成为立身济世之本。通过个性化的课程建设引领个性化的发展，为学生制定让"长处成长—让人成长—让人成才—让人成功"的成长教育路线图，为学生建构一种激扬长处、激励生命的学习生活。在扬长教育理念引领下，学校超越自身原有水平，实现特色优质发展，实现从村办中学到全寄宿制大规模的特色鲜明的国家级示范性高中的跨越，成为深圳市艺术、科技、体育、德育特色项目学校，以扬长教育理念打造扬长教育品牌战略具有重要的案例启示意义，是当前高考模式导致学校同质发展弊端背景下的一个突围范例。

样例3　振新小学仁爱教育核心理念创意

振新小学把"以仁润心、用爱化人"作为学校办学核心理念，理念中的核心概念是"仁爱"，引导学生自立自信和自尊自强，吸收儒学仁爱文化之精华，形成温、良、恭、俭、让等良好道德修养，成为当代仁者即具有仁爱意识与能力的现代人。

理念创意来源：振新小学是具有70年历史的原村办学校，地处农村和城市接合处。随着农村城市化和教育现代化的快速推进，社会、社区、家长、师生对学校教育质量的要求越发提高。如何进一步引领学校全面实施素质教育、推进课程改革、提高教育质量、提升社会形象，使历史悠久的老校重新获得创新发展的动力和生机，这同样需要来自理念的创意。

核心理念顶层设计：振新小学确立仁爱教育理念，以仁润心、用爱化人，培养学生仁爱品性，引导学生做一个仁爱之人。围绕恭、宽、信、敏、惠等课程，以忠恕之法，行仁爱之道。忠指己欲立而立人，己欲达而达人，认真虔诚积极做自己。恕即己所不欲勿施于人，能够将心比心，宽容宽恕尊重他人。学校精心设计了书香文化、海报文化、格言文化、成长文化、生态文化，每一个角落都渗透仁爱文化气息，引领师生实践仁爱、感受仁爱、弘扬仁爱，品味一种创造的、幸福的、诗意的仁爱生活。

类似的样例还有很多，如坪山中心小学坚持习性教育理念，好习性成就千里马，每个孩子都是一匹千里马，每位老师都是伯乐，践行学校千里马文化创意。如六约学校践行"教育是人生幸福的基石"的幸福教育理念，引导孩子做一个幸福的人，要求学生体智和谐，教师德艺双馨，构建加持教育本怀、擦亮生命底色、守望师生幸福的"六大约定""六大工程"的幸福教育体系，师生和谐融洽，充满了人性感动和灵性感悟，将教育的逻辑起点回归到人的心灵需求。如阳光小学秉承着"教育，让生命更阳光"的阳光教育办学理念，用人性里爱的阳光，照耀唤醒、激活呵护每一个学生的灵魂生长和生命成长，以阳光普照大地的博爱胸怀，依托天性差异，赏识激励，引领每一个生命成就不一样的精彩。

教育的主体是人，对象也是人，每一个人都是独特独立的、生动活泼的生命。

教育就是人与人之间心灵的唤醒，这种唤醒需要来自心灵深处内在的理念创意。从学校发展的实际需要出发，以核心理念建构学校师生美好教育生活，能够使学校教育回归到生活本质，让师生一起创造自己理想的教育生活，一起体验生命成长的快乐，提升生命的生存智慧和生活质量！

（原载《未来教育家》2013年第11期）

视点3　核心理念激活师生心灵活力

心灵是生命活力的本源，心灵存在于人的躯体并赋予躯体以生命气息，心灵中蕴藏着无穷的精神力量。教育要通过教师的心灵创意，打开学生的心灵之窗，点燃学生的心灵之灯，不断地"添油、挡风和排气"，让心灵之灯越燃越旺盛，散发并凝聚心灵的力量，让生命精气充满，神采奕奕。但是当前的教育，常常让孩子感到心力交瘁，常常感到无力无能、无助无望，常常处于困惑沮丧、倦怠冷漠的状态，自卑嫉妒、自闭郁闷、抑郁焦虑、消极失落的孩子越来越多，离家出走、自杀或犯罪等极端行为常常出现，失却了心灵的活力。学生的成长偏离了精神成长、健康成长的本真意义，未能真正体现教育对于人的培养功能。因此，学校教育要为学生的身体健壮成长提供服务，更为重要的是要建构师生心灵感应场，让师生心灵感应心灵，互相唤醒激发，激活师生的心灵活力。

一、教育要正确认识孩子的心灵特质

人的心灵是敏感的，人能够容易地感受外界变化，常常表现出非凡的洞察力、澎湃的激情，从而具有非凡的创造力。人的心灵的敏感力是人最宝贵的能力。人的心灵是敏感的，同时也是脆弱而易变的。人总是以自我为中心的，总以自己内在心灵为出发点，对外界反应进行感受、识别和判断，这一过程是瞬间完成的。相对外在世界而言，人实在是渺小的，所以人的心灵常常不能真实地进行感觉。人的心灵所敏感到的，对心灵本身主观上来说是绝对正确的，但可能不是真实和客观的。成人的心灵比较成熟，对外界的敏感能够比较真实客观。

心灵的敏感特质让人具有很强的感受力，能够感受到真假、爱憎和善恶等。

但是成长中孩子的心灵就缺乏识别能力，容易陷入心灵困境。这里有一玩笑案例：成人和4岁孩子的玩笑。成人："孩子，你的玩具很好看，送给叔叔吧！"孩子因为特别喜欢，所以："不给。"成人："不要那么小气嘛！"孩子因为受妈妈教导要和别人分享，但又实在不愿意，所以十分为难窘迫。孩子妈妈知道孩子不愿意，说："孩子，叔叔和你开玩笑的，留着自己玩吧。"

这是个非常平常但后果很严重的例子。因为不恰当的玩笑会使孩子心灵产生不确定的反应，容易使孩子产生犹豫、焦虑等心理体验。孩子心灵不成熟，不会说假话只能应对一些简单的直线型的因果关系。所以玩笑使孩子产生不确定的感觉，如此反复就会养成忧虑矛盾的心理，让心灵缺乏主见，不能形成正确的交往经验，谎话千遍将误为真理，从而误导孩子的心灵成长，遮蔽孩子的心灵，不能形成正确的价值观。现在我们的应试教育盲目追求分数，忽视身心成长，这是对孩子心灵成长最危险的误导。

人对周围环境（人和事）总是很敏感，总在敏感他人是否忽视我、不关注我、不理我，从他人对自己的一举一动中很敏感地捕捉他人对我如何如何。孩子的幼小心灵是可变可塑的，孩子在成长过程中不可避免地会遇到更多更严重的心理冲突，所以学校教育就要为正处在成长成熟中的孩子提供正能量，让孩子感受正能量，认识正能量，从而传递正能量，形成属于孩子自己的正能量。

二、教育需要建构师生心灵感应场

有研究表明，就像电磁场真实存在一样，人的心灵也真实地存在于自己的场域里，这种心灵场域被称为"形态共鸣场"，这个心灵形态共鸣场里，心灵与人体无缝对接，充盈充满于人的整个躯体，融为一体，使人的心灵和人的躯体可以进行信息的极速传递。人对外界刺激的反应非常灵敏，是因为人的心灵在身体形态共鸣场中起着支配作用，可以瞬间完成应激的反应。

有充足的物质营养、适当的运动锻炼，依靠身体内的生命基因，体现生命物质意义的身体就能够自然而然地健壮成长。而人在某种意义上更多的是一种精神的存在，人精神的成长是后天的学习逐渐养成的。精神的成长是一种基于心灵的成长，心灵的成长需要来自心灵的营养。每个心灵的成长成熟是各不相同的，是完全个性化的。心灵成长最重要的是形成感应外部世界正确的价值判断力，真实准确的价值判断力是心灵是否成熟的评价依据。

心灵的成长成熟与躯体的成长成熟是不同的，躯体的成长基本上是显性的、连续的和逐渐的，分阶段且有终点的，而心灵的成长到成熟主要是隐性的、非连续的，有时还有进退曲折。心灵成长是一个人的潜意识深处灵魂生长的过程，是一种自我的觉醒、生命的觉醒和使命的觉醒的过程，只有起点而没有终点。在心灵成长的话语体系中，浪漫情怀是心灵的主要语言，顿悟是心灵成长的最独特方式，感受、体验和领悟都是心灵成长的好方法。根据心灵的敏感特质、心灵的场域特征以及心灵成长的特点，依托心灵的感受力，营造合适的心灵感应场、采用心灵的方式和方法，激活心灵的活力，这就是教育的根本大法。

学校不仅是师生生存生长和生活的场所，更应是师生心灵唤醒心灵和心灵滋润心灵的场所。引以为豪的是，我们有的学校把"本根"作为核心理念引领孩子成为一个有深厚根基底蕴的人，有的学校把"涵养"作为核心理念引领孩子成为一个有厚重涵养的人，有的学校把"大家"作为核心理念引领孩子做一个有大家风范的人，有的学校把"？"（即问号、疑问）作为核心理念引领孩子做一个会思考的人，有的学校把"创意"作为核心理念引领孩子做一个有创意的人，有的学校以"和谐"为核心理念引领孩子和谐发展。以核心理念建构科学的教育模式——一个心灵感应场域，利用心灵的敏感特质，让孩子拥有一颗深厚根基的心灵、厚重涵养的心灵、大家风范的心灵、善于思考的心灵、和谐发展的心灵以及创意发展的心灵，为每个孩子找到一条仅属于他（她）自己的、独特的心灵成长路径。这样的教育是一种充满人性、灵性与智慧光芒的教育。

三、激活学生心灵成长的策略

爱是心灵的状态，是心灵的本能。教育是师生心灵爱的沟通与交流。人的心灵的敏感特质让师生爱的沟通与交流成为可能。教师是人类灵魂的工作师，教师的作用不是灌输、塑造、改变，而是爱、唤醒、帮扶、促进和解放，引领孩子心灵深处的灵魂生长，让孩子的心灵富有创造力、生命力、价值判断力和使命驱动力，成为具有独特人格魅力和具有重大承载能力的主体。爱是教育的真谛，是教育的根本策略（元策略）。激活心灵成长的策略，就是要找到最有利于感受爱、传递爱、拥有爱、共享爱、弘扬爱的策略，让世界充满爱，爱如潮水爱满心灵。

1. 激励心灵策略

激励能够激活人的心灵。其实简单的一句话，就可能让一个心灵感受到激励，受到感动，获得启示，让心灵处在被激励的状态，就像一缕阳光能聚焦心灵，产生巨大的动力和活力，建立自信，不断自强，指引人走向成功。有一个故事：某落魄青年流浪到了巴黎，期望叔叔能帮忙找一份差事。叔叔问："数学精通吗？"青年摇头。"史地如何？"青年摇头。"那法律呢？"青年干脆垂下头，觉得自己真没什么能耐。"那你先把名字和住址写下来吧。"青年写完后转身要走，却被叔叔一把叫住了："你的名字写得很漂亮嘛，这就是你的优点啊。"把名字写好，就是把字写好，相信日后就能把文章写好，青年受到了鼓励和暗示，一点一点地进步着。数年后，青年果然写出了享誉世界的经典作品。这个青年就是19世纪法国著名作家大仲马。这个故事告诉我们，教育要找到孩子的长处，激励孩子的长处，让长处闪闪发光。

2. 历练心灵策略

心灵的成长是一种社会学意义上的成长。社会是复杂的，有阳光的一面也有阴暗的一面。心灵的承受力体现心灵的品质，将影响生命发展的高度，所以心灵重负也有积极的意义和价值。悲情境遇、痛苦体验能更好地激活人的心灵，使人格深邃精微，充满大爱。如贝多芬在失去听力后，能够依托心灵的力量用心灵谱写出千古不朽的《命运交响曲》；如司马迁在受官刑之辱后，能够依托心灵的力量用超人意志完成不朽之作《史记》流传后世；如越王遭受丧国之痛后，能够依托心灵的力量，卧薪尝胆成就百二秦关终属楚的辉煌复国之梦等，历经磨难的心灵可以化悲痛为力量。

3. 守望心灵策略

如普希金震撼心灵的放歌："假如生活欺骗了你，不要悲伤，不要哭泣，在那忧郁的时光，还有一份甜蜜的守望。请相信欢乐之日将会来临，不公与磨难总是短暂。心儿永远向往着未来，纵使现在常是忧郁；一切都是瞬息，一切都将会过去；而那过去了的，终会成为亲切的怀念。"闪耀着普希金纯洁静美的诗性心灵的灵动光芒，要让人们相信，心若在梦就在，生活是浪漫而美好的，值得为之守候。

激活心灵成长的策略是很多的，因为人的心灵是神奇的，至柔可以柔弱如丝、柔润如水，至坚可以坚实如山坚强如钢。因为心灵的成长也是神奇的，总会有一种力量让心灵感动，总会有一种情怀让心灵柔软，总会有一种信念让心灵坚强，总会有一种机缘让心灵成长，让生命生活得幸福美满。雨果说："比陆地更博大的是海洋，比海洋更博大的是天空，比天空更博大的是人的心灵。"我们要做的，就是相信世界、相信自己、相信我们内在的心灵。

（原载《师道》2014年第1期）

视点4　核心理念引领学校发展愿景

一、社会转型：学校发展的深刻背景

改革开放以来，我国确立以经济建设为中心，推进物质和精神两个文明建设，极大地解放和发展了社会生产力，使我国综合实力不断增强，人民财富不断增长、人民生活不断改善，取得了举世瞩目的巨大成就，我国社会从农村到城市、从沿海到内地，发生了极为广泛而深刻的变化，一直处于持续、快速和稳步推进的转型之中。随着改革开放进一步深入，进一步深化经济体制改革，确立以推进政治、经济、文化、社会和生态环境五个文明"五位一体"整体部署的发展战略，体现改革的全局性、系统性和协同性，描绘了国家发展的新愿景，这是全面深化改革的再出发、再部署、再动员，具有里程碑意义，社会发展转型必将带来更深刻的社会形态转型。

我国教育为适应改革开放经济建设要求，发挥穷国办大教育，发动全社会力量办教育，人民教育人民办，实现了义务教育普及化、高等教育大众化、形成了数量大幅提升、规模大幅扩张、质量明显提高、结构不断完善的国民教育体系，为人民群众享受优质教育做出了重要贡献。随着人民群众从"有学上"到"上好学"，从追求受教育机会到追求教育高质量的需求转变，教育迫切需要转型，并且从被动适应式转型到主动引领式转型的转变，从而引领社会发展。

二、愿景管理：学校发展的转型路径

转型之转，乃突围、变换、革新、生成。转型之型，乃型式之型、内涵之型、社会之型、主体之型。所以转型乃旧型换新型，传统变现代，旧貌换新颜。社会转型是一种社会进化，是一种社会形态向另一种社会形态的转换，两种形态之间具有根本性的质的飞跃。随着社会的快速持续的转型发展，教育必定要转型发展，教育本身也需要转型发展。教育转型也应是一种教育形态向另一种教育形态辞旧迎新的变换，是教育系统的整体变换，包括教育的理念、方针、政策、目的、功能、价值、课程、教学、方法等要素。

教育的本质是育人，促进人的健康成长成才。教育要变革，本质是人的变革。教育要转型，本质是人的转型。这个人要转向何处、在何处转、如何转？人不仅是生物学上的人，还是社会的人。教育的作用就是让生物学意义上的人转变成社会学"人性"意义的人。现代社会的人必然拥有现代性。一个现代性的人是一个理性的和主体性的人。理性及主体性都是人的现代性之核心要素，但人的现代性不仅仅是理性和主体性。

所以教育转型既要发展现代性，又要防止陷入现代性困境，教育转型很容易陷入这种两难之地。人是一种超越性存在，是社会的主体和历史的创造者。教育通过培养社会历史活动的主体，创造社会历史，促使社会转型。教育转型与社会转型的关系从被动适应走向主动超越，从适应社会转型走向引导社会转型。教育不能仅仅适应社会变革，应该引领社会变革，教育发展的特殊性使教育转型是一种非直线型的和无止境的。教育转型要从一种适应性、工具性教育转变成一种主体性、超越性教育。

学校是教育的基本组织，独立自主的组织。学校是让人（孩子）学习的地方，学习健康成长并成才的地方，即促进人的转型的地方。学校是教育转型发展的关键节点，随着社会进步，人的转型是必然的、迫切的，所以学校也面临转型，学校发展是一种转型发展。学校转型过程是一个文化重建的过程，是一个要求学校全体成员形成新的价值观、信仰和规范的过程。文化重建要由自发转入自觉。需要改变师生已经习惯了的思维方式和行为方式，营造一种与学校变革理念相适应的自主更新、主动发展的学校文化。学校文化变革是师生生存方式和生存状态的变革。学校转型和文化重建的最终归宿是一致的，都是为了人的发展。

愿景是指愿望的景象。愿景不是现况实景，而是一种愿望远景。渴望实现，可能实现，也可能永远无法实现。但是人需要有这样的愿景憧憬，人愿意生活在这样的愿景憧憬中。愿景管理是指领导者在充分理解组织和组织使命的基础上，利用个人领导力引导组织成员对组织未来进行思考，通过建立组织共同心智模式来构建与完善组织愿景，并使组织愿景成为激励成员不断朝着组织目标努力，推动组织进步的强大动力，最终实现组织愿景，完成组织使命的过程。学校愿景是学校未来教育生活的一种愿景，是在核心理念引领下，通过SWOT分析，进行顶层设计和系统思考，描绘学校未来发展可达成的师生所憧憬的前景、愿望、战略目标等方面的理想蓝图。

学校愿景管理是在规则、程序、标准等基本制度基础上，重视发展师生心灵的精神力量。不是强制，而是重在发掘师生隐性的和潜在的因素，如工作意义、生命价值及人生梦想等，引导师生表达心愿、贡献自己，形成和谐生活、文明生活共同体。学校愿景管理从头脑转向心灵，从迷信工具理性，到唤醒隐藏每个人心灵的潜能和力量，让人的心灵开放，让精气神灵动交流聚集聚变，从而释放隐藏在每个人心灵的潜能和力量，成为有思想、有理想、有勇气、能合作共处共同实现自身生命价值，有生存生活智慧的人。因为学校愿景是核心理念引领下凝聚师生心目中对学校发展的期望所在，是学校凝聚各方力量的催化剂和黏合剂，所以对增强师生对学校的效能感、认同感和归属感，具有神奇微妙的效果。

三、愿景设计：核心理念引领学校发展顶层创意

因为愿景是组织的一种期望、一种预测、一种定位。因而愿景具有组织独特性、社会性、战略性、长期性和激励性。学校发展愿景让师生形成一种共同心智模式、共同发展战略、共同价值体系。当下的社会转型是指向未来的社会转型。未来社会是即将到来的信息社会。信息社会里，信息是最好的资源。因为广泛应用信息网络虚拟技术，学校教育对个体发展的影响在不断弱化，学校教育必然随之转换。从培养社会劳动者（工具人）转身培养社会主体人，转向现实生活中主体的自觉和主体间的交往。面向未来社会的主体是具体性的主体、独特性的主体、多样性的主体和多向性的主体。未来形态的教育应该是：你可能没有看见学校，你甚至没有看到人，但是教学在进行中，学习在进行中，交往在进行中，成长在进行中，创新在进行中。所以未来教育具有全向性和全程性、全面性和全域性、全息性和全纳性等特征。在未来形态的教育中，每一位个人主体都拥有丰富的成长资源、仅属于个人主体的成长路径、完成每位个人主体人生梦想的启蒙，启程奔向幸福平安的美满生活。教育是面向未来的事业，培养面向未来的人才。未来是什么样的未来，谁也不

能确定，但谁都可以想象。所以面向未来形态的教育愿景迫切需要创意，需要在面向未来的核心理念引领下进行顶层设计和系统建构。

什么是创意？创者创新、创作、创造。意者意识、观念、思维、智慧。顾名思义，创意就是创造意义且要创出新意，创造性地赋予意义。这个世界本来没有意义，因为人的存在，人能够赋予世界以意义，人是世界万物之主，也是世界的尺度。未来学家阿尔文·托夫勒预言："资本的时代已过去，创意时代在来临：谁占领了创意的制高点谁就能控制全球！主宰21世纪商业命脉的将是创意！创意！除了创意还是创意！"愿景创意，如何创造愿景的意义，如何创造性地赋予愿景以意义？如何创造性地赋予学校发展愿景以意义？以核心理念创意学校发展愿景是必然选择。校长起核心角色和关键作用。科学制定学校愿景是优秀校长的重要使命，需要校长有前瞻性思维，具备很好的洞察力、预测力、组织力、凝聚力、沟通力，需要校长凝聚人心、整合资源、把握机遇，实现学校持续式和跨越式发展。

学校办学核心理念体现一所学校的办学理想、信念和价值观，反映文化学校的特质和灵魂，起着战略性、支配性等统领统筹作用。正确的做法应该是，政府在标准化建设学校，规范化制定管理制度的基础上，利用专业力量，帮助学校找到适合自己学校发展的核心理念，以核心理念进行学校整体性的变革创意，引领学校自主发展和特色发展，让每一所学校都找到成为优质特色好学校的路径。

在本专题展示的深圳7所学校案例中，园岭外国语小学以适合教育理念引领每个孩子做最好的自己；坑梓中心小学生态教育理念，学校是一个庄园，大树小草花鸟鱼虫和谐相处相得益彰；梧桐学校自主教育理念引导孩子像梧桐一样成长，长成伟岸挺拔厚实坚定的国家栋梁之材；潜龙学校认为每个孩子都是一条潜龙，学校使命是发现发掘孩子的潜能，在渊潜龙总有一天将飞龙在天；平冈中学全人教育理念引领学校多元发展、和谐共进、不断超越、成就特色；第二高级中学以尊重的教育理念培养有尊严的人和受尊重的人；第二实验学校坚持以人为本，顺应人的禀赋，成长为先，提升人的潜能，追求卓越，完整而全面地关照人的发展等，以办学核心理念作为学校发展转型的顶点，也作为起点，以此创意师生美好生活愿景，均很好地体现了校长的办学创意与智慧。

未来社会将更加信息化、智能化、国际化和未来化，同时也将存在越来越多的动荡多变的复杂性和不稳定性，教育面临不确定性的转型期，面临系统整合、结构调整、制度创新、理念更新、权利重组。社会发展转型促进学校教育发展转型，关键是构建属于学校自身发展、仅属于学校自己的教育学。依据学校教育转型的发生学、动力学和类型学，定制学校发展核心理念，创意学校发展愿景蓝图，创制学校发展独特路径，重建师生的生活方式和生存状态，过一种有职业归属意义的生活，享受教育与幸福。这是学校教育学的使命，也是教育工作者的使命。

（原载《新课程研究（上旬刊）》2014年第7期）

视点5 核心理念创意设计学校特色发展体系

以核心理念设计学校特色发展体系，创意学校发展愿景蓝图，创制学校特色发展独特路径，既有利于促进学校教育优质发展和转型发展，也有利于建构师生一种有理想、有价值、有创意、有职业归属意义的美好教育生活。本文就理念背景缘起，理念内涵高位立意，理念支撑实践架构为主线，呈现理念创意设计学校特色发展的技术样例。以核心理念顶层设计、改造并建构学校教育生产方式，创意学校发展愿景，促进教育转型、优质、均衡、创新、特色和协调的发展，全面提升教育品质，具有重要现实意义。

一、核心理念要在学校发展现实背景中聚焦

什么是理念？理念是指人接触某一物质（事物）后，不经思考并且一念之间就拥有的一种价值判断，是指人在潜意识层面对外界刺激的一种本能应答。核心理念因其全局性、导向性、长远性和系统性特质，因而对于学校组织的发展具有战略性、纲领性、引领性和统筹性等作用。如何确定学校发展核心理念？笔者以为，应该在更宽阔高远视野中进行背景聚焦。

1. 传统文化背景

文化是民族的灵魂，也是民族存在的根基。每个民族都有自己独特的传统文化，独特的审美情趣和价值取向，思想感情和精神风貌。中华民族文化源远流长，留下了丰富而深厚的传统准则，如仁爱和谐、天下大同、天下为公、天人合一、厚德载物、自强不息、有教无类、忠恕之道等等，使中华民族生生不息，代代传承着民族生活的智慧。学校的使命就是传承文化。学校发展的核心理念就应该体现我们

悠久的传统文化精华并从中汲取智慧。

2. 国家政治背景

当前，国家全面落实经济建设、政治建设、文化建设、社会建设、生态文明建设五位一体总体布局，推进国家治理体系和治理能力建设，提出创新发展、协调发展、绿色发展、开放发展、共享发展的"五大发展理念"，是改革开放以来形成的核心发展经验，也是今后乃至更长时期我国发展思路、发展方向、发展支点和起点，是事关发展全局的核心理念。因此，学校发展核心理念应该在国家发展大背景中寻找核心概念。

3. 社会现实背景

当前，我国社会在民主得到发扬，依法治国得到落实，社会公平和正义得到维护，人民群众互帮互助、诚实守信、平等友爱、融洽相处、安定有序，人民创造活动得到支持，创造才能得到发挥，发展成果得到更广泛范围的共享。但是生活水平的提高，人民群众对民主法治、公平正义的要求也更高，对美好美满生活的期待也更高。所以，学校是社会的一部分，学校发展核心理念要回应人民群众对美好美满生活的期待。

4. 教育发展背景

当前国家正在深化教育综合改革，全面实施素质教育，持续加大投入，实行义务教育普遍免费政策，加大教育结构调整，提高教育质量，确保教育的公益性，构建终身教育体系，办让人民群众满意的教育，正在形成一种充满活力、富有效率、办出具有中国特色、世界水平的现代国民教育体系。学校是教育系统中的要素之一，地位十分重要，就像是教育机体中的组织细胞，细胞的健康与活力反映了整个组织机体的健康与活力。以核心理念引领学校教育优质特色发展是最好的发展路径之一，其核心理念的确定，要顺应教育发展的潮流，要与国家教育发展的大趋势相吻合。

在传统文化、国家政治、社会现实及教育发展的背景下，学校发展核心理念的确定，需要聚焦到学校自身发展的实现需求，在对现实的批判中完成核心理念的价值建构。要围绕学校的历史传承、现实状态、发展方向与发展愿景，有利于协调与平衡以学校为中心的各方诉求与各方积极性，有利于集约资源，信守共同的价值观念、价值取向和价值判断，并以此进行学校发展的顶层设计，创制学校发展的独特路径，使学校主动发展、持续发展、优质发展和特色发展。

二、核心理念要引领学校发展美好愿景

学校作为一种社会组织，是一种具有文化属性的文化组织。其存在的正当性就是传承文化，培养人才。因其存在的正当性，学校组织在漫长的历史中保持着连续性和稳定性，是一种合理性的存在，以至人们一提起学校，直接的感知就是学习文化的地方，也是有文化的地方。但是随着全球化背景下社会发展的异化，制度化教育的局限，教育同质化的极致追求，学校组织的合理性越来越受到质疑。现行学校教育的弊端屡经大众媒体炒作与渲染放大，公众对学校教育现状的不满已经公开化、公共化、情绪化，甚至意识形态化，传统意义上学校教育的美好预期、尊师重道的优良传统正被重新审视、怀疑与消解，正面临深层危机与挑战。当前学校教育已存在严重的认知混乱，已经不清楚什么样的教育是好教育了，最有教育文化传统的国度，不仅没有了教育的理性智慧，更没有了教育的自信，教育事业的发展陷入困境。

人作为鲜活独特的个体成为组织生活的主体，人总是在生活中寻求人生的意义。人生意义不仅取决于你做什么事，也取决于你在什么组织。社会是一个庞大的组织系统，也包含众多各种各样的组织。人总是在各种各样的组织中，因而人总是某种关系中的人，组织给人的生存以关系定位、价值依托和心灵归属。在古与今、中与外、朝与野、雅与俗的各种文化因素的碰撞与交融中，圣贤消解、天道旁落、意义迷失，主流价值体系屡遭颠覆性的批判，传统文化与价值观在嬗变中散逸。现代人其实什么都拥有，唯一不拥有的就是自己。不知道自己是谁，不知道自己要去哪，不知在何处安放心灵。现代社会对现代性的追逐，使社会生活中人与自然、人与人、人与自我等诸方面关系紧张，矛盾尖锐，需要进行系统的反思，急需在文化积淀的传统中重新建构。

技术进步带给生活层出不穷的新奇的刺激，使人们的生活越来越信息化、表层化、瞬时化、娱乐化和媚俗化，同时也带来越来越多的紧张、忙碌与烦躁。技术进步巨大改善了人们的物质生活环境，却并未给人们精神生活、价值与意义建构等方面提供新的内涵，诗意闲适不够，悠思宁静也不够。当下社会价值取向这种多元、多类、多层及多彩纷呈之样貌，向人们展现出了一种持续变化的社会转型状况。我国社会正处在以经济建设为中心到经济、政治、社会、文化、生态等五位一体建设转型过程中，包括社会体制转型、社会结构转型和社会形态转型，是经济基础到上

层建筑的整体转型，是升级换代的转型，是一个艰难、缓慢，甚至痛苦的过程，毫无疑问，人们的生活方式将发生巨大改变。人们从财富追逐，改善衣食住行作为主要目的生活，转型到人生活本身的价值建构甚至是自适自洽意义的追寻。

在社会转型的背景下，学校的转型发展一定也是大势所趋。学校的转型发展需要价值引领，关键是要有学校发展核心理念的引领，并以此规划学校发展美好愿景。确立学校发展核心理念的目的，就是要根据学生的健康成长、成人、成才的需要，依据健康成长、成人、成才的原理和规律，创制学生健康成长、成人、成才的路径和方式，进行系统规划和创意设计，建构一个适合学生健康成长、成人、成才的学园。核心理念创意设计学校特色发展体系，本质上是一种学校教育美好生活愿景的预期，使教师过一种自己想要的有职业归属意义、有生活幸福意义的学校生活，一种师生共享的有创意的美好生活。

本期推出的6所学校理念创意设计中，都描绘出了一幅学校发展的美好愿景。如深圳中学龙岗小学以"喜欢"为核心理念，从小为孩子们建立了认识外部世界的方法论，用一种积极心理体验去喜欢自己、喜欢他人、喜欢社会、喜欢家园、喜欢生活，实现欢欢喜喜的人生。如下沙小学以"和谐"为核心理念，以养成教育促进学生德智体美素质全面发展，知情意行个性协调发展，培养和谐的人。如德风小学传承中国优秀传统文化，以"德风君子"为核心理念，以"新六德""新六艺"培养天下情怀的现代君子。如光明新区实验学校根据学校定向运动这一优势项目，派生出学校的核心理念，寻找最适合自己的成长路线，办最适合成长的定向教育。龙城初级中学以"适性"为教育理念，办适合孩子天赋性向发展的适性教育，适合需适性，适性才适合，教师适性而教，学生适性而学。龙华新区大水坑小学以"阳光"为核心理念，以阳光普照大地的胸怀与智慧，关注关照每个孩子，办能够培养孩子自信、包容、公平、关爱的阳光教育。

三、要建构核心理念引领学校发展的支撑体系

学校教育的本质是培养人。学校教育要解决为什么培养人，培养什么样的人，用什么去培养人，怎样培养人四大问题。这四大问题就成了建构核心理念引领学校发展支撑体系的四大要素。要素一为使命担当，要培养能为实现中华民族文明复兴、国家繁荣富强、社会更好发展、人民更好生活的历史责任感和使命感。要素二为能力素质，要培养德智体美全面和谐发展的人，既能做好人又能做好事，既能传

承又能创新，既有中国传统底蕴又有宽阔高远视野。要素三为课程体系，全面实施素质教育办好人民满意教育的是课程体系的建构，要为每个孩子设计适合成长的课程，要为每个孩子的健康成才提供课程的选择性。要素四为组织实施，立德树人是学校教育的根本任务，要根据立德树人的规律，合理选择教学内容，科学制订教学计划，优化教学过程，创新教学评价，助推每个孩子的成长。

核心理念引领学校发展支撑体系的建构就是在现行学校管理制度框架下，在班级、课堂、质量、师资、制度、文化与环境等日常教育活动中，要围绕使命担当、能力素质、课程体系和组织实施等四大要素进行合理安排，发挥这些日常活动的教育教学功能，并为这些日常活动赋予价值与意义。

核心理念创意设计学校特色发展体系是学校教育学的核心技术，这一技术能够创造学校教育生活独特样态，仅属于学校自己的发展样态。以核心理念引领学校发展，勾画学校发展愿景，规划学校发展独特路径，生成有学校自身特质的特色标识，让每一所学校都发展成为自己能够成为、应该成为的好学校，每个学校都是特色学校，各不相同又相得益彰，对当前破解学校优质发展困境、均衡发展困局具有重要的现实意义。

（原载《教育》2016-09-02）

视点6　学校品牌建设的操作性智慧

在经历标准化、特色化之后，中小学教育将迈进品牌化时代。学校品牌化建设是基础教育正在迎来的发展主题。当前的学校品牌建设，不缺理论，不缺经验，不缺经费，也不缺人才，缺的是一种操作性智慧。学校品牌建设，亟须一种操作性智慧。它旨在通过学校品牌创意，建构一种师生喜欢的生活方式，享受教育与幸福，从而形成具有深厚文化内涵的特色品牌学校。笔者结合自己多年的基层学校品牌创意工作经历，以主持深圳市首批教育科研专家工作室为平台，以区域推进学校品牌建设的研究与实践为课题，以探索学校品牌建设具有创意的操作性策略体系为目标，谨以本文贡献浅识，以期抛砖引玉之功。

一、学校品牌建设的现实之困与应然意义

品牌，其本意是给物品做一个身份标识，体现一种符号功能。随着生活水平的提高，人们对名牌物品的追求成了常态。

学校是一种社会组织，学校品牌是学校组织的一种符号标识。这个符号标识体现了这所学校组织的核心价值取向、教育质量品质、文化蕴含水平和公众形象面貌，具有人本性、教育性、独特性、科学性、发展性等内涵特质，具有一定知名度、美誉度、信任度、亲近度等外在表现，为社会、家庭、师生传递了美好的情感，是美好生活的组成部分。

由于全国范围的学校规范化、标准化建设，基础教育学校都高度重视学校的常规管理和质量提升，这是很好的一面；但是另一方面，也附带形成了"千人一面"的学校、千篇一律的课程，整齐划一的管理，统一规格的"标准学生"。学

生的个性特长没有得到很好的发展，学生的创新能力没有得到很好的培养。学校之间"同"的特质比"不同"的特质多，个性化、特色化的相对少，因而学校之间身份标识趋同。虽然有些地区的学校常以实验学校、外语学校作为标识，但在课程设置和育人目标上，和普通学校并无二致，并没有特别的建树。有些学校因为地域优势、生源优势、师资优势以及经费优势，成为当地的重点学校，同时也成为教育不公平的重要证据。学校身份标识被人为标识，或者被行政强制标识。学校的自主发展意识淡薄、品牌意识淡薄，严重制约了学生的个性发展、特色发展和创造性发展。

学校的品牌建设存在一个脱节现象和一个混淆现象。脱节现象要么是学校品牌建设理论占有者缺乏实践的支持，要么是学校品牌建设的实践者缺乏理论的指引，其共同点就是学校品牌建设中存在理论与实践的脱节，也就是说品牌建设的理论话语体系与品牌建设实践者的经验体系，还没有很好地结合起来。混淆现象是学校品牌发展战略与企业品牌发展战略，分属两个不同的领域。企业品牌发展战略，属于经济建设领域，其核心价值是追求效益；学校品牌发展战略，属于社会建设领域，其核心价值是追求公平。由于企业品牌发展理论已经是非常成熟的领域，学校品牌建设往往用企业品牌发展的话语体系来解读和建构。这虽起到了一定的借鉴意义，但将两个本不相关的领域话语体系混淆在一起，却偏离了学校品牌建设的"应然"内涵。学校品牌建设的这种现状，严重影响了学校品牌建设的认知，偏离了学校品牌建设的"应然"意义。

学校品牌建设，是一种教育发展方式的转型，在当今经济、社会、文化转型的大背景下，具有重要的文化意义和精神意义。一是学校实施品牌发展战略，实现从无品牌、有品牌、特色品牌，到成为知名品牌的跨越，提升学校发展水平；二是学校依据品牌理论，完成从品牌创意、品牌创建、品牌生活，到品牌辐射的跨越，提升社会教育生活水平；三是学校进行品牌愿景创意和规划设计，改造或重建学校的生产方式，构建师生共同追求的有归属意义的生活方式，引导师生过一种自己想要的学校生活，一种有品位有品质的生活，一种有价值的生活，一种有幸福意义的生活，一种有归属感、自豪感的生活。

二、学校品牌建设的愿景创意策略

人的成长应该是自内而外，自动、自觉和自发的。教育就是要触动学生内心世界，要给学生一个自动、自觉和自发的火引子，点燃生命的发动机。所以教育是一种唤醒，是触及学生心灵的事业，其真谛是用心灵触及心灵，用生命影响生命，用灵魂唤醒灵魂。教育是师生之间的心灵之约，要走进学生的心灵世界。触及心灵的教育是一种闪耀光辉的教育，是一种洋溢创意的教育。每一个心灵都有一扇窗，打开它，照耀它，需要心灵的创意。可以说，学校品牌建设的创意愿景就是要建构一个师生的心灵感应场。在这个心灵感应场内，师生心心相印，熠熠生辉；教师潜心教书，静心育人，享受教育幸福；学生创意生长，健康成长，享受成长快乐。

学校品牌建设的愿景创意策略主要有三，一是培养目标愿景创意，即培养什么样的人的目标愿景创意。培养目标创意要很好地体现人的本性，每个孩子都是可以达到的，或者说每个孩子生来就有的，其教育的目的就是要唤醒它，让这种与生俱来的品性得到阳光雨露，得以发扬光大，变成立身济世之基。如德兴小学培养和善的人，可园学校培养和美的人，天成学校培养美好的人等。二是品牌发展创意，要具有独特性，要根据所处的地域、学校的历史及学校所具有的特色项目为依据精心设计，要具有很强的标识性、发展性，要有利于成为区域品牌名校。如新生小学善本教育，振新小学仁爱教育。三是品牌文化创意，要有很强的启示性和引领性，要给师生一个可预见、可达成的未来，一个自己热爱的有创意的学校生活愿景。如布吉高中的"扬人之长，越扬越长"，阳光小学"教育让生命更阳光"等。学校的品牌创意，体现了校长、教师和学生对学校生活的一种愿景勾画与实践创造，是学校全体师生追求幸福美满的教育生活的一种约定与体验。

三、学校品牌建设的要素体系建构策略

学校品牌建设是一项系统工程，其要素必定各成体系。学校品牌建设是一种教育品牌建设，其要素体系建构既要兼顾教育属性，又要兼顾品牌属性。笔者以为，学校品牌建设含有四大要素体系，即品牌理念体系、品牌品质体系、品牌文化体系和品牌形象体系。

1. 学校品牌理念体系，体现教育品牌价值导向

这个体系包括学校的办学核心理念、学校使命、学校愿景、学校精神、校风、教风、学风、校训、育人目标等。其核心在于形成办学使命和核心价值观，反映培养什么样的人的定位，呈现学校教育的现实状态和群体意识。这决定着学校发展的源动力和发展方向。品牌理念体系具有人文性、自觉性和引领性，是学校一切行为

的起点、归宿和最高价值标准。一套科学合理的品牌理念体系具有凝聚力，体现一种文化氛围、一种精神力量、一种价值期望、一种理性目标。所以在研究制定学校品牌理念体系时，立意要高、定位要准、视野要宽、方向要明，才能起到统领作用、先导作用。

2. 学校品牌品质体系，体现教育品牌质量水平

这个体系包括学校的办学水平、学生发展水平、教师教育水平等，反映学校教育的内涵品质，体现学生学习生活的水平态势，决定学校可能的社会贡献。教育品牌质量重要的是"品"的质量，而不是"牌"的质量。教育是通过人（教师或者学生）使学生"成人"的事业，以人为本是提升教育品牌质量的根本导向。在这个意义上，这个"人"的质量和水平就体现学校品牌的质量和水平。而这个"人"的素质构成是全面的，包括身、心、情、智、德等各方面。所以，要树立全面的学校品牌质量观。一要有普适性，能够为每个孩子的可能发展提供选择性服务；二要有系统性，能让各种学校资源得到优化整合，各尽其用，各显其功；三要有发展性，把促进学生健康成长作为学校一切工作的出发点和落脚点。

3. 学校品牌文化体系，体现教育品牌文化品位

这个体系包括学校的制度文化、课程文化、队伍文化、环境文化等，核心在于形成一种精神文化，反映学校教育的精神期待，体现学校教育的核心竞争力，决定学校可持续发展的潜力。学校是文化的产物，学校的使命在于传递、传承、传播以及创造文化。在学校里教师教文化，学生学文化。教育是师生双主体的交流，这种交流的内容、形式、手段以及目的都是文化。学校品牌文化具有凝聚、激励、辐射和融合作用，给师生以归属感、自豪感和荣耀感，是学校的灵魂。文化是品牌的灵魂，品牌是文化的载体。要采取文化立意、品牌立校战略，运用学校文化策划理论，系统地科学地建构学校品牌文化体系，独特地呈现学校品牌的文化品位。

4. 学校品牌形象体系，体现教育品牌视听特征

这个体系包括学校的标志特征、环境特征、器物特征、听觉特征和行为特征，反映学校的办学理念，体现学校的育人特征，决定学校的社会公众形象。学校标志是代表学校形象、特征、信誉、理念、尊严、力量的一种特定符号。器物特征包括学校事务用品、办公器具和设备、导示标牌、旗帜、制服、交通工具、包装用品、建筑标识、传播展示与陈列规划等。环境特征有走廊特征、教室特征、办公室特征、生活区特征、活动区特征、景观特征，环境形象美化对在校师生可以起到"润物细无声"的教育功效。听觉特征包括校歌、铃声、课间音乐、掌声、口号、学校广播站和电视台的视听设计等。学校行为特征是由学校组织制度、管理制度所指引的师生活动，如教育、教学、管理、对外联络中体现出来的学校管理形象、教师形象、学生形象以及学校的公众形象，是学校品牌理念、办学理念最生动的体现，是学校执行力的最重要的反映。要根据形象策划理论对学校品牌的视听特征进行科学设计，塑造高品位的学校视听形象。

四、学校品牌建设的流程设计策略

学校要自觉树立品牌意识，主动实施品牌战略，制定学校品牌建设规划，有目的、有计划地去打造品牌；要结合教育事业发展规律，根据品牌建设的理论，善于借助教育品牌策划机构及专家智慧，合理借鉴企业品牌打造的经验、技术与手段，科学设计学校品牌建设的流程。

1. 品牌调研

主要是对学校内外部条件进行调研。对外部环境的调研分析，主要是学校所在城市、社区的经济、文化水平上对各类人才的要求，以及社会公众对优质教育服务的要求。对学校内部条件进行调研分析，主要是当前教育事业的发展与现实要求，以及学校发展的客观基础、办学的客观条件，包括学校历史背景、文化传统、师资队伍、教学质量、办学特色、设施设备等，了解学校的发展潜力和比较优势。如新生小学有龙岗区福利院的数十名孩子随班就读，给学校管理带来了很大困难，但学校以此为契机，提出"善使人心灵更纯净"的核心办学理念，提出"善本教育"，将劣势变成办学比较优势。

2. 品牌定位

主要是根据调研情况，认清学校的发展现状，比较特色与优势，并以此进行准确定位，包括育人目标定位、办学愿景定位、办学特色定位、品牌形象定位等。每一所学校都是独特的和唯一的，品牌定位就是要发现学校的独特性和唯一性，以此发现学校的优势，确定学校发展定位，有利于实现学校的协调发展和可持续发展。如天成学校美好教育品牌建设，把美好作为办学核心理念，把做美好的人作为育人的目标定位，演绎着教育美好、生命美好，既而世界美好的美好愿景，真的是美好天成，天成美好。美好是一个普通的词，是一个很普通的定位，但有哪个词比美好更美好呢？

3. 品牌创意

教育发展需要创意，个性和特色都是一种创意，都需要创意。要在学校的潜力处、优势处、独特处进行品牌创意，提出学校办学核心理念，包括学校办学思想、培养目标、治校风格等。如布吉高中面对入学分数普遍较低的现状，提出"扬长教育"创意，即扬人之长，越扬越长；发现你的长处，让你闪闪发光！扬长教育实质上是一种成功教育，但是通过扬长来引领成功，是一种人人可达的成功，是一种可操作性的教育智慧，很好地体现了学校的办学创意和品牌个性创意，扬长教育品牌只有在布吉高中建设中才最合理。

4. 品牌设计

教育创意需要设计，主要包括品牌理念设计、品牌文化设计、品牌形象设计等。品牌理念设计主要对学校教育思想、办学理念进行设计，以此确立学校独具个性的教育观、教学观、教师观、学生观，从而统一品牌建设的指导思想；品牌文化设计主要是给品牌以文化内涵，昭示品牌的价值观念、生活态度、审美情趣、个性修养、时尚品位、情感诉求等精神象征；品牌形象设计主要对学校视听形象进行策划，引导社会公众的认同，求得良好口碑。

5. 品牌实施

主要是指对学校品牌进行内涵充实、质量提升、品质铸造。学校的管理、教育、教学、教研、科研都是围绕一个目标，就是提升学校品牌的内涵、质量和品质。如布吉高中"扬长教育"倾力打造德育、艺术、体育和科技四大特色项目，六约学校"幸福教育"倾力打造幸福德育、幸福课堂、幸福校园文化、幸福管理四大支柱，等等。

6. 品牌呈现

通过品牌调研、策划、设计和实施，学校品牌应该以何种方式呈现就显得异常重要。品牌必须要有与众不同的呈现方式。学校品牌呈现要体现核心价值，能履行并兑现品牌承诺的理性价值、感性价值或象征性价值。如德兴小学和善教育品牌的呈现，就是"和而不同，止于至善；德兴和善，和善兴德"，将德兴花园德兴小学和善是德的育人理念有机融合在一起。又如可园学校和美教育品牌的呈现，就是"在山水可园办和美教育"，境界雅致，情怀浪漫，很好地将可园花园、可园学校山水仁智和美的育人理念有机融合在一起。

7. 品牌传播

学校品牌传播就是通过运用多种媒介对学校品牌在公众中进行传播，以提高学校的知名度、忠诚度、美誉度。这既是学校发展的需要，也是师生、社会公众对教育的期待。要根据传播内容和要求的不同，选择不同的媒体，如传播学校口碑通过家长会、大型活动等传统渠道，传播教育科研成果通过专业学术期刊和教育报刊，传播学校形象及办学效果要通过教育主流传媒，传播互动性、即时性、巨量性内容，可通过网络媒体，等等。

8. 品牌评估

学校品牌评估，是一种个性化评估，核心在于评价学校发展创意和核心价值体系。学校品牌评估应有五个维度，一是品牌策划（品牌名称、品牌精神、品牌创意），二是品牌战略（品牌目标、品牌规划、品牌策略），三是品牌实施（制度、课程、队伍、文化），四是品牌建树（学生学业水平、教师专业水平、学校发展水平），五是品牌特色（创新水平、重大事件、业内影响、社会影响）。

（原载《广东教育》2012年第7、8期）

视点7　以科技教育推进中小学特色品牌建设

《国家中长期教育改革和发展规划纲要（2010—2020年）》把"提供更加丰富的优质教育"作为战略目标之一，其意蕴是要引领每一所学校主动发展、优质发展，提高学校教育质量。学校作为服务民生的教育基本组织，承担着实现这一战略目标的最重要的使命。

一、品牌化是学校转型发展的关键举措

学校教育要全面贯彻国家教育方针，要遵循教育规律，尊重人的主体性发展、差异性发展、全面性发展，要使每个学生得到生动、活泼、健康、主动的发展，就要使每一个学生获得学习能力、创造能力、发展能力和终身受用的生存智慧。在社会快速转型发展的大背景下，在学校教育经历标准化、特色化之后，学校教育也面临转型发展的艰难抉择。品牌化是学校教育正在迎来的发展主题。学校建设特色品牌，是改变"千校一面""千生一面"，学校及师生均同质化发展现状、实现转型发展的破局之举。品牌化，是学校发展的新视点，也是学校发展的新战略。

学校品牌建设的愿景是，每一所学校都有自己的特色，每一所学校都是优质学校，每一所学校都是当地社区的教育中心、知识中心、信息中心，都是社区居民心中的标志性地方；学校是学生一生记忆中最美的地方，学校学习的日子是学生一生记忆中最快乐的时光。在学校中，每个孩子都具有深厚的人文素养、扎实的科学素养，高超的生活智慧。

二、科技教育是学校特色品牌建设的重要方式

学校品牌建设的核心意蕴是让每个孩子都受到最好的关注并给予最好的表现机会,让每一个孩子都成长为他(她)自己可能成为的样子。我们不能只喜欢所谓成绩好的孩子的样子,其实每一个孩子的样子都是独特的,都是最美最好最率性的样子。教育最需要的是一种胸怀,来接纳每个孩子的模样。

科学文化素质是人应该具备的核心素质,科技创新能力是新时期人应该具备的核心能力。《全民科学素质行动计划纲要(2006—2010—2020年)》制定了四大行动,第一个行动就是未成年人科学素质行动,目的在于提高并增强未成年人的科学兴趣,创新意识和实践能力。特别把未成年人作为重点人群,组织开展多种形式和系统性的校内外科学探索和科学体验活动,加强创新教育,培养青少年创新意识和能力,以重点人群科学素质行动带动全民科学素质的整体提高。实施全民科学素质行动计划,就是以促进人的全面发展为目标,普及科学知识,推广科学方法,宣传科学思想,弘扬科学精神,提高全民科学文化素质。

学校教育是培养学生科技创新能力、提高科学文化素养的主阵地、主渠道。"创新是一个民族进步的灵魂,是一个国家兴旺发达的不竭动力。"在科学技术是第一生产力的当今社会,把科技教育作为学校教育的特色品牌建设,是学校全面推进素质教育的需要,是学校培养创新人才的需要,是学校教育转型发展、可持续发展的需要。

三、学校推进科技教育特色品牌的路径整合

在我国中小学教育传统中,小学科学(自然),中学物理、化学、生物、地理,有相对完善的课程体系,以科学知识教育为主,而科学技术教育相对缺失。由于学生科学素养的培养特别重要,国家多个部门都非常重视,都想为中小学科学素养的培养做贡献,如中国科协组织全国青少年科技创新大赛,已经组织了28届;国家体育总局组织"飞向北京—飞向太空"全国青少年航空航天模型教育竞赛评比活动,已经开展了15届;各种专业企事业单位如发明协会、青少年活动中心、机器人协会等组织各种特色科技比赛活动,如机器人比赛、头脑奥林匹克竞赛等;政府有关部门如工会、妇联、文化局、团委等单位也会组织或者参与组织各种青少年科技教育活动。多种力量关注青少年科技教育本来是件很好的事,但问题是带来了各自

为政的局面，基层学校无法统筹兼顾。归纳起来，当前中小学科技教育存在的主要问题有：课堂和课外问题、多头管理问题、师资问题、资源问题、平台问题、经费问题等。因此中小学学校推进科技教育特色品牌建设，必须进行如下路径整合。

1. 管理路径整合

科技教育通常列入综合实践活动范畴，但各区县教育局教研中心很少有专职科技教育教研员，各中小学学校也没有专职科技辅导员，这在一定程度上影响了科技教育的开展。依现有经验得知，凡有专职教研员的区县、有专职科技辅导员的学校，科技教育活动都开展得好，都各有特色。所以区县设专职科技教育教研员、学校设立科技辅导员，可以很好地管理和落实各种力量、各种渠道组织的中小学的科技教育活动。

2. 课程路径整合

科技教育全称应是科学技术教育。当前的课程设置现状是，科学教育课程一般在普通中小学学校开展，技术教育一般在职校技校开展，这是一种脱节现象，现在的高中虽然设有通用技术课程，但课程执行力较弱，达不到课程预期目标，从而导致中小学生技术素养的缺失。而科技教育最好的方式是做中学，实践中学，模拟中学。所以要把课堂文化课与课外活动课很好地结合起来，把科学知识教育和技能技术教育整合起来。

3. 活动路径整合

为更好地开展中小学科技教育，国家设置了很多促进中小学开展科技教育活动的平台，如每年5月的"全国科普活动周"，每年9月第三公休日为"全国科普日"，每年暑期组织的全国青少年科技创新大赛、各种模式模具竞赛平台等。这些平台需要有机整合，才能使中小学很好地参与，发挥这些平台的科技教育的功能。但仅有这些平台还不够，因为这些平台都是竞赛平台。但中小学科技教育不能仅仅是组织学校参加各种比赛，因为能够参加比赛的只是少数人，所以要创设普及平台。如区县范围可以设置科技教育活动月，在科技教育活动月中组织各种普及性比赛，如奇思妙想征文比赛、异想天开操作比赛等，这种比赛重在普及。有一个很好的现象是，不少学校连续多年坚持举行一次科技节。学校的科技节，是一个很好的普及平台，有利于全校师生积极参与。

4. 资源路径整合

当前中小学科技教育中，师资不足不全，懂科学的可能不懂技术，懂技术的可能又不懂教育，所以要广开路径引进师资，不重拥有，但重能用。如可以聘请高新企业技术精英及留学生作为兼职科技辅导员，推动院士进中小学科普报告等。还可以和一些厅、堂、馆、所（如展览厅、科技馆、研究所等），各种科普教育基地（如汽车科普基地、新农业科普基地、海洋科普基地等）建立联系，整合社会资源开展科技教育。

  这是一个科技的时代，一个创新的时代，同时又是一个多样化的时代，一个品牌致胜的时代。以科技教育推进学校特色品牌建设，有利于更好地培养学生的科学素养，有利于掌握先进的科学技术，有利于产生先进的生产力，有利于迎接科技创新的新时代，有利于创造中华民族更加美好的未来。

（原载《广东教育》2012年第7、8期）

视点8 教育科研引领学校品牌建设

标准化、特色化、品牌化是学校发展三部曲。品牌化是学校发展新基点、新视点、新战略。学校发展需要创意,创意需要规划设计。学校品牌建设需要顶层设计和系统建构。学校品牌建设是组织创新、组合创新、机制创新的新型话语体系。本节就核心理念如何引领学校发展,让每一所学校都成为特色品牌学校,打破学校发展地域、经费、师资、生源决定论,使深圳教育各有特色,相得益彰,呈和谐发展景象,提供深圳样例。

为加强深圳教育科研队伍建设,增强教育科研创新服务能力,充分发挥教育科研专家的示范和引领作用,2011年开始,深圳市教育局率先推出19个"深圳市教育科研专家工作室"项目。每个工作室由主持人命名,确定一个为期三年核心研究课题。本人负责的工作室确定"以教育科研引领学校品牌建设的实践研究"为课题,旨在区域推进学校品牌建设作为工作室主要工作。经过一个周期(三年)的研究与工作推进,取得了很多成果,实现了预期目标,并成为本人的优势领域,为工作带来了一项特色专长。

一、在时代背景中聚集问题

国家要求,中小学要由"应试教育"转向全面提高国民素质的轨道,面向全体学生,全面提高学生的思想道德、文化科学、劳动技能和身体心理素质,促进学生生动活泼地发展,办出各自的特色。要明确要求中小学办成素质教育特色学校。目前,促进教育公平、提高教育质量、扩大教育开放和服务城市发展已经成为教育发展主旋律,要求坚持育人为本,提高人才培养质量,推进教育均衡化、优质化、多元化、国际化、全民化、信息化。深圳教育完成了学校标准化建设，启动"深圳市特色学校创建"项目，推出《关于进一步提升中小学生综合素养的指导意见》，深圳教育正迈向内涵发展特色发展之路。

深圳教育在经历标准化、特色化时代之后，正在迈入品牌化时代。这是一个具有前瞻性、引领性的主题。深圳教育要领跑，必须建构先进的教育生产方式，必须提升深圳教育的核心竞争力，必须形成具有深圳特质的深圳教育品牌。学校品牌建设，是一种教育发展方式的转型与革新。它旨在通过学校品牌创意革新，建构一种追寻幸福意义的发展方式，一种师生喜欢的生活方式，从而形成特色品牌学校。

学校是基础教育的基本组织，深圳学校教育的生产方式体现了深圳教育的生产方式。要用先进的理念与技术改造并建构我们学校先进的生产方式，办好每一所学校，深圳教育才是一种真正的领跑。因为办好每一所学校，才能关注每一个孩子，才能为每一个孩子的可能发展提供选择性服务。

当前，我国把推进国家治理体系和治理能力现代化，看成是继工业、农业、国防、科技四个现代化之后，提出的"第五个现代化"。教育系统治理能力与治理体系建设现代化的关键是激活并释放学校活力。因为学校在教育系统中处于关键环节，每一所学校发展好了，教育就真正发展好了。以教育科研引领学校特色发展，企望从学校品牌建设的实践与研究入手，区域推进学校品牌建设。通过品牌建设促进优质、适合、公平、特色发展等问题，引领学校寻找适合并属于学校自己的发展路径，破解当前学校教育的同质化问题。

二、在文献研究中准确定位

在美国，近40年来陆续出现"优质学校建设""蓝带学校""新美国高中计划""新美国学校""特许学校"等教育发展项目，不断推进"有效学校""学校改进"和"学校重建"，成立"国家优质教育委员会"，通过优质学校"整体优化"，创造出适合每个学生发展的环境，使每个学生的个性和潜能都得到充分的发挥，保证每个学生都能取得成功，成为美国优质学校教育的核心理念。但是，美国优质学校教育的目的是实行一种大众教育，因为大众教育为美国经济建设提供所需要的具有知识和技术的工人，这些工人具有认可美国社会的价值观和生活方式，使他们承认并顺从社会制度的任何安排都是合理的。

英国则持续推进特色学校计划，陆续推出《选择与多样化的新框架》《学校：

基于成功》《新的特色体系——中等教育的转型》《特色学校：进步的评估》《特色学校：第二次评估》《特色学校：实施效果的评估》，以此来促进英国中等教育全面转型，不仅各个学校通过发展特色学科，提高教学质量，促进学校形成独特风貌，而且促使薄弱学校向优质学校转变，为学生提供了多样化的选择机会。

美国英国的中小学教育，因为政府轮流执政，不断推出各种政策，所以美国英国中小学类型类别呈现多样化格局，从香港中小学举办者多样、资金来源多样、薪资支付多样、学制多样等现象可见一斑。但都没有从所谓品牌建设的角度推进学校改革与发展。在西方，品牌（brand）本意是"让生物脂肪燃烧来标示自己的占有"，实际是在生物体上打"烙印"。作为西方广告概念传播不到百年历史。

品牌在我国最早出现的是陶器标记，早期的品牌资产观念在春秋时代就已产生，中国传统的品牌文化对周边国家及至世界都产生了深远影响。现在中国也存在很多所谓的"老字号"，只是中国积贫积弱一百多年，中国人日常生活与品牌、与高水准远离了一百多年，现在中国人富裕起来后，对品牌的追求越来越强烈，各行各业的品牌化运动越来越快，越来越好，教育系统也不例外。

以中国知网搜索结果，显示企业品牌文献多，教育品牌文献少；品牌概念表述多，品牌研究少，品牌理论少，品牌实践少，学校品牌建设则显得非常的少。知网搜索结果还显示：一是"品牌"已经成中时代话语中的热点词汇；二是品牌实践、品牌研究增长幅度最大。总体概述如下。

1. 在经济领域品牌话语体系已经非常成熟

经济的发展带来了人们生活水平的提高，物质产品日益丰富，市场环境风云变幻，企业的竞争已由产品的生产与服务的竞争，转向品牌之竞争。品牌的重要性越来越大。标志性事件是菲利普-莫里斯国际公司和雀巢公司的两大著名收购行动，使品牌价值资产化得到市场正式确认，标志着现代品牌时代的来临。当今世界，品牌之争，实质是科技之争，国家实力之争，实质是科技实力之争，科技在品牌价值中影响最大。

随着改革开放的进一步深化，我国市场经济建设的蓬勃发展，市场需求状况呈现出以下发展趋势：由追求同质化向追求个性化转变；由追求单一化向追求多样化转变；由追求温饱型向追求富裕型转变；由追求花式向追求品质转变；由追求品牌向追求名牌转变。为应对加入WTO以后经济全球化的大背景，中国企业也于20世纪80年代末开始重视品牌发展战略，重视企业发展方式和竞争方式的转型，目前阿里巴巴、腾讯、百度等市场导向型科技企业的品牌价值增长最快，国内企业也已形成以品牌竞争为基调的发展格局。

但总体来讲，中国企业的品牌战略理论和实践与西方发达国家相比还有很大差距，国内很多企业在品牌经营上仍有很多问题，存在着许多重大问题，如宣传策略问题、合资或联营问题、缺乏创新和特色问题、规模过小问题等。因此，中国市场品牌发展起步较晚，水平较低，特别是"世界级"品牌缺少。

2. 教育品牌研究与实践步入快速发展阶段

通过对中国知网文献分析，学校品牌建设特别重视品牌理念设计、核心价值设计、行为设计和形象设计，核心环节是理念创意。可以说，当前的学校品牌建设，不缺理论，不缺经验，不缺经费，也不缺人才，缺的是一种操作性智慧，缺的是一种学校美好生活的创意。学校品牌建设，亟须一种理念引领的操作性智慧，它旨在通过学校品牌创意，建构一种师生喜欢的生活方式，享受教育与幸福，从而形成具有深厚文化内涵的特色品牌学校。

三、在调查研究中归纳经验

可喜的是，国内学校品牌建设的意识越来越强了，越来越多的知名学校实施品牌发展战略，也已经涌现了很多的经验，全国范围内的学校品牌建设专题研讨活动越来越多，起到了很好的促进作用。

中国教育随着经济社会的快速发展，也以极快的速度发展着，中国教育已经是数量最多、规模最大、类型最全的教育。中小学的发展也呈现名校名师辈出的景象，如北京名校群、上海名校群、江浙名校群等。曾经引起全国参观潮的杜朗口中学（"三三六"课堂模式）、洋思中学（先学后讲课堂模式）、东庐中学（讲学稿模式），均是以课堂教学方法变革提高考试成绩，从而引起广泛关注，是一种技术引领的名校发展。教有法但无定法。这三所学校的成功体现的道理是，踏踏实实用好一种方法，就能提高考试成绩。这在当前强调升学率的大背景下，给学校拓展了巨大的生存空间。

值得高兴的是越来越多的学校，在核心理念引领下，科学设计课程，使一人有一属于自己的课程表，一人一成长路径的改革，是当前教育同质化的破局，引领着中国基础教育改革的方向。虽然不是从品牌话语角度开始的改革，但已经走在了特色品牌发展的路上。因为任何学校的特色品牌建设都是在办学核心理念引领下的系统建构,而这一系统建构的核心是课程系统建构。是从品牌之品开始,品之质地好了,标识之牌自然就会广为人知。

四、在价值取向中建构意义

品牌,其本意是给物品做一个身份标识,体现一种符号功能。品牌现在的意义是指一件物品具有很好品质的标志。本研究语境中,品牌更多是指学校教育的符号标识意义。

学校品牌是学校组织的一种符号标识,体现了学校组织的存在水平,如体现怎样的核心价值取向、教育质量品质、文化蕴含水平和公众形象面貌,是否具有人本性、教育性、独特性、科学性、发展性等内涵特质,是否具有一定知名度、美誉度、信任度、亲近度等外在表现,是否为社会、家庭、师生传递了美好的情感,是否是美好生活的组织部分。

学校品牌建设是指用先进的教育理念与品牌创意技术改造并建构我们学校先进的生产方式,建构一种有幸福意义的生产方式,一种师生喜欢的生活方式,形成特色品牌学校,办好每一所学校。

学校品牌建设要运用教育科研的范式,采用理念引领、主题引领、专家引领、行动引领等方式,引领学校品牌建设,发展出各自的特色。

学校品牌建设融教育学、心理学、管理学、品牌学、社会学、人才学、文化学、哲学等多种理论于一体的学校发展方式变革的理论与实践,具有前瞻性、创新性、引领性,是当前形势下教育创新理论的一种新探索。

学校品牌建设的目的,要让每一所学校都是好学校,都是特色品牌学校;要让每一所学校都是当地社区的教育中心、知识中心、信息中心;要让每一所学校都是社区居民心中的标志性地方;学校是学生一生记忆中最美的地方,学校学习的日子是学生一生记忆中最快乐的时光;打破地域决定论、生源决定论、师资决定论及经费决定论,让每一所学校都有一片发展的天空,每一片学校天空都很精彩。因此,最好的学校发展方式就是给师生这样一种理想的教育生活愿景,并为之奋斗,矢志追求。

所以,学校品牌建设,是一种教育发展方式的转型,在当今经济、社会、文化转型的现实大背景下,具有重要的精神与文化的引领意义。

一是学校实施品牌发展战略,实现从无品牌、有品牌、特色品牌,到成为知名品牌的跨越，提升学校发展水平；

二是学校依据品牌理论，完成从品牌创意、品牌创建、品牌生活，到品牌辐射的跨越，提升社会教育生活水平；

三是学校进行品牌愿景创意和规划设计，改造或重建学校的生产方式，构建师生共同追求的有归属意义的生活方式，引导师生过一种自己想要的学校生活，一种有品位有品质的生活，一种有价值的生活，一种有幸福意义的生活，一种有自豪感的生活。

五、在美好愿景中科学设计

1. 问题设计

一是学校实施品牌发展战略盲目的问题。解决学校发展从无品牌、有品牌、特色品牌，到成为知名品牌的跨越，提升学校发展水平。

二是学校品牌建设的技术缺失问题。学校品牌建设需要一种基于教育的知识技术。学校依据品牌理论，完成从品牌创意、品牌创建、品牌生活，到品牌辐射的跨越，提供优质教育资源，提升社会教育生活水平。

三是学校师生生活方式问题。学校进行品牌愿景创意和规划设计，改造或重建学校的生产方式，构建师生共同追求的有归属意义的生活方式，引导师生过一种自己想要的学校生活，一种有品位有品质的生活，一种有价值的生活，一种有幸福意义的生活，一种有归属感、自豪感的生活。

四是区域教育发展转型问题。深圳教育30年，经历了数量大幅增长、规模空前扩张、质量显著提升和特色初步形成等阶段，实现了从农村教育、传统教育向城市教育、现代教育的转变，完成了从起步者、跟跑者、追赶者角色的变化，随着深圳通过建设国家创新型城市，率先建成创新型示范城市，企望通过实施自主创新战略，从比较优势转型为集聚优势；从经济单项功能转型为集经济、政治、文化、社会于一体的城市综合功能；从产品品牌、企业品牌转型为城市发展品牌，打造具有国际视野、现代气派、中国特色、深圳质量的城市发展品牌，完成国家自主创新的重要战略布局，让品牌深圳领跑国家城市发展，继续发挥"排头兵"作用，并以此推进和加快推进"深港创新走廊""珠三角创新圈"建设，完善区域创新体系，为建设创新型国家提供区域创新智慧。深圳教育面临如何适应这种转型，如何履行领跑者的使命，如何扮演领跑者的角色等重大问题。

核心问题：解决学校组织优质特色发展路径问题，为每所学校的内涵发展、独特发展寻找路径。

2. 路径设计

经过标准化、特色化之后，未来学校的竞争是异质基础上的品牌竞争；

实现教育公平的核心举措是推进学校品牌发展战略；

办好每一所学校就是要让每所学校都成为特色品牌学校；

每一所学校都成为特色品牌学校，是要为每个孩子的可能发展提供选择性服务。

3. 内容设计

（1）学校品牌建设的前期研究（政策理论流派、主要观点、启示意义）。主要内容是学校品牌建设有关理论流派的代表人物和主要观点述评。

（2）学校品牌建设的现状调查研究（现状调研、实证经验、个案启示）。主要内容有：一是各地学校品牌建设经典案例的解读，分析可以借鉴的经验与启示；二是本区及本校实际情况，了解学校品牌建设的现实需要及发展出路。

（3）学校品牌建设的要素体系研究（课程、课堂、德育、管理、质量等）。主要内容是学校品牌建设的内涵特质及构成要素，如课程、教学、管理等。

（4）学校品牌建设的操作策略研究（品牌创意、品牌设计、品牌建构等）。主要内容是学校品牌建设的操作体系，如创意、设计、规划、建构等。

（5）学校品牌建设的推进研究（建立团队、确定举措、推进推广活动等）。主要内容是学校品牌建设的推手、路径、载体、推广方式方法等。

（6）学校品牌建设的评价评估方式研究（品牌指标体系、品牌评价方式等）。主要内容是学校品牌的个性化指标体系、评价方式方法等。

（7）课题研究的效果评价研究（重要结论、工作成效、成果鉴定等）。主要内容是成果的鉴定，研究的成效评价、评估等。

4. 方法设计

依托教育学、心理学、管理学、品牌学、社会学、人才学、组织学、文化学、哲学等基本理论支持。

运用文献研究法、调查研究法、分析研究法、观察研究法、个案研究法等方法，发挥课题研究的载体作用，引领学校树立特色意识、品牌意识，打造一批具有和谐教育独特文化内涵的特色品牌和特色项目的学校，全面提升区域教育的综合竞争力和文化软实力。采用以点到面，点面结合方式，逐步推进学校特色品牌建设工作；采用由浅入深，由粗到精方式，逐步提升学校特色品牌的建设水平和社会影响力，提高特色的知名度、印象度和美誉度。

5. 愿景设计

学校品牌建设的核心是如何促进人更好地成长。人的成长是自内而外，自动、自觉和自发的。教育就是要触动学生内心世界，要给学生一个自动、自觉和自发的火引子，点燃生命的发动机。所以教育是一种唤醒，是触及学生心灵的事业，其真谛是用心灵触及心灵，用生命影响生命，用灵魂唤醒灵魂。教育是师生之间的心灵之约，要走进学生的心灵世界。触及心灵的教育是一种闪耀光辉的教育，是一种洋溢创意的教育。每一个心灵都有一扇窗，打开它，照耀它，需要心灵的创意。可以说，学校品牌建设的创意愿景就是要建构一个师生的心灵感应场。在这个心灵感应场内，师生心心相印，熠熠生辉；教师潜心教书，静心育人，享受教育幸福；学生创意生长，健康成长，享受成长快乐。

学校品牌建设的愿景创意策略主要有三：一是培养目标愿景创意，即培养什么样的人的目标愿景创意。培养目标创意要很好地体现人的本性，每个孩子都是可以达到的，或者说每个孩子生来就有的，其教育的目的就是要唤醒它，让这种与生俱来的品性得到阳光雨露，得以发扬光大，变成立身济世之基。二是品牌发展创意，要具有独特性，要根据所处的地域、学校的历史及学校所具有的特色项目为依据精心设计，要具有很强的标识性、发展性，要有利于成为区域品牌名校。三是品牌文化创意，要有很强的启示性和引领性，要给师生一个可预见、可达成的未来，一个自己热爱的有创意的学校生活愿景。

6. 要素设计

学校品牌建设是一项系统工程，其要素必定各成体系。学校品牌建设是一种教育品牌建设，其要素体系建构既要兼顾教育属性，又要兼顾品牌属性。笔者以为，学校品牌建设含有四大要素体系。

一是学校品牌理念体系，体现教育品牌价值导向。这个体系包括学校的办学核心理念、学校使命、学校愿景、学校精神、校风、教风、学风、校训、育人目标等。其核心在于形成办学使命和核心价值观，反映培养什么样的人的定位，呈现学校教育的现实状态和群体意识。

二是学校品牌品质体系，体现教育品牌质量水平。这个体系包括学校的办学水平、学生发展水平、教师教育水平等，反映学校教育的内涵品质，体现学生学习生活的水平态势，决定学校可能的社会贡献。教育品牌质量重要的是"品"的质量，而不是"牌"的质量。

三是学校品牌文化体系，体现教育品牌文化品位。这个体系包括学校的制度文化、课程文化、队伍文化、环境文化等，核心在于形成一种精神文化，反映学校教育的精神期待，体现学校教育的核心竞争力，决定学校可持续发展的潜力。学校是文化的产物，学校的使命在于传递、传承、传播以及创造文化。

四是学校品牌形象体系，体现教育品牌视听特征。这个体系包括学校的标志特征、环境特征、器物特征、听觉特征和行为特征，反映学校的办学理念，体现学校的育人特征，决定学校的社会公众形象。

7. 流程设计

学校要自觉树立品牌意识，主动实施品牌战略，制定学校品牌建设规划，有目的、有计划地去打造品牌；要结合教育事业发展规律，根据品牌建设的理论，善于借助教育品牌策划机构及专家智慧，合理借鉴企业品牌打造的经验、技术与手段，科学设计学校品牌建设的流程。一是品牌调研，主要是对学校内外部条件进行调研。二是品牌定位，主要是根据调研情况，认清学校的发展现状，比较特色与优势，并以此进行准确定位，包括育人目标定位、办学愿景定位、办学特色定位、品牌形象定位等。三是品牌创意，要在学校的潜力处、优势处、独特处进行品牌创意，提出学校办学核心理念，包括学校办学思想、培养目标、治校风格等。四是品牌设计，教育创意需要设计，主要包括品牌理念设计、品牌文化设计、品牌形象设计等。五是品牌实施，主要是指对学校品牌进行内涵充实、质量提升、品质铸造。六是品牌呈现，通过品牌调研、策划、设计和实施，学校品牌应该以何种方式呈现就显得异常重要。七是品牌传播，就是通过运用多种媒介对学校品牌在公众中进行传播，以提高学校的知名度、忠诚度、美誉度。八是品牌评估，是一种个性化评估，核心在于评价学校发展创意和核心价值体系。

8. 指标设计

学校品牌评估，是一种个性化评估，核心在于评价学校发展创意和核心价值体系。学校品牌评估应有五个维度，一是品牌策划（品牌名称5%、品牌精神5%、品牌创意10%），二是品牌战略（品牌目标5%、品牌规划10%、品牌策略5%），三是品牌实施（制度5%、课程5%、队伍5%、文化5%），四是品牌建树（学生学业水平10%、教师专业水平5%、学校发展水平5%），五是品牌特色（创新水平5%、重大事件5%、业内影响5%、社会影响5%)。

六、在培训活动中辐射带动

组织了六次学校品牌建设专家引领培训报告时,向全市发了会议通知,参加的校级领导、中层和骨干超过1400多人次,起到了广而告之的作用,也起到了很好的推动作用。不少参会者说围绕一个主题从不同的侧面请专家进行专题研讨,不浮在水面,这样很好。第一场,邀请了闫德明教授做题为"基于顶层设计视角,如何创建学校品牌"的主题培训报告,从学校品牌的有关因素、学校品牌的基本涵义、学校品牌的顶层设计以及核心理念的凝练策略四个方面对如何建设学校品牌进行了深入而细致的讲解。第二场,邀请了陈丽教授做"学校品牌的顶层设计"主题报告。第三场,邀请了华南师大公共管理学院赵敏教授做"学校管理理念与学校品牌建设"主题报告。第四场,邀请了周满生研究员做题为"弘扬优秀传统文化,提高学生文化素养"的专题报告。第五场,邀请了中央教科院李继星教授做"先进办学核心理念引领下的现代学校制度建设"报告。第六场,邀请了刘堂江总编做了题为"校长的教育家之路"的专家报告。

七、在经验梳理中呈现提升

为进一步发挥教育科研的先导作用、引领作用和提升作用,做好服务深圳教育综合改革,提升学生综合素养,促进教育转型发展、优质发展、均衡发展、创新发展、特色发展和协调发展,全面提升深圳教育的品质,以"深圳市学校品牌理念文化创意设计"专题,征集深圳市教育领域学校发展及学科教学"好课题、好成果、好经验"材料,突出学校办学核心创意,要求阐明学校办学核心理念,并根据该办学理念进行顶层设计,突出理念创意和实践特色,具有科学性、独特性、先进性。先后2次征集共收到330余份经验材料。分别在《广东教育》《师道》《未来教育家》《新课程研究》《教育》等杂志分6个专题进行了呈现,共呈现42所学校理念引领学校发展经验,发表56篇文章,很好地展示了深圳学校的办学智慧。

八、在专业平台中培养队伍

工作室是一个专业平台。一是队伍专业。工作队伍由主持人、工作室成员组成;研究队伍由主持人、工作室成员及成员所在学校校长组成;专家队伍聘请市教育局、市教科院、市内专家以及外请国内专家组成。可以说工作室汇聚了专家、校长、骨干等力量。二是课题专业，科研专家工作室关键优势是核心课题。本工作室确定"以教育科研引领学校品牌建设的实践与研究"，在品牌建设的话语体系中，通过核心理念设计学校发展创意，是工作室推进学校品牌建设的核心技术，是一种基于教育的知识技术，是一门生产学校教育学知识的技术。三是制度专业。有合作制度、会议制度、研究制度、学习制度、评价制度等，确保工作室运转通畅高效。四是培养课程专业，每个成员都要完成八大任务，目的是提高成员的科研能力。要求成员认真参与学校品牌建设的理论与实践研究，自选课题课题研究，参与工作室事务，解读国内名校，组织学校品牌建设现场推进会、撰写论文、报告，参加各种培训，完成学年学习总结。以此培养成员观察能力、解读能力、组织能力、策划能力、协调能力、写作能力、文献研究能力、归纳能力、比较研究能力、总结能力、反思能力、建构能力等，从而提升科研能力。

九、在职业坚守中收获成果

1. 结论

品牌发展战略是未来学校的核心发展战略。学校品牌建设就是能够为每个孩子提供仅属于孩子的、适合的、健康的成长路径。

学校教育不是让所有的孩子都走同样的成长之路，不是所有成长都要限定在同一方向，不是所有成长中的问题都有标准答案。

教育综合改革的核心是提升教育治理能力与优化教育治理体系。教育治理能力与治理体系建设的关键是激活学校活力。

学校品牌创意是一项促进教育转型发展的知识技术。以学校品牌创意技术建构新型教育生产生活方式。学校品牌创意引领教育回归教师职业生涯的生存意义。

最好的教育是留给学生记忆中最美的时光。最好的学校是留给学生记忆中最美的地方。最好的教学能引导学生自主自为自在成长。最好的知识能让学生拥有生存智慧幸福生活。最好的愿景是每个孩子都健康成长、成人和成才。

社会发展转型促进学校教育发展转型，关键是构建属于学校自身发展、仅属于学校自己的教育学。依据学校教育转型的发生学、动力学和类型学，定制学校发展核心理念，创意学校发展愿景蓝图，创制学校发展独特路径，重建师生的生活方式和生存状态，过一种有职业归属意义的生活，享受教育与幸福。这是学校教育学的使命，也是教育工作者的使命。

校长基于自己的教育理念，以教育家的情怀，帮助每个孩子找到仅属于孩子自己一个人的文化成长路径，全程"牵线修路搭桥"，提供文化成长正能量，让孩子能够自己"站立"成一个自己想成为的那个文化人，一个充满灵性、灵气、灵感和灵动心灵的文化人，一个拥有最本真、最人性、最具普适性文化价值取向的文化人，这就是校长教育学的最高智慧。

2. 成效及成果

课题研究是一个平台，有利于加深对教育的理解、对工作的理解、对生活的理解以及对教育职业归属感、成就感、荣誉感的增强。目前共完成了70余所学校核心理念引领学校发展的创意设计，完成了五次专题呈现42个学校（单位）的理念引领学校创意发展的个案经验，形成多个品牌学校群落，独具特色，各显特色，呈和谐景象，为学生综合素养提升，为学生快乐学习健康成长，提供了很好的支持作用。区域推进学校品牌建设，增强了深圳市中小学学校特色品牌发展意识，形成了理念引领学校发展的良好态势。通过行动引领、区域推进、主题呈现、现场推进等各种活动，探索了学校组织发展的推进策略、方式和方法，在实践上形成了较为科学的可操作性的指引经验，具有辐射带动作用、孵化衍生作用，具有推广价值的完整的研究。

十、结语

经济竞争实质是品牌价值竞争。品牌价值竞争是未来各行各业竞争中的核心方式。未来学校的发展实质上是学校特色品牌发展。品牌化是学校发展正在迎来的主题，这是具有重要人生幸福意义的主题，体现教育美好生活愿景的预期。特别值得庆贺的是，以核心理念引领学校特色品牌建设的实践探索，成为2017年广东省教育教学成果一等奖（基础教育类）。

参考文献

[1] 闫德明.学校品牌概论[M].广西：广西师范大学出版社，2008.

[2] 田汉族.学校品牌经营原理与策略[M].北京：首都师范大学出版社，2009.

[3] 方中雄，陈丽，等.学校品牌策划[M].重庆：重庆大学出版社，2009.

［4］朱小蔓.我对学校品牌管理的三个主张［J］.教师博览，2005（5）.

［5］徐才根.论学校品牌策划［J］.当代教育论坛，2007（4）.

［6］芮火才.打造学校品牌需树立三种意识［J］.江苏教育，2003（2A）.

［7］张连生.品牌化学校:学校形象建设的新境界［J］.天津市教科院学报，2003.

［8］夏江峰.学校品牌的塑造［D］.华东师范大学，2005.

［9］潘国红.学校品牌战略研究［J］.南通大学学报（教育科学版），2005（2）.

［10］［美］保罗·米尔格罗姆，［美］约翰·罗伯茨.经济学、组织与管理［M］.北京:经济科学出版社，2004.

［11］黄崴.校本管理:理念与模式［J］.教育理论与实践，2002（1）.

［12］叶文梓.论中小学校长的办学理念［J］.教育研究，2007（4）.

［13］李继星.如何提炼中小学办学核心理念［J］.教育科学研究，2009，（8）.

（原载《深圳信息职业技术学院学报》2016年第4期）

视点9　核心理念引领学校发展的"习性教育"样例

> 有一所学校，每个孩子都被喻为一匹千里马
> 有一所学校，每个老师都是相马识马好伯乐
> 有一所学校，每个日常都有伯乐相马好故事
> ——解读习性教育题记

走进深圳市坪山区中山小学的大门，就会发现墙上两行醒目的大字，那是一副对联"习惯引领发展，性格影响未来"，就像一句响亮的口号，让人读着觉得有力量。再往校园里面走，就会发现学校虽然不是很大，但很新又很有内涵，传统而又时尚，一种很"学校"的感觉。看到2019年广东省教育教学成果（基础教育类）获奖名单中，深圳市坪山区中山小学申报的"小学'习性教育'校本探索与实践"获得一等奖，真是可喜可贺。笔者因工作关系对该成果的基本情况较为熟悉，能够获奖也倍感欣慰。该成果的获奖展现的是校长把培养好习性为学校办学核心理念，在学校管理、课程教学中做好"习"的文章，带领师生持续12年的探索与实践，牢记初心方得成功，是一种符合教育教学规律，体现教育教学本质的好案例，具有重要的样例意义，特此做一解读与呈现。

一、习性教育理念根植本土场域

曾宇宁任坪山中心小学校长时，一直思考如何为学校量身定做一套办学核心理

念。因学校地处马峦山北麓，因此，"马"就成为学校办学理念的核心元素，马身上众多优良习性，如忠诚、豪迈、高贵、坚韧等，具有重要的教育隐喻意义：每个孩子都是一匹千里马，每个老师都是伯乐。于2008年开始提出习性教育，以习性教育为办学核心理念引领学校发展，根据"好习性、好品性、好人生"的教育逻辑，采取"顺应天性、发展人性、培养习性"教育策略，形成了"立德树人、知行合一、全面发展"的育人模式。2015年曾宇宁调任新创办的中山小学任校长，继续进行习性教育实践，还在不断探索中。

二、习性教育彰显中国传统智慧

教育的本质是立人，这个立是自立，是自主自动的立，自选自为的立，而立的是一个有生命意蕴生存能力的人。如何自立立人？习能自立立人。习是教育立人的方法论。表现在：第一，习是学生学习自立的方式。习的繁体为"習"，在中华字源上，甲骨文之"習"之字形，上边是"羽"字，意为飞鸟翅膀，下边是个"日"字，意为"太阳"，到小篆体时"習"之下部"日"变成"白"，即"白天"之意。虽然字形随着时间的变化，但"習"之本意一直为"鸟在白天太阳下练习飞翔"。小鸟要能够飞翔，必须在白天不停地试飞，不停地习，才能飞到"日"（太阳）之上，才能拥有随时随地肆意地飞的本领。常见的"学习"一词，其内涵朴素而丰富，学习学习，学什么？学的就是"习"。第二，习是学生学习自立的关键。战国末期《荀子》云"积行成习，积习成性，积性成命"，意思是，积行即久行，久行会成惯习，久习会内化成人的品性，人品决定人的命运。这句话将人的行、习、性、命串在一起，习是关键环节。习把人的主体性和社会性协调起来了，也把人的生命能量的外显与精神生长的内化结合起来了，更是把知（智）与行（志）很好地结合起来。积习成性，习久成性，长期学习就会形成一种习性。好习性就会有好品性，好品性就会有好人生，是我们中华民族两千多年前就参透的做人智慧。

三、习性教育要素体现人本价值

本人是深圳市首批教育科研专家工作室主持人，核心课题是学校特色品牌建设，曾宇宁校长是工作室成员，后来曾校长也成为深圳市第三批教育科研专家工作室主持人，我们经常讨论习性教育办学理念问题。他说好习性有四个要素：健康、文明、智慧、高雅，我深以为然。后来他把这四个词整整齐齐挂在了学校环形建筑内侧显著位置上。王夫之《尚书引义》把人之"性"分为先天之性和后天之性。先天之性即天性，后天之性即习性。习性教育依托人之天性，培育人之后天习性，把做一个好习性的人作为培养目标。好习性有四个要素，一是健康习性，体现学生的生命本体活力，有良好的运动习惯，体质健壮，每个人都是积极分子，有正向的情绪，心态阳光，充满正能量。二是文明习性，体现学生的文化传承，仁义礼智信，动静之间彰显君子人格，每个人的从前都有五千年，绵延流长。三是智慧习性，体现学生主体的内在品质，每个人都要有丰厚高深的学养，活到老习到老，特别有能力，特别能做事，特别能做贡献。四是高雅习性，体现学生外在精神面貌，腹有诗书气自华，每个人都高贵典雅，每个人都是美人，各有各美，各美其美，美美共美。一个人有健康习性、文明习性、智慧习性和高雅习性，是谓有好习性。

四、习性教育体系符合教育本质

习性教育理念引领学校发展，有一个重要举措就是科学建构了一套符合教育本质的支撑体系。这套体系含有习性教育文化体系、习性教育课程教学体系、习性教育制度管理体系以及习性教育校园环境体系。

一是习性教育文化体系，含有客家文化、红色文化、千里马文化、高雅文化等要素。基于学校所处坪山为客家地区，客家最重要的传统是崇文重教，耕读传家，其祖先崇拜、寻根意识、开拓精神以及丰富多彩的民俗风情，为习性教育注入了浓厚的客家儒家文化特质。由于坪山是中国革命历史上东江纵队重要活动地点，东纵精神"忠心向党、赤心为民、不畏艰险、不懈奋斗"成为习性教育文化的重要红色基因。新时代新教育面临培养的是时代新人，其高大志向、高深学养、高贵品质、高级趣味以及博雅气质，为学校呈现出高雅文化特质。因马峦山曾经圈养战马的历史，以战马（千里马）习性品质为内涵的千里马文化成为学校文化的显性标识。自此，学校文化从理念、制度、行为及环境创建都找到了根植于学校场域的内在基因。

二是习性教育课程教学体系。根据做一个有"好习性"的人所应有的"健康、文明、智慧、高雅"四个要素，围绕国家课程进行地方实践及校本呈现，突出国家课程的基础性、拓展性及多样性，形成学校习性教育课程体系。精心设计"习体、习礼、习文、习艺、习慧、习志"六个领域十八个要点的"六习"教学指标体系，提倡"习性主导、动静相融、学思结合"的教学方式，形成"习性准备、习性助学、多维习得"习性教学一般模式，在优化强化课堂主阵地主渠道基础上，组建了五十多个社团课程，为学生好习性提供丰富的选择性。

【花絮1】

兰馨吟诵。吟诵是语文"读"的一种重要方式，是中华传统文化的绝活之一，濒临失传。因此学校创办"兰馨吟诵"社团。2018年4月23日是世界读书日，坪山区举行"坪山城市书房·南中学堂"开幕活动暨"书话坪山"文化沙龙。学校"兰馨吟诵"社团现场吟诵《诗经·小雅·采薇》表现抢眼，坪山区委主要领导表示学习传统文化的意义重大，希望学生们继续努力，多读书，读好书，夯实基础，长大做共产主义接班人。2018年4月17日，在"传承经典，诗韵坪山"第三届坪山区小学生经典诗文吟诵比赛，学校挑选出30位学生参赛，《诗经·采薇》以浑厚的感情、恢宏的气势和精美的视觉，赢得现场观众和评委的高度赞誉。

三是习性教育制度管理体系。学校开展习性教育实践探索以来，形成了习性教育理念引领，习性教育发展规划先导，搭建"整体规划、分线管理、分层落实、全员负责"的管理架构，探索"整分结合、优势互补、刚柔相济"的管理模式，形成了"分工明确、责任落实、权责统一"的管理特色，充分发挥学生成长的主体作用，充分尊重教职工主人翁地位，充分调动师生教与学的积极性、主动性和能动性，全面提升师生学校生活获得感与幸福感，提高学校管理水平与办学效益。

【花絮2】

千里马班级评比。个性化班级管理是每个学校都非常重视的一个项目，都尽可能创造出有自己学校特色个性化班级管理方式。习性教育以"千里马班级"来推进班级管理，重要的样本意义。学校制定了"千里马"班级评比细则（包括集会、两操、仪容仪表、课间纪律、文明礼貌、公共秩序、晨会写作、卫生工作、安全工作和归程队十个方面，总分100分）。孩子们每天到校都学做一匹千里马，每天都学习奔跑，每天都学习养成好习性，六年小学生活中积累的习性成长信息与数据，由大数据信息平台汇总，最终形成学生习性成长表现评价档案材料。每一个学生都带着六年习性成长的全部足迹，发现自我，建立自信，明确努力方向，走向更美好的未来，这会是一份非常好的学习生活。

四是习性教育校园环境体系。学校围绕健康、文明、智慧、高雅四个"好习性"建构学校环境文化，突显雅致、厚朴、和谐、安宁环境特质，打造了书香走廊、智慧书馆、奇骏大道、习性舞台、厚德楹联、风雅花园、璞玉照壁、艺海泛舟、静思心语、众乐菜园等十大人文景观，让每一面墙说话，让每一棵草吟唱，将学校一草一木注入育人因素，赋予诗情画意。师生浸润在宁静、和美的校园环境中，置身于典雅、和谐文化气氛里，追求真善美的教育境界。

【花絮3】

对联印象。笔者每次去中山小学，都对学校楼堂馆舍上的对联印象深刻。如育人目标对联：习性是根蟲蟲驫马尽骐骥，育人为本森森林木皆栋梁，横批：立德对人。如育人方式对联：天性习性人性性性兼习，知识见识胆识识识皆学，横批：百年大计。如学校图书馆对联：图自河图一图便解天下事，书源洛书万书难尽世间学横批为馆藏古今。对联是中华优秀传统文化最具标识的符号。言意涵咏，对仗平仄，字词结构等彰显了中文语言的独特艺术形式。校园环境以对联形式表现，古意古韵，具有鲜明浓郁的育人气息。

五、习性教育样例启示

曾宇宁校长首倡的"习性教育"校本探索与实践，促进了学校的优质特色发展，让师生享受了教育的美好和生活的美好，让社会社区享受了学校教育文明，办学效果十分明显，在教育领域起到了重要的样例作用，也带来了重要的启示。一是校长要坚守办学核心理念，习性教育从坪山中心小学到坪山中山小学前后12年的实践探索，体现了校长对办学核心理念的坚守，即使换了地方也接着干，而不是学校的校长换了跟着就把学校办学理念换掉，或者校长换了学校也把办学理念换个样。二是学校办学理念的确定要根植于学校场域土壤和学校历史传承，习性教育理念在坪山区域马峦山地域、东纵精神、客家特色，具有重要的适切性、正当性。三是要对学校办学核心理念进行创意解读，习性教育认为每个孩子都是一匹千里马，每个老师都是伯乐，把培养目标确定为做一个有好习性的人，进而进行好习性、好品性、好命运、好人生的创意赋予。四是要对办学核心理念进行顶层设计科学实施，习性教育把健康、文明、智慧、高雅四个好习性进行要素建构，结构化推进实施，从学校文化、制度管理、课程教学、环境创设等方面整体规划，给孩子们完整的教育，引导孩子们做一个完整的人。五是办学核心理念引领学校发展的实践探索需要组团推进，习性教育在广东省兴宁市、龙川县，江西省宁都市，河南省宜阳县等多个省市的十余所学校形成合作关系，形成习性教育学校联盟，实现习性教育理念引领学校发展的共研、共建、共享、共赢的协同发展格局。

坪山中山小学习性教育样例，受到多位领导、专家学者的高度评价，也受到《未来教育家》、《广东教育》、《特区教育》、中国知网、广东电视台等多家媒体报道，业内外影响越来越大，社会美誉度越来越好。这个学校给我的感觉是常来常新，不断创新，校长通过办学核心理念来统领学校各项工作，是学校优质特色发展的好办法。希望坪山区中山小学再接再厉，在新的时代有新的更大的发展，一马当先，万马奔腾。

（原载《广东教育（综合）》2020年第5期）

视点10　核心理念引领学校发展的"松和涵养"样例

一、涵养教育理念：回应学校发展重大现实问题

创建于1953年的松和小学是一所公立村办小学。学校现在占地面积16000平方米，有39个教学班，学生2100余人，教职工130余人。由于是村办小学起点，发展到现在又处在典型的城中村，起点低，师资力量薄弱，学生的学习行为习惯较差，学校发展遭遇瓶颈。随着深圳城市化现代化建设提速，学校发展如何从农村教育转向城市化、现代化教育，实现转型升级？如何全面提升学生综合素质？这是学校发展面临的最紧迫问题。

松和小学位于深圳市关外龙华区的油松村，有村办小学存在的问题，也有城中村小学存在的问题。首先是学生综合素养涵养不够。学校生源除本地村民子弟外，外来务工人员子女占比90%。生源不稳定，流动性大。学生中有不爱学习、不会学习、不善学习的现象，也有不善交往、不爱劳动、缺失理想的现象，并常有打架、骂人、逃课、偷盗等现象。其次是家长不重视教育。家长文化水平普遍不高，多是小商小贩小业主，虽然享受了特区经济改革红利迅速致富，但对教育不重视，认为孩子有书读就行了，学习好不好不重要。家长会往往有一半家长不来参加；家访常常家长不在或吃闭门羹；家长们教育孩子大多采用简单粗暴的方式。最后是社区城市化水平不够。学校周边环境较为复杂，社区现状还是原村容村貌，地处路边，喧闹嘈杂，城市化现代化水平低下。

办学核心理念是一个学校的灵魂。提炼办学核心理念是学校建设顶层设计的出

发点、着力点和落脚点。基于学校现实情况，自2008年起，松和小学提出以"涵养生命，立德树人"为核心理念，以"做一个有涵养的人"为培养目标，探索涵养教育新思路，经过十余年的实践探索，建构了涵养教育育人体系，为原村办学校实现城市化现代化转型发展，提供了以核心理念引领学校发展的新样态与新样例。

二、涵养教育内涵：破解立德树人重大现实难题

立德树人，培养为国家社会建设有用的人才，是学校存在的使命。如何让基础不扎实、习惯不优秀、理想不清晰、意志不坚定的城中村学校学生获得更好的成长，对师资力量不厚实的松和小学来说，是一个重大现实难题。学校选择涵养教育路径，体现了学校领导和全体教师的教育智慧。基础不扎实可以涵养，习惯不优秀可以涵养，理想不清晰可以涵养，意志不坚定也可以涵养。涵养教育以其丰富内涵，可以发挥强大的教育功能，具有重要的教育价值。

涵养是一种目标。说一个人有涵养，可以说是对一个人最高的评价。松和小学把"做一个有涵养的人"作为培养目标，是一个很有智慧的制度设计。有涵养的人是一个沉稳、厚重、和气、温暖的人。有涵养的人，肯定是道德品质好、生命气色好、视觉形象好、接人待物好的人。有涵养的人应该也是一种有担当的人，会做事能做事的人，能承担职责使命的人。做一个有涵养的人，是一个人学习成长最重要的目标，也是最有价值的目标。

涵养是一种方法。涵养有包容蕴藏，浸润滋润，培育养育之意。"涵养"一词出自宋代朱熹《答徐子融书》之四："就平易明白切实处玩索涵养，使心地虚明。"根据这一解释，涵养是在"平易明白切实处玩索"，平易明白切实处，不是高深晦暗空虚处，是玩索，即玩中索，索中玩，玩索一体，不紧不慢。朱熹提倡并践行"居敬涵养"道德修养论，通过"居敬涵养"达到"敬知双修"，即以敬涵养，以知察识；以敬立本，以知穷理；以敬定心专一，以知格物明理。"敬知双修"兼顾主体的涵养与知识的增进，即"涵养须用静，进学则在致知"。

三、涵养教育体系，为每一个孩子成长提供适合的路径

有好的理念，有好的立意，也要有好的操作执行体系。基于学校实际情况，围绕"涵养教育"核心理念，以全局的视角、运用系统的方法，自上而下，自下而上，上下贯通，对影响学校办学理念与顶层目标实现的各方面、各层次、各种要素

进行统筹梳理，在历任校长办学思想与智慧的基础上，特别是学校自2008年以来，不断反思现状，聚焦问题，实践探索，不断研究、探讨、交流、梳理与呈现，初步形成了学校"一纲六目"涵养教育育人体系。一纲是学会"做一个有涵养的人"，六目是"身体健康、理想崇高、特长鲜明、待人诚信、善于学习、乐于创新"的朝气蓬勃的特质。身体健康指身心两方面，一是身体强健，有喜欢的运动项目，二是心理健康，心态阳光向上。理想崇高指有远大抱负，有责任感，有使命感，有情怀，有担当。特长鲜明指能自知自身长处，能发扬发挥自身长处，激发自身潜能。待人诚信指做人能平和平实、包容宽容、爱己爱人、中矩中庸、诚心诚信。善于学习指能虚心好学、好问勤学、志于研学、切磋琢磨、思悟明理。乐于创新指有奋斗观念、劳动观念、求变观念、领域观念、持恒观念。

四、涵养教育实施，建构理念引领实践支撑策略

以"培养有涵养的人"为纲领，一纲六目，纲举目张，不断探索形成"环境育人、课程育人、特长育人、家校育人"的涵养四育协同育人策略。

涵养策略一：环境育人。环境影响人，学生身处什么样的环境，就会变成什么样的人。"校园八景"是学校最亮丽的风景。错落有致的名言、故事夹画呈现在墙壁上、柱子上，格外引人注目。让每一面墙壁都说话，让每一个角落都育人。校园环境所营造与体现的学习氛围，有利于交往交流、默会意会的育人功能。

涵养策略二：课程育人。课程是学校育人的主要载体，学科门类的设置是国家意志的体现。课程既要满足学生现实生活的需要，又要满足学生未来发展的需要。围绕培养"做一个有涵养的人"，设置"人文与社会、体育与健康、科学与技术，艺术与审美"四维度课题，拓展具有涵养教育特色的N个本校课程，形成"1+4+N"课程实施体系。每一个本校课程都围绕"解释问题、制定方案、亲历实践、交流分享"的步骤和要素展开，创造"主题生成课""方法指导课""实践探究课""展示交流课""动手操作课"等课程形态。

涵养策略三：特长育人。从"涵养教育"核心理念出发，从学生实际需要出发，积极创设条件，实行"一校多品"。编写了《诵读经典，润泽人生》《经典诗文伴我成长》《莘莘儒雅人》《我们的节日》《中华二十四节气》五套国学教材；编写了《漫画话安全》《好习惯伴我成长》《倾听身边的文明小故事》等校本教材；引进《大猫英语分级阅读》《趣味数学》特色教材，设置了科技发明、动漫

设计、民乐、篮球、乒乓球、啦啦操、合唱、书法、美术、烹饪、劳动等30多个社团，组织全校参加的各种比赛，历练学生、培养特长。

涵养策略四：家校育人。家庭是涵养教育的重要场所，家庭教育是涵养教育的重要途径。离开了"家"，涵养教育只能完成一半。涵养教育提倡家校共育，组建家长义工队伍，让家长参与学校的管理工作，让家长参与重大活动后勤服务工作，邀请学有专长的家长到学校讲课或讲座。有意识地引领家长共同参与教育，培养孩子，让家长有意识和学校合作，协同育人。还充分利用社区教育资源，搭建起"家庭—学校—社区"沟通平台，建立家校社一体的育人机制，如利用社区大剧场邀请家长、学生观看"预防校园欺凌"话剧展，利用社区图书馆开展亲子阅读活动等，从而形成社会各方面关心、支持、参与的协作育人环境。

五、涵养教育成效，城中村学校转型发展样例

学校实施"一校多品"，保障每一个学生有特长。社团活动全校普及、全员参加，质量不断提升。学校涌现了一批批"深圳市优秀少先队员""深圳市美德少年"；学校文学社学生参加现场作文比赛连续8年获得深圳市一等奖、二等奖；参加深圳市童话节连续四届获得金奖和最佳组织奖；合唱队连续5年获得省、市合唱比赛一等奖；啦啦操队近5年包揽深圳市啦啦操大赛团体冠军，2017年获得全国啦啦操大赛冠军；篮球队、乒乓球队近6年获得省、市冠军30多项。学校被国家体育总局评为"全国啦啦操示范窗口学校"，学校飞马俱乐部被评为"全国啦啦操四星俱乐部"；2017年学校被教育部评为"校园篮球特色学校"。成绩越来越多，影响也越来越大。学校先后获得多项国家、省、市及区级先进称号。多家媒体对松和小学的"涵养教育"成果做了一系列的报道。科研成果、论文及案例在各种公开发行的杂志发表。

涵养教育实践探索与实施的10多年历程中，学校规模不断扩大，实现优质特色内涵发展，取得了很大的成效，成为原村办小学、现城中村学校转型发展的一个好样例。一是思想更新样例，培养学生做一个"有涵养的人"，重在激发、唤醒，实现人的生命价值，实现精神文化的发展。二是机制优化样例。涵养教育不仅是理念，更重要的是机制。"一纲六目"，"1+4+N"课程体系，"涵养四育"策略，形成了有松和小学特色的育人模式。三是素养提升样例。深圳市办学水平评估报告："松和学子阳光自信，明德知礼，科学素养高，德智体美全面发展，尤其是课

堂上展示出自主合作探究质疑思辨创新的精神。99%以上的家长对孩子的综合素养成长表示非常满意。"四是学校品牌样例。学校被评为深圳"市民走进身边的好学校",涵养教育使校园风貌焕然一新,受到各级领导、新闻媒体记者、市民代表的一致好评。

目前,涵养教育引领松和小学成为办学特色鲜明、办学质量一流的品牌学校。很高兴深度解读松和小学涵养教育样例,这是一件体现涵养素养的好事,是我"发现好课题、梳理好经验、呈现好成果"工作方式的又一注释。希望松和小学越办越好,深厚涵养,涵养深厚。

(原载《未来教育家》2019年第12期)

视点11　核心理念引领学校发展的"石芽"样例

在《广东教育》品牌栏目解读学校办学好理念，讲述学校办学生动好故事，是一件很有意义的成人美事。这其中关键是要找到好学校。在我的印象中，创办至今已经7年的深圳市龙岗区石芽岭学校，其"让石头长芽"的故事，成为本期解读最好的选择。

一、石芽教育，根植学校内在发展的哲学追求

石芽岭学校于2013年9月开办，占地面积达2.8万平方米，建筑面积为2.2万平方米，学校各类功能场馆和教室可谓量够类全，是一所硬件配备标准高、社会期望值高、政府重视程度高的新学校。如何把好事办好，办好这所新学校？龙岗区教育局也高度重视，面向全国公开招聘校长。具有特级教师称号，时任江西省九江市第一中学副校长的王书斌同志脱颖而出，成为首任校长。初来乍到，人生地不熟，如何办好一所建在石头岭上的学校？作为一位新来的校长，面对新的学校，新的时空，着实考验着校长的办学智慧。

好在王书斌校长能够迎难而上、沉着应战、步步为营，提出"一年保稳定，两年具规模，三年求发展"的开局工作思路，可谓起步坚实稳当，体现了相当的管理定力。在此过程中，根据九年一贯制学校的特点，以及在石头岭上办学的实际情况，因地制宜，研究"石、芽、石芽"之间的内在关系，以"石芽岭"的内涵作为办学核心理念拟制的逻辑起点，"石芽教育"就当然成为学校办学的教育哲学。6年多的办学实践，初步形成了学校发展的"石芽"样例，有鲜明的办学特色，一个新学校如何优质发展的好样例。

二、石德芽智，体现学校优质发展的高位内涵

学校以"厚德如石，大智若芽"为校训，具有重要的昭示作用。石有玉石，具有保价保值作用，也有装饰修饰作用。石有沙石，粗细都有价值，粗一点可与水泥一起做成混凝土，是重要的建筑材料，小沙子可以是沙画材料，一种重要艺术形式的载体；石有岩石，坚硬坚实，可为大厦之基，可为墙砖之饰；石有湖石，可以作为形象石，可以做成人造景。石，无处不在，山中有石，水中有石，地下不论深浅，无地不有石。石，形态各异，大小粗细，多姿多色。石，不管处何境遇，都有自己的独特价值。石为体，芽为形，石芽一体型。石芽之石，乃石芽之本体。石芽之芽，乃石芽之功夫。石芽是石芽（本体），石芽生石芽（功夫）。石芽岭学校的每个人，都是一颗独特的石头，有独特的形态，有独特的价值，有独特的追求，有独特的使命。教育要有一种石芽的智慧，石德芽智，石芽德智，德智石芽。黄金有价石芽无价。学习做一个德智石芽吧，挺好。因为每个人都可以是一块好石头，一种好材料，一样好存在，一个好人生。

三、精诚石开，新办学校人才培养的独特方法

"石"在什么情况下会"开"？"石"什么情况下会生"芽"？"精诚所至，金石为开"，这是我们自己的传统智慧。"诚"在中国文化中意蕴深厚，既是哲学概念，也是道德概念，具有重要地位。诸子百家都有关于"诚"的论述体系，仅以《中庸》为例。

《中庸》第二十章至二十六章有重要篇幅阐释"诚"。《中庸·第二十章》："诚者，天之道也。诚之者，人之道也。诚者，不勉而中不思而得；从容中道，圣人也。诚之者，择善而固执之者也。"释意为：诚（真诚）是一种天道，是天自然运行的原则。诚之（追求诚）是人道，是做人的原则。天生真诚的人，不用勉强就能做到，不用思考就能拥有，自然而然地符合上天的原则，这样的人是圣人。努力做到真诚，就要选择善（美好）为目标执着追求。《中庸·第二十一章》："自诚明，谓之性；自明诚，谓之教。"释意为："从本性真诚而明晓道理，称之为天性；从明晓道理而生发诚心，称之为教化。"《中庸·第二十二章》："唯天下至诚，为能尽其性；能尽其性，则能尽人之性；能尽人之性，则能尽物之性；能尽物之性，则可以赞天地之化育；可以赞天地之化育，则可以与天地参矣。"释意为：

至诚能将天性、人性、物性联系贯通，人若做到"至诚"，则人可与天地比肩。《中庸·第二十三章》把"诚、形、著、明、动、变、化"之间的关系融通，"唯天下至诚为能化"，至诚能化天下万物。《中庸·第二十四章》讲述了"最高境界的至诚可以预知国与家的未来"，诚被赋予治国持家的价值。《中庸·第二十五章》讲的是诚与人的关系，通过"诚"把成人成物、成仁成德、知性内外时宜等关系得以融通。"诚者自成也，而道自道也"，就是做人要以诚为贵，诚能帮助人自我完善。《中庸·第二十六章》讲"故至诚无息"，即至诚能行久远。把诚与博厚、高明、悠远的关系融通。

《中庸》详细阐述了诚至至诚之天理道理、地理物理、真理原理、人理事理等，至诚则无所不至。诚具有最重要的育人隐喻与意蕴。诚是学校育人的唯一哲学，诚是做人的世界观、价值观和方法论。办"石芽教育"，培育"石芽文化"，要做好"诚"的文章。

四、芽壮花芳，石芽学子青葱年华的美好样态

1. 石芽之歌唱起来

校歌《石芽之歌》能接地气，能响天地，有丰富的文化内涵，通过描绘"石芽"的生长轨迹来折射人的成长规律，呼唤学校要遵循教育规律，顺应孩子天性，为学生营造宽松、快乐的成长环境。校歌节奏明快生动、寓意深刻、浅显而不失大气，是全校师生团结友爱、明礼励志、厚德博学、追逐梦想、超越自我、享受成长的心声，是每一颗石芽的心声。

2. 石芽精神长起来

石芽教育是一种"生长教育"，寓意学校教育要遵循事物的客观规律，遵循人的成长规律，不断挖掘"石"和"芽"的教育元素，助力孩子们的成长。不管何时何地、何境、何遇，每一颗石头都会长成一颗属于自己、自己喜欢的"石芽"，都能让石芽成长、成就石芽独特的故事。

3. 石芽文化立起来

石，无问境地，无处不有，无问用途，无所不能。石，普通得很独特，朴实可随遇，何时何地皆显其能、显其用、显其与众不同。石开为芽，石本为芽，石芽虽异，石芽一体。顺应石性应然生长，超越自我茂盛生长，生机勃勃至诚花开，根深芽壮花自芬芳，石芽文化，基于石芽岭，具有独特的个案样例意义。

五、石芽成岭，高端学校创校发展的支撑体系

1. 规划决定发展格局

学校能够敏锐抓住《深圳市实施东进战略行动方案（2016—2020年）》，对接《龙岗区教育发展"十三五"规划》，以此来研制《深圳市龙岗区石芽岭学校五年发展规划》（以下简称《规划》），从而规划学校优质发展、内涵发展、特色发展，并以此来确定学校品牌发展战略定位。该《规划》从学校发展背景分析、发展目标、发展思路、推进举措、保障机制等要素进行了系统设计科学谋划，让学校发展进入预定轨道。

2. 制度规划管理行为

制度面前人人平等，要用制度来规范管理，新学校特别需要制度建设。学校能够在开办初期就进行《学校章程》建设。从管理总则、组织管理制度、学校基本制度、教育教学管理、安全与健康管理、资产与财务管理、教师职工管理、学生管理、管理附则等方面进行制度安排，规范学校与政府、学校内部、学校与家长、学校与社区等各种关系，为学校平稳、优质发展提供制度支持。几年来的章程运用，已经形成了学校层级界限，职责分明、分工不分家，精诚合作，大事集体研究，小事相互通气，难事相互支持，有功不揽，有过不推，追求务实高效、作风严谨、朝气蓬勃、奋发有为。

3. 课程教学丰富多彩

围绕"每个孩子都是一块宝贵的石头"培养目标，"品位高、情趣雅、视野宽"的课程定位目标，建设多元课程框架，聚焦学科课堂、打造社团课堂、创设第二课堂，充分挖掘和整合校内外资源，开设的校本课程覆盖了品德、学科、人文、艺术、科学、体育、国际、生活等方面的素养，有国际象棋、国际跳棋、景泰蓝工艺画、书法、文学社、播音主持等，每位学生掌握一项至二项运动技能、精通一项至两项乐器、写得一手好字、说一口流利好话，促进每个学生积极主动、生动活泼地发展。特别有意思的是，其校本课程"话说石芽"作为五年级必修校本课程，要求每个孩子都参与课程成为"小小讲解员"，在介绍石芽景观的同时传播学校石芽文化。

4. 环境营造石芽生境

学校特别强调校园环境建设，重点打造以"石"和"芽"为元素的主题景观，

校园布局合理，动静相宜。每一栋楼，每一面墙都是生动的文化教育场。廊前驻足、亭下漫步、梯上行走，都有得看，有得思。其中不少好景点，如小眼看世界、润雅泉、怡心园、国学园、地理园、生物园和成功广场等园地阵地，徜徉其间，石芽文化扑面而来。

5. 家校社区共建共育

学校高度重视家长、社区资源开发和利用，让家长、社区参与到学校的教育工作中，真正行使自己的知情权、参与权和监督权，构建新型的社区关系。成立家长委员会，问计家长，坚持家委参与学校管理，通过"班级—年级—学校"三级家长委员会，采用座谈会、调查问卷、电话调查等方式，对学校的教育教学等工作进行评议。组建"石芽岭学校家长义工队"，开展家长义工间的交流活动和亲子活动，增强孩子的社会实践能力；为学校组织的各种文体活动（如校庆、校运会、六一活动、趣味运动会等）的举办提供协助；为学校的家长开放日和学生的上下学提供指引。

六、石芽故事，新建学校品牌发展的精彩样例

石芽岭学校以规划谋划发展格局，以章程规范学校行为，以课程培养独特"好石头"，以环境建构"石芽"成长空间，7年来的办学实践探索，展现了良好的发展态势和办学效益，学校先后获得全国国际象棋特色学校、深圳市首批制度建设先进校，承办了多项全国级、省市级竞赛活动，扩大了影响。石芽岭学校的创校实践，成为新建学校快速发展、优质特色发展的好样例，具有重要的启示意义。

1. 学校发展要有核心理念引领

石芽岭学校办学开始就决定依托"石芽岭"的区位方位特点，把"石芽"作为学校教育发展的意义隐喻，挖掘"石、芽、石芽"的教育价值，办"石芽教育"，引导孩子们"做一颗独特的石头"，一颗有自己独特价值的石头，学校由多姿多彩、可能性无限的"石头"组成，每颗石头都有自己独特的样貌，这对于破解当前学校教育的同质化，具有重要的破局意义。

2. 学校发展需要办学思想引领

学校管理，首先是思想的管理。思想决定路线方向。石芽岭学校创校过程中，校长十分重视教育思想的统一，通过先进的教育思想来武装教职员工，心往一处想，劲往一处使，立德树人，为国家培养合格的建设者和接班人，让我们的事业后继有人。

3. 学校发展需要制度的顶层设计

学校特别重视"学校章程"的研制和运用，通过制度来管理人，通过制度来激活师生活力。学校不完全是校长的学校，不完全是政府的学校。学校是大家的学校，是全社会的学校，是政府提供的公共产品。只有在全体师生认可的制度下，学校才可能平稳发展、安全发展，才能在此基础上实现优质特色发展。

记者获悉，学校经过改扩建，将进一步发展为有72个班的大学校，这所建设在"石头岭"上的学校将发展得更稳健、更优质、更特色、更美好。每一颗"石头"都是建设国家的有用之材（才）。

（原载《广东教育（综合）》2020年第8期）

视点12　核心理念引领学校发展的"乐群"样例

大鹏湾畔，梧桐山下，盐田港区，乐群小学自1921年由爱国华侨吴维杰先生捐资创办"乐群学校"以来，立德树人近百年，培养了一批又一批的仁人志士，为国家与社会做出了重要贡献。校园内7棵逾百年的古树依然枝繁叶茂，生机勃勃，见证学校百年传奇。如今，乐群小学进一步继承"乐群"传统，以"生态乐群、和乐人生"为办学理念，建设"和乐群美生态教育"，一种和谐自然生长的教育生态体系，为乐群小学勾画了一幅以核心理念引领学校创意发展的乐群好样例。

一、核心理念乐群有底蕴

"乐群"语出《礼记·学记》："一年视离经辨志，三年视敬业乐群。"原义为"和同学融洽相处专心学习"。孔颖达释"敬业乐群"为"敬业谓艺业长者敬而立之；乐群谓群居朋友善者而乐之"。朱熹释"敬业乐群"为"敬业者，专心学业；乐群者，乐于取益以辅其仁也，乐于朋友相切磋"。乐群即以众人群处为乐事，是顾全大局的方法论，是中华民族之传统美德，是中华传统文化中的优秀基因。

乐群小学自创校以来，"乐群"一直是学校最重要的标识，乐群未改、校址未改、初心未改、使命未改，可谓薪火相承近百年。进入21世纪，乐群小学的历任校长们续写"乐群"文章，梁国强校长于2001年提出"健身、立品、启智"办"环境教育"，宋淑华校长于2008年提出"质量、人本、和谐"办"生态教育"。至2013年王树宏校长接棒，继续把"乐群"作为办学核心理念，科学规划整体建构生态校园，继续讲好"乐群敬业"故事，继续写好"生态教育"文章，一脉相承，体现校长的办学智慧。

随着盐田区中小学信息化、标准化建设的基本完成，教育的品质化、未来化、现代化提速，盐田教育面临新的发展形势，在此背景下，盐田区适时提出要大力倡导做"与学生同心、与时代同步"的教育人，办"有态度、有温度、有力度、有速度"的教育，即以实现盐田教育品质新跨越为目标，办有态度的教育；关注每个师生的全面发展，办有温度的教育；敢于改革创新，办有力度的教育；加快提升盐田教育的凝聚力、影响力、吸引力，办有速度的教育。乐群小学"和乐群美生态教育"对接盐田教育发展战略，体现了校长办学的大局意识。

二、乐群理念内涵最高位

群，形声。上君下羊（现左君右羊），君声。君，取治理意；羊，取人人意。本义：兽，三成群，群即羊群（兽群）。引义：君领人人成群，群即人群（人类团体）。人既有与生俱来的趋利避害的个性，也有与生俱来的合群性，人具有个体求生与共同求生而相容相亲的本能。人性就是人的个体性与合群性的统一。个性要适应群性，个性实质上是群性制约下的个性。人不能离群索居，永远是群体性生存，是群体性的高等动物，人有最合群的本性。马克思指出："人的本质不是单个人所固有的抽象物，在其现实性上，它是一切社会关系的总和。"人作为社会关系的总和而产生、存在和发展。劳动是人的社会活动方式，具有创造性、目的性与意识性，人在劳动中成为社会关系中的人。

我国传统文化中儒学的核心是以人性固有的群性为本位的群性文化，在己与群的关系上，强调克己利群，以天下社稷为出发点，以修齐治平的身心全面发展为要求，人在社会发展中扮演着最积极的、最能动的、最负责任的角色。这对人的教育具有重要的方法论意义。"群"在我国教育传统中具有重要地位，在"离经辨志""敬业乐群""博习亲师""论学取友""知类通达"的大学五层次整体设计中具有关键要素作用。"群"是以个体存在的，也是以生态存在的。"群"属于个体，也属于群体。"群"之于个体是自然的、自由的和个性的。因而"乐群"是重要的教育手段、教育方式、教育方法、教育路径，更是教育目标所在。

三、乐群教育系统最科学

和乐群美生态教育，和、乐、群、美各成体系，互相组合，互为要素，互为主辅，同心同乐，同进同美，完整构成乐群教育。乐群教育注重办学品质，品质是乐群小学最核心的标准，把品质视为学校发展的生命线，教师高品质完成本职工作，学生高品质完成学习任务，以内涵为动力，追求精致品质，如先进的教育观念、特色的教育模式、高效的教研方式、适合的课程体系、科学的学校管理、现代的办学设施、高素质的教师队伍等。

乐群教育由生态、生境、生命三大要素构成。一是乐群生态教育，尊重规律，尊重生命个体，使师生感受人的本真。二是乐群生境教育，学校是一个生态园，绿树成荫，小桥流水，花香书香；校园干净、整洁、美观、有序。三是乐群生命教育，乐群群乐，以生命为本，重视生命的主动性、能动性、创造性。

乐群教育有五维立体的发展系统。一是生态课程，适合每名孩子成长，围绕人的核心素养，科学设计科目体系，合理配置课程资源，形成具有整体性、学科性、共生性、动态性、可持续性的生态学意义的融合课程系统。二是生态课堂，为每名学生提供成长的平台，生态课堂是交往的课堂，以学生"主体"和教师"主导"和谐共处的课堂，变课堂为学堂，变教室为学室，促进学生乐学、会学，师生情感交融、相互尊重。主动、创造、快乐是课堂的主旋律。三是生态治理，重视激活激发乐群生态系统中每一要素的积极性，形成充分尊重人、广泛发掘人、精心培育人、放手使用人的管理制度，强调制度加情感的管理方式，亲和民主、公平公正、自主自由、和谐共处。四是生态队伍，为每名教职员工找到发展机会，激发凝聚力和向心力，要求教师博闻广识，有阳光心态，学高为师身正是范；学校鼓励教师成为全科教师，在乐群，司机可以做老师，老师跨界带社团是常事；学校重视团队合作，在交流合作中凝聚智慧。五是生态德育，培养雅气质、宽胸怀、懂合作、勤学习、善思考、会健身、乐生活的乐群阳光少年。创意"生态空间"，在纯净自然、积极健康的学习生活中追求真善美，涵养真善美。

四、乐群教育样态最新颖

1. 理念文化新形态：和乐群美生态文化

在学校发展文化语境中，群是立德树人共同体，群是美好生活共同体，群是师生命运共同体。乐群最本真，乐群最生态，乐群最温暖，乐群最敬业，乐群最和谐，乐群最和美，呈现出一幅乐群和美，乐群和乐，群乐群美，和乐和美的学校生活新形态。

2. 乐群素养新结构：五维素养七品能力

五维素养指身心修养、人文素养、审美素养、科创素养、诚信素养。七品能力即雅气质、宽胸怀、爱环保、勤阅读、善思考、会健身、乐生活。五维素养结构围绕立德树人之人的要求来建构，具有科学性。七品能力围绕学生日常学习能力来要求，具有针对性。

3. 综合课程新尝试：主题式跨学科整合

经过反复研究初步探索出串联式和网络式两种主题式跨学科整合课程模式。串联式即围绕一个学科主题，将有关学科串联起来整合学科内容。网络式即围绕一个学科主题，将有关学科整合成平行学科网络。主题式跨学科整合课程打破了学科壁垒，丰富学生社团活动平台，提供更加广阔的学习机会。

【案例1】

二年级"汽车"主题式跨学科课程。在语文老师指导下阅读并了解汽车的历史、种类、安全文明乘车及其用途；在数学老师指导下进行"汽车修理厂"主题数学学习；在美术老师的指导下制作简单的汽车模型，画汽车；在科学老师的指导下设计并讲解自己的汽车设计及构想；在英语老师的指导下学习英语教材Unit 12 In the street；在音乐老师的指导下编排舞蹈表演汽车的功能及交通文明知识；在现场观摩汽车装配车间、汽车研发车间、汽车模拟装配，国际车展。

4. 课程开设新思路：个性化、系列化、社团化、超市化

个性化围绕个体潜能与兴趣。系列化围绕时间与内容主题，如三月环保节、四月体育节、五月艺术节、十月科技节、十一月读书节、十二月英语节。社团化围绕场地与师资，如垒球、跆拳道、版画、科幻画、软笔书法、陶艺、竖笛、拉丁舞、中国舞、合唱、五彩叶脉、小小实验家等20余项。超市化围绕学生素养维度将各种类课程超市式呈现从而提高课程选择性。

【案例2】

绘本课程：给孩子一个审美平台。"七彩树"英语绘本课程是依托澳大利亚希尔斯学校和艾华绘本的绘本和资源进行的二次开发，结合现行教材内容和学校的特色为基础，融合了音乐、科学、美术等学科。采用"看绘本""学绘本""讲绘本""唱绘本""画绘本""创绘本""演绘本"七步法教学，英语与各学科整合开发主题式绘本课程，使英语教学方式多样化，英语学习内容全科化。

5. 校园建设新生境：一园两厅三廊四墙五梯格局

"一园"指生态园，绿树成荫，小桥流水。"两厅"指国学厅和悦读书吧，让校园充满书香。"三廊"指经典故事长廊、艺术长廊、科学长廊。"四墙"指生态墙、理念墙、荣誉墙和笑脸墙。"五梯"指一致梯、再思梯、三省梯、四书梯、五经梯。

【案例3】

师生及家长共同设计学校生态长廊。"七品质"墙、静心小苑和悦读书吧、心手印迹、芳草厅、乐群图、才艺苑、乐品园、乐群居等，展现出师生的教育情怀和智慧火花。并依此评选出"校园十景"："凤凰拂晓""七品长廊""古榕映翠""生态乐园""敬业乐群""和乐人生"等。学生享受好环境，感受美环境，深刻影响着学生们优雅气质及文明礼仪素质的养成。正如苏霍姆林斯基所说："孩子在他周围，在学校走廊的墙壁上，在教室里，在活动场室经常看到的一切，对于精神风貌的形成具有重大的意义。"

五、乐群教育未来更光明

"乐群"可以实现群体中的个体与整个群体和谐相处，并为个体选择群体中志同道合的人作为相互切磋、相互学习，形成共同体，在这个共同体中，学生学会处理好人与人、人与群体间的关系，学会如何与他人和谐相处，如何与他人合作。《学记》云："独学而无友，则孤陋而寡闻。"以"乐群"为核心理念引领乐群小学创意发展的实践探索表明，教育完全可以"乐群而取友，则见多识广"。学生是发展中的人，乐群最能促进成长。乐群可以把学业、教师、同学、朋友、道义等要素有机结合起来，"相观而善""极高明而道中庸"，有效防止"燕朋逆其师""燕辟废其学"，尤其是对破解当前学校不和谐人际关系，小到拉帮结派、排挤同学，大到打击报复，不仅影响学习生活，甚至还对生命造成威胁等现象，具有重要的现实意义。敬业要乐群，乐群能敬业。百年乐群，百年传承。新的百年必将开启新的征程，相信乐群人能够依托"乐群"这一厚重文化基因，满怀新的教育梦想，奔向光明而美好的未来。

（原载《广东教育（综合）》2018年第11期）

视点13　核心理念引领学校发展的"美好"样例

> 遍访学校的我，常常会从观察校容校貌来了解学校的管理状况。当有校长在旁边对你说，"你任何时候来，我学校都是一尘不染"，而我真的试着擦了擦窗台和桌子，没有，又迟疑地擦了擦地板，仍没有，所到之处都没有擦到一点尘埃，心里就有一种深深的触动。于是就有了一个美好的约定，我想对学校做一解读。
>
> ——题记

深圳市龙岗区外国语学校创办于2013年，是为加快龙岗教育现代国际化发展而新建的一所由区教育局直属的九年一贯制公办学校。学校占地面积3.64万平方米，建筑面积2.24万平方米。办学规模为48个班，中小学各24个班。学校坐落于龙岗大运新城，毗邻国际大学城、龙城公园和大运会主场馆，具有重要的区位优势，承担了龙岗区学校教育的窗口功能和示范功能等社会期待。学校秉承"教育让生命更美好"的办学核心理念，遵循"至善至美"的校训，向着美好前行，与国际接轨，以特色彰显品质，把学生培育成"有民族灵魂、有国际视野、有优雅气质"的美好的人，办"美好教育"特色品牌学校，为我们提供了一个以美好教育理念顶层设计，引领学校创意发展的独特样例。

一、美好教育理念创意

2010年9月创办的龙岗区天成学校，是一所九年一贯制公办学校，唐文红为筹办者及第一任校长。天成学校地处龙岗中心城的边缘地段，校门被紧紧地夹在略显繁华吵闹的集市上，校园外部环境较复杂。如何将天成学校建设成一个环境优雅，处处都能够发现美、欣赏美、创造美，让师生一进入校园就能褪去喧嚣浮躁之气，并在这个环境中受到潜移默化的教育，激活生命活力，展示生命昂扬状态，享受美好教育生活的好学校，就显得十分重要而且迫切。唐文红校长在一次偶然的机会，拜读到张楚廷先生《课程与教学哲学》一书，先生在书中的"切望我们的教学更美好，课程更美好；盼望接受过教育的人们确实因教育而变得更美好"一段话，让她豁然开朗，教育应该是美好的。于是天成学校开始了美好教育的理论研究与实践探索。

美好，是一个很普通的形容词，但仔细思考，形容一件事物，似乎又找不到比美好更美好的词。美好是一种朴素的智慧，美好是一种圣洁情怀，美好是一种不懈追求，美好是一种高远境界。经多方论证，"教育，让生命更美好"成为天成学校的办学核心理念，协助学生成就美好人生成为办学宗旨，美好教育特色品牌学校成为办学目标，做美好的人成为育人目标。美好教育完成了天成学校独特的标识创意：天成学校信仰美好、追寻美好、践行美好，天成学校通过教育美好、让生命美好、让世界美好。天成美好，美好天成。

随着龙岗区定位为"深圳东部中心城"，着力"四区"建设（即国家自主创新示范先行区，产城融合综合示范引领区，东进战略核心枢纽区，东部商务高端集聚区），龙岗区迎来了经济社会发展的新格局。龙岗教育围绕办好人民满意教育目标，坚持高位均衡、全面优质发展理念，加快龙岗教育现代化、城市化发展，全力打造深圳教育改革、教育国际化和教育质量三大新高地，形成"普惠、多元、优质、开放"四大发展格局，构建具有龙岗特色的现代和谐教育发展体系，推动龙岗率先实现教育现代化。深圳市龙岗区外国语学校在此背景下应运而生，唐文红校长又被任命为创校校长。在天成学校实践了三年的美好教育，完整移植到龙岗外国语学校，并赋予了更加优质、现代、开放的内涵。在这里，美好的人是真善美之人，是有民族灵魂、有国际视野、有创造能力的人，是会友好相处、会智慧求知、会优雅生活的人。学校拥有了一支有教育情怀、有专业理性、有儒雅气质的名师队伍。经过三年多的努力，学校初步成为"高品质、国际化、外语特色鲜明"的精品名校，美好教育已经成为龙岗区外国语学校闪亮的名片。

二、美好教育内涵创意

美好教育以教育让生命更美好的信仰和情怀，遵循教育规律和生命成长规律，关注学生心灵和精神成长，让学生受教育的美好过程，成为一个从美好出发，与美好同行的过程。

美好教育培养美好的人。美好的人是有德性的人，重视德性养成，以德为基，以德为先，以德为重，以德立人。美好的人是有底蕴的人，有传统文化，有传统精神，有传统伦理，有传统价值。美好的人是智慧的人，能博学、审问、慎思、明辨与笃行，会做事、会共处、会生活、会生存。美好的人是有活力的人，心态阳光，思想活跃，个性活泼、乐观、开朗，不畏挫折，积极进取，敢作敢为。美好的人是有抱负的人，有理想信念，有鸿鹄志向，有责任使命，愿精忠报国，愿留取丹心照汗青。美好的人是有远见的人，有高远的视野，卓越的见识，见微知著，根据现状可预测未来。

美好教育让生命美好。生命美好是因为生长美好，生动活泼，健康茁壮，具有旺盛的生命活力，自主自由地成长，自选自为地成长；生命美好是因为生态美好，每个人都以美好的面貌呈现，形象美，心灵美，各美不同，各美其美，共映共享。生命美好是因为生境美好，每个孩子都拥有一个适合的环境，优雅的学习环境，优雅的生活环境，优雅的成长环境；生命美好是因为生涯美好，帮助学生找到一条属于自己的人生之路，每个孩子都有一个美好的未来，一个美好的人生，愿景是美好的，记忆是美好的；生命美好是因为生产美好，每个孩子都是一个劳动者，国家的建设者，事业的接班人，大众创业，万众创新，为社会创造财富；生命美好是因为生存美好，每个人都有生活智慧，工作是美好的，家庭是美好的，物质是美好的，精神是美好的，生活是美好的。

三、美好教育路径创意

一是打造"国际味""书香味""人情味"的美好校园，以美好环境涵养学生美好情怀。国际味国际气息，书香味墨韵飘香，人情味互相欣赏人文关怀。在龙岗外国语学校，学校整体设计、布局、格调、色彩等给人一种现代、雅致、时尚、舒适的感觉，一种美好的感觉，一种富有诗意的环境。

二是实施美好管理，激发人的潜能，让人活出生命的意义。学校在管理上进行了组织机构扁平化变革，将职能部门转变为紧凑的横向组织架构，体现高引领、高关怀、高参与等管理功能。高引领是思想的引领、价值的引领、制度的引领、情感的引领。高关怀创设宽松和谐温馨舒适的氛围与环境。高参与注重汇聚起家校社合力齐抓共建共管。

三是构建"美好玉兰课程"方略。学校确立"尊重差异，多样选择，自我发展，各美其美"的课程理念，根据玉兰的六个花瓣创意设计美思、美和、美雅、美健、美德、美慧六个课程群。开设基础课程、拓展课程、活动课程三大功能课程，开设修养类、语言类、技能类、思维类四个拓展课程，开设社团课程、仪式课程、主题课程、体验课程四个活动课程类。形成了30多个社团和80多门课程，为学生提供多元化的学习平台和充足的个性发展空间。突出综合性、多样性、选择性和开放性，从时间、空间、学科、班级四个维度创新课程组织方式，如在时间编排上长、短、微课型结合；在空间安排上充分拓展利用校外社会家长人才、场所资源；在学科界限上采取综合性课程处理，多名教师同时授课，实现学科间相互支持、融合；在班级安排上实行分类分层走班制。"美好玉兰课程"为学生提供多样的成长路径，因材施教，激发潜能，做最好的自己。

四是聚焦课堂开展五要素教学。五要素指兴趣、信息、质疑、方法、智慧。兴趣、信息是基石，质疑、方法是两翼，智慧是目标。五要素教学以学生为主体、以思维为核心、以活动为主线，激发兴趣、优化信息、鼓励质疑、注重方法、形成智慧。五要素教学特别注重学生参与度、学习自主度、思维活跃度、情绪愉悦度和目标达成度。在五要素教学中，信息宽于知识，兴趣贵于理性，质疑重于聆听，方法优于勤奋，智慧高于聪明。

五是实行"三雅德育"，培育以语言文雅、举止优雅、志趣高雅为核心的美好气质。通过班级文化引领、主题活动引领、家校合作共育等全方位推进。班级文化多样多彩，共性中有个性，个性中有共性。主题活动涵盖人文、科技、艺术、体育以及综合实践活动，整体设计，五彩缤纷，我型我秀。家校合作通过举办家长会、校讯通、致家长一封信等形式，共建机制，共享资源，共献智慧，形成育人合力。

六是与教师约定美好教育密码培养师资队伍。约定有教育情怀、有开阔视野、有专业理性。约定开展专业阅读、课堂实践、专业写作。约定发挥行政的力量、文化的力量、团队的力量。约定实施青年教师培养工程、专家引领工程、项目研究工程。约定过一种完整的、幸福的、美好的教育生活。努力让教师成为有高远志向、有博雅情怀、有教育智慧的美好教师。让心灵诗意地栖居，让心灵爱满教育。

四、美好教育样例的启示

龙岗区外国语学校在美好教育理念的引领下，追求卓越，探索出了一条创意发展、优质发展和特色发展的好路径，已初显成效。学校先后被授予"全国作文教学先进单位""全国中学教育科研联合体常务理事学校""广东省国际教育基地""深圳市中小学校长培训基地""深圳市广播体操标兵学校""深圳市传统体育项目学校"等多项荣誉称号。学校为每一个孩子营造了一种安全、温暖、适宜的美好成长氛围，学生的学习积极性得到激励，各项学业评价指标均处高位水平。学校教师敬业爱生，专业得到很好的提升，在各种教学比赛中均有优异成绩。美好教育理念引领学校创意发展，使学校的社会美誉度越来越好，影响力越来越大。

启示一：学校发展需要理念引领。美好教育理念赋学校教育生活以美好意义，引领学校师生过一种有意义的生活，一种自己喜欢的、有归属感的生活。

启示二：学校发展需要顶层设计。美好教育理念缘起，美好教育理念创意，美好教育理念内涵赋予，美好教育理念践行支撑体系，在龙岗区外国语学校得到一以贯之，形成了美好教育课程、教学、师资、管理、环境等整个体系。

启示三：学校发展需要原点智慧。教育的原点是人，一切围绕人来设计与展开。教育必须基于人，发展人，成就人，塑造人。美好教育培养美好的人，就是要发现美好的人性，培养美好的人格，建设美好的生活。

龙岗区外国语学校以美好教育理念引领学校创意发展的样例意义还在于新开办学校如何高位呈现与展开。开办三年多的龙岗区外国语学校让人觉得很厚重，让人觉得很有内涵底蕴，让人觉得它有很长的办学历史。期待唐文红校长和她的团队，以更高远的视野，更独特的创意，更严谨周密的设计，更开拓创新的推进，呈现更美好的样态，演绎更美好的传奇。

（原载《广东教育（综合）》2017年第2期）

视点14　核心理念引领学校发展的"品位教育"样例

四联小学地处深圳市龙岗区横岗街道红棉二路，占地面积22265平方米，是在1993年由四联村委办学董事会出资兴建而成，因由旧时的排榜、茂盛、贤合、新塘坑四个自然村合四为一而得四联村名。

办学20余载的四联小学，得益于特区经济和社会的高速发展，经历了农村教育、城市教育和现代教育三个历史发展阶段，完成了一所村办小学的现代化完美蜕变之路，令人赞叹、惊奇！因为工作关系，笔者很荣幸能够亲身参与四联小学的发展变化，并愿意将四联小学成功的特色品牌建设历程做一梳理与呈现，与大家一起细细品味四联教育人的理想追求与教育情怀。

一、品位是最渴望的内心追求

四联小学是深圳教育标准化、均衡化政策的最大受益者之一，学校办学硬件，校舍改造加固，狠抓教学常规，教育教学质量稳步提升，学校先后获得了"深圳市广播操标兵学校""深圳市办学效益奖""深圳市教育先进单位""深圳市绿色学校""深圳市未成年人思想道德建设先进单位""深圳市书香校园""深圳市毒品预防教育示范学校""中国少年儿童平安行动示范学校""全国绿色学校"等荣誉，更为重要的是，四联小学为四联村孩子的健康成长做出了巨大贡献。

时间的节点来到了2010年9月，保安小学与四联小学校长对换，胡碧波成为四联小学现任校长，如何在前一任校长办学的基础上继承与发扬光大，如何转型发展，并通过转型发展实现学校的优质化、特色化和品牌化发展，就成为学校办学必须解决的重大而迫切的问题。

随着深圳经济的快速发展，深圳农村城市化的加速发展，四联村居民生活水平也得到了极大的提高，但人们的生活习惯还未能适应城市更新的速度，孩子们还未能体现昂扬向上的精神风貌，同时学校周边环境还一定程度上有脏乱差的地方，学校内部校园环境也未能对学生真正起到潜移默化的教育作用。展望现代化教育发展的态势和主流，学校发展不仅要满足社会发展的需要，更要将优质化、特色化和品牌化作为自身现代化发展的新定位，从而引领社会的发展。因此学校领导班子经过研究与论证，决定从提高人的品位着手，进行学校转型发展的顶层设计。学校多次组织全校师生进行大讨论、大研讨、大反思，力求寻找学校发展的新起点、新方向，实现学校的新跨越、新辉煌。做一个有品位的人，成为四联人内心最渴望的追求。

二、品位教育的独特解读

四联小学发扬敢为人先、与时俱进的深圳精神，适时提出"德才兼备，关注成长"的办学理念，致力于走内涵、多元、和谐发展之路，引导孩子做一个有品位的人，努力把学校建成有活力、有特色、有品位的现代化特色品牌学校。

什么是品？三口为品。三者众也，三口之品即众人之品，本意即口碑之意。品字作为动词时，含有辨别、评定、分析、感悟的含义；作为计量单位时，含有等级、数量的含义。但不管品什么及什么品，都需要追求品位。四联小学大力推进品位教育，通过创建丰富多彩的优质教育资源，致力于培养志向高远、品格高尚和学养高奇的高品位人才，培养具有创新能力、实践能力和思考能力的拥有现代生活能力的人才，实现学校处处高品位、事事高品位、人人高品位，从而提升学校文化软实力，成为有独特内涵品位、独特办学思想和独树一帜办学风格的品位教育特色品牌学校。

三、教育品位的独特建构

一是品位校园建构。环境育人，润物无声。高品位的校园环境，是教师们开心工作、学生们快乐学习的保证。因此，学校依托校舍加固之工程，借助大运造林之东风，依靠自身特色之文化，努力提升校园的自然和人文环境品位，正逐渐把学校打造成为美丽花园、生态校园、四季果园和文化家园。

二是品位课程建构。为了培养高品位人才，学校"立足第一课堂，延伸第二课堂"，创建优质教育资源平台，在全面推进课程改革的基础上，坚持走科技特色、艺术特色和体育特色之路，坚持传统，发展传统，以点带面，以小发明带动科技，以版画带动艺术，以乒乓球带动体育，不断创新，不断思索，如今形成了小发明、小制作，各种模型、版画、书法、美术，乒乓球、篮球、田径，合唱、舞蹈，国学、文学社等几十种学生社团课程，激发了学生兴趣热情，张扬了学生的个性特长，促进了学生全面发展。

三是品位班级建构。德育的有效性及德育的品位，永远在班级中，永远在课堂中，永远在团队中，永远在活动中。依托"学校论坛""感动四小""队部活动"，"品位课堂五让""晨读午书晚练"，"品位文学社""品位国学""品位英语俱乐部""品位科技园""品位报""艺术社团""香樟树下艺术节"，"体育社团""手语操""健美操"，"安全小品"等品牌活动项目。还有各种赛事项目如"小小主持人大赛""唱响校园歌曲大赛""经典诗文朗诵大赛""安全小品大赛""美术书法竞赛""班际乒乓球比赛""班际篮球比赛""广播操手语操比赛""讲故事大赛"……一个活动就是一个舞台，任学生在上面舞出自己的无限精彩，舞出自己的美好未来！在这种种活动的品位中培养创新精神和实践能力，从而养成高尚品德。

四是品位师资建构。要培养高品位时代学子，就必须打造高品位教师团队。学校高度重视教师队伍建设，因为教师是生命美丽生命的化身。人人参与的业务比赛、别开生面的拓展训练、充满欢乐的"快乐周三"、洋溢和谐的新年晚会，还有"品位教育"子课题已经在全体教师中全面铺开，团结和科研的力量正引领一批师德高尚、业务精良、亲如一家的教师团队茁壮成长起来。

四、品位教育的丰厚积淀

经过最近四年来的转型发展，有效促进了四联小学的优质和特色发展。学校内外环境差别发生了巨大变化，校园外部仍然比较脏乱差，但学校内部环境已经脱胎换骨。学校规模扩大到36个教学班。已经完成的学校"八品景观"（品位园、品果园、品陶园、品学园、品书园、品创园、品画室、品星路）富有思想、内涵和特色，全面推进区分明显、功能齐全、相互支持的"五大区域"（教学区、办公区、艺术区、运动区、后勤区），基本形成大艺术格局、大体育格局、大科技格局、大文化格局的大教育品牌，成为一所校园布局合理、设备设施完善、四季花果飘香、学生健康成长的优质特色品牌学校，迈入了大发展、大跨越、大提升的四联小学教育发展新时代。

理念引领行动，内涵提升品位，创新收获成就。先进的办学理念和准确的发展定位为学校的发展奠定了成功的基石。学校实现了转型、优质和特色发展，学校的口碑越来越好，影响也越来越大，学生获得了个性化的成长，老师提高了对教育的理解与热爱。在四联小学品位教育特色品牌建设中，学校慢慢有了很多变化。这里仅举几例。

变化一：前来学校参观学习活动的频率越来越密集了。

近年来，先后已成功承办"全国艺术教育学术交流会""深圳市小学美术课堂教学展示研讨会""龙岗区一校一品挂牌仪式暨学术交流会""龙岗区美术学科名师工作室起动仪式暨经验探讨会"等多场艺术教育学术交流活动。先后有数百批次市内外学校来校学习，有时一天要接待四五批，大家对到学校周边时，觉得这个学校肯定不怎么样，但进入校内，感觉完全不一样，那完全就是一所高品位的现代化学校，学校的各种特色均留下深刻印象。四联小学已经成为各种基地，如中国少年科学院科普教育示范学校、中国中小学美术教育基地、广东省版画教育基地、深圳市艺术教育特色学校、深圳市科技教育特色学校、龙岗区"一校一品"美术（版画）特色学校、龙岗区"一校一品"音乐特色学校等荣誉称号。

变化二：学校一年就新增了5名中国小院士。

2014年在北京举办的第九届中国少年科学院"小院士"课题研究成果全国展示交流活动。经过激烈角逐，四联小学古仲意、周衍瑜、黄俊豪、林睿、胡楠五位同学被中国少年科学院聘为"小院士"。同时，刘月香老师也被评为"全国优秀科技教师"，四联小学更被授予"中国少年科学院科普教育示范基地"的荣誉称号。至此四联小学共有11位中国小院士。据了解，四联小学的科技教育非常有特色，坚持科技教育课程化、环境化、活动化，开展普及教育，形成了小发明、科幻画、科技实践活动等多个科技社团和相应的特色项目，成效显著，是学校的获奖大户，共获得区以上科技教育奖超过4500人次，其中177人次获得过国家级奖项。在参加的比赛活动中曾得到过欧阳自远院士、戚发轫院士、腾吉文院士等著名专家的高度赞扬并合影留念。

变化三：学生版画作品成为国礼赠送外国政要。

在2011年第26届世界大学生运动会期间，四联小学学生的500多幅版画作品作为大运会官方纪念品赠送给了各国运动员、官员和世界友人，被大运组委会称赞——四联小学是宣传我们深圳艺术教育特色成果和深圳人民艺术生活的标志性窗口！被国家教育部国际合作与交流司征集、收录的版画作品共有20多幅。其中吴逸熙、曾丽珊、李乐瑜创作的《中国民居》分别赠送给了英国伦敦政治经济学院院长朱迪丝·里斯、英国教育部基础教育部副部长尼里克·吉布和法国国民教育部部长M. Luc Chatel。学校创新性完善艺术课程体系化，形成了融版画、陶艺、声乐、舞蹈、陶笛、架子鼓、快板、书法、绘画等特色项目于一体的大艺术格局，为学生提供了丰富多彩的艺术教育大餐。

变化四：四联小学老师的精神状态越来越好了。

在四联小学品位教育的研究与实践中，教师队伍整体素质不断提升，教师的科研能力明显提高，不断取得新成绩、新成果，激活了老师教书育人的积极性，为老师们专业成长和生活幸福营造了和谐的氛围。袁才老师因为科研能力强被提拔为科研主任，经过公开选拔又被提拔为副校长。还有很多老师都能全身心投入工作，涌现了很多先进榜样。

榜样一：美术科组是一个温暖、幸福、合作和奉献的团队。

他们用汗水抒写青春，用奋斗诠释人生。他们放弃一个又一个周末时间，顶着一个又一个月夜辛勤地忙碌着。他们的作品装点着校园，国学园精美绝伦的二十四节气，校门口惟妙惟肖的十二生肖，品陶园各具特色的陶艺面具……校园的每一个角落，每一处美丽仿佛都有他们的影子。他们精诚合作，每年都举办校园美术书法作品展；他们成功辅导学生出版了1000余幅艺术作品；他们成功协助省、市、区举办10余场美术研讨会；他们是"深圳市优秀科组"，他们有"市优秀教师"，他们是四联小学艺术教育的核心力量。

榜样二：初为人母的彭冬梅是一位爱学生像爱自己孩子一样的老师。

看着娇滴滴的宝贝女儿每一点小小的成长，她的脸上就会洋溢着幸福的微笑，这份幸福感受，让她更深刻地理解学校工作的价值与意义。她中断产假的休息时间，成为一个艰辛而又充满爱的"背奶族"，承担了任务繁重而紧张的排练指导工作，她指导的五个节目在学校艺术节取得了巨大成功，节目的精彩演绎赢得了无数喝彩。节目舞动的是爱、是美丽、是奇迹，是一份心灵幸福的教育生活。

榜样三：赵芳老师是一个会歌唱的精灵。

在上着几个班音乐课的前提下，带着孩子们训练。早上练，中午练，下午练，周末都在练。她对工作充满激情，在怀孕的情况下还要求合唱队训练任务、编排手语操任务。她似乎有着钢铁一般的意志和精神，从不曾叫苦，从不请假。她对事业的执着，感动着她身边的每一个人。她用实际行动诠释着"教育是一棵树摇动另一棵树，一朵云推动另一朵云，一个灵魂唤醒另一个灵魂"的教育真谛。她用美妙的歌喉打动了学生的心灵，她用动听的歌声点燃了学生的梦想。她为四联小学收获了荣誉，也为自己演绎了精彩的人生！

五、品位教育特色品牌建设案例的启示

1. 理念的核心统领作用

深圳教育标准化已经完成，特色化正在进行，特色发展之后最终将指向特色品牌。学校特色品牌建设是学校新时期新形势下转型发展、内涵发展和优质发展的必然结果。学校品牌建设的关键是找到适合并引领学校发展的核心理念，并以此作为学校品牌建设顶层设计之最高点。四联小学品位教育特色品牌建设正是在学校转型发展过程中，走向内涵、优质和特色发展的最合适之路。提高教育"品位"是四联小学农村教育城市化、传统教育现代化过程中的核心技术，也是核心价值导向，真正起着思想领导的作用。

2. 校长的核心引领作用

四联小学近四年的发展说明了一个道理：一个好校长就会有一个好学校。在经过多方学习、多次研讨和多次论证后，四联小学找到了"品位"，作为学校核心理念的价值导向，并付之于实践。而这种实践是一项系统工程，需要得到政策许可、经费支持、师生喜欢，而这每一条要真正落实到实处都是十分不容易的。需要校长进行多方联络与协调，这又是一项艰巨任务。如果校长不喜欢，没有认识到核心引领的重要作用，这几年学校翻天覆地的变化将完全不可能。而胡碧波校长对学校品位教育真是爱不释手，天天想着念着思考着，用他自己的话说，"有点欲罢不能"了。

3. 教师的核心团队力量

当前学校普遍存在的职业倦怠问题，存在"当一天和尚撞一天钟"现象，存在"过得去"现象，对学校发展漠不关心，工作没有创新、没有热情。所以带好师资队伍体现着校长的领导力和管理力。师资队伍管理是一种知识分子的管理，是对人

的管理，重点不在管而在理。四联小学特别重视做好领导班子的团结，要求老师去做的，校长和领导班子带头先做；重视培养教职员工的团结意识，增强凝聚力；重视培训并对教师职业生涯的引领，生活意义的探寻；重视发挥每个人的特长并放在适合本人特点的岗位上，尽最大限度体现他的价值；重视先进典型的榜样力量和示范辐射作用，激发主人翁精神和创新精神。从四联小学专为美术老师打造的美术工作室，就可看出校长对老师的关爱，对榜样的重视。

四联小学已经不再是那个不起眼的村办小学，已经是一所现代化、优质化和特色化的城市学校，是村办小学蜕变为有自己特色知名品牌的成功案例。在这个案例中，还有很多精彩的地方，也还有很多深刻的地方，但由于笔者的理解力与视野的局限，不能够把四联小学的办学智慧完整地呈现出来，虽已尽力但仍感到十分遗憾。我很庆幸能够参与品位教育的研讨，每次到四联小学都引发内心深处的触动，我感谢四联小学带给我心灵的启示。希望四联小学能够面向未来，迎接挑战，进一步探索创新，提升特色与品位，实现新的跨越。

（原载《广东教育（综合）》2014年第5期）

第二章 学校管理治理

学校管理要走向学校治理

以核心理念引领学校治理

以核心理念激活师生活力

学校治理要回归教育本质

学校治理要形成教育合力

视点1　先行示范，教育何为？

2019年7月24日中央全面深化改革委员会第九次会议审议通过，由中共中央国务院印发《关于支持深圳建设中国特色社会主义先行示范区的意见》（以下简称《意见》），从高质量发展高地、法治城市示范、城市文明典范、民生幸福标杆和可持续发展先锋五个方面高位设定了深圳先行示范的战略定位，从三个时间节点上明确了深圳先行示范分步实现的发展目标，还从现代化经济体系、民主法治环境、现代城市文明、民生发展格局、美丽中国典范等五个方向提出了深圳先行示范的"五个率先"实现路径。

《意见》指出，建设"先行示范区"要做到"三个有利于"，即有利于达成更高起点、更高层次、更高目标开放新格局，更好实施"湾区战略""一国两制"新实践；率先探索民族伟大复兴强国新路径。特别罕见的是，《意见》文件中把深圳誉为全国典范城市、强国范例城市、全球标杆城市、综合经济竞争力世界领先城市、创新创业创意全球影响力城市等等，溢美之词已达极致。这是新中国成立70年、深圳设立经济特区40年的重要时刻隆重推出的，体现的是国家意志，标志着深圳从"经济特区"为国家贡献经济发展"富国基因"，到"先行示范区"为国家贡献"五位一体"城市整体发展"强国基因"。深圳在新时代再次领衔新使命，是具有里程碑意义的重大事件。曾经是以全国之力办"深圳经济特区"，现在是以全国之力办"深圳先行示范区"。深圳当此大任，备受鼓舞，这是深圳大事，是广东大事，是国家大事。

《意见》在"率先形成共建共治共享共同富裕的民生发展格局"关于"提升教育医疗事业发展水平"有关教育的论述："支持深圳在教育体制改革方面先行先

试，高标准办好学前教育，扩大中小学教育规模，高质量普及高中阶段教育。充分落实高等学校办学自主权，加快创建一流大学和一流学科。建立健全适应'双元'育人职业教育的体制机制，打造现代职业教育体系。"深圳教育如何贯彻《意见》精神？如何"先行"？如何"示范"？

一要读懂《意见》精神。深圳建设中国特色社会主义先行示范区，是建设在全球范围内最高标准的城市典范，教育也应该建设在全球范围城市中最高标准的教育典范，是最高等级的优质教育。要以更宽广的视野来审读领会文件精神。

二要回应主要矛盾。中国教育已经是全球范围内规模最大的教育，但还不是教育强国。主要矛盾是教育发展不平衡不充分的问题，还未能达到人民群众美好教育生活的预期。不平衡就要调结构，实现城乡教育、普职教育均衡发展；不充分就要提质量，要加强教育改革与创新，办人民满意的优质教育。

三要提倡制度创新。教育的根本任务是立德树人，要加强立德树人制度的顶层设计，就是要为每一个人的独特成长提供教育制度服务，要化解教育的制度化困境，防止制度短板制约教育发展空间，要优化制度设计拓展成长空间。

四要提高质量标准。要对标《中国教育现代化2035》，要高标准普及15年义务教育，要超前规划学前、小学、初中及高中等各阶段的教育规模、可能数量及预期质量。让所有孩子不仅有学上，还能上好学。要加强高质量、优质特色、品牌示范学校研究，学校好了，教育就好了。

五要创办一流高等教育。要对标牛津剑桥，要对标哈佛耶鲁，要加快实施创新驱动发展战略办大学，要以治理理念激活大学办学活力，要鼓励大学加强基础性、综合性、前瞻性、应用性科学研究，强化产学研深度融合，对重大关键技术、核心技术进行攻坚行动，力争在更宽泛的关键领域涌现一批关键学科和关键人物。要发挥好本地大学的自主办学优势，发挥好国内合作办大学的深圳属地优势，还要发挥好国际合作办大学的中国优势，促进深圳高校的整体办学水平。

六要加强职业教育。人接受教育的目的就是为了能够选择一份好的职业。深圳是以高新技术创新立市的城市，庞大的创新技术产业集群，可以为深圳子弟就业创业立业提供很多很好的选择。建设高质量现代职业教育体系，要对标《国家职业教育改革实施方案》，要进一步打通中职高职一体化通道，在扩大职业院校的本科生比例，要在职业院校适度设立"技术硕士"学位，要为在职业技术院校开设"技术博士"学位试点。制度设计要为"技者"成为"学者"提供通道，"技之优者"为什么不能成为"学之优者"？大国工匠需要有一定的学者素养，这需要制度提供支持。不能认为选择职业教育就是选择了低端教育。普通教育和职业教育是两种育人方式，具有同等重要地位。知者是人才，技者更是人才。普职教育发展不平衡，根源在制度设计的不合理。

教育是民生之首，关乎人民群众切身利益，关乎千家万户幸福美好生活。教育是民族振兴社会进步的重要基石，是功在当代利在千秋的基础工程。因而教育是国之大计、党之大计。从建设中国特色社会主义先行示范区的战略高度，优先规划教育，优先发展教育，为建设社会主义现代化教育强国先行示范，一马当先，引领万马奔腾，具有十分重要的样例意义。

（原载《教育》2019-10-04）

视点2　要激活学校发展内生活力

2020年9月15日，经中央教育工作领导小组审议同意，教育部等八个部委办联合发文《关于进一步激发中小学办学活力的若干意见》（教基〔2020〕7号），这又是一个审批层级达到最高级的文件。这一文件对落实《中国教育现代化2035》关于"推进教育治理体系和治理能力现代化"，提供了落地指南。文件"指导思想"中有"充分激发广大校长教师教书育人的积极性创造性，形成师生才智充分涌流、学校活力竞相迸发的良好局面"的表述，让人觉得眼前一亮。国家办学培养合格的建设者和接班人，开始从国家立场（国家积极性）转向兼顾人的立场（师生积极性）与学校立场（学校积极性），对建设中国教育特色制度与现代学校治理具有重要的现实意义。

学校是教育系统中独立运行的最基层组织，具有三大定位。第一，学校是党之大计、国之大计的重要环节，学校教育是社会阶层流动的重要机制，是国家制度，因而是国家事务，并处于社会事业之首的重要地位，由国家进行顶层设计和系统安排，"活力文件"代表国家力量，释放的是国家办学积极性。第二，学校为国家为人民群众提供的教育公共产品，是社会公平的最核心内容，关系人民群众切身利益，这一教育公共产品好不好，是否体现时代精神，人民群众是阅卷人，是评判者，因此这一教育公共产品要体现人民群众的愿望，要接纳并引导人民群众的积极性。第三，学校是人民群众美好生活的一个窗口样例，学校是社区居民心目中的标志性地方，是社区的知识中心和信息中心，在社区居民心里具有崇高的地位，是学生一生记忆中的最美地方，是学生一生中度过的最好时光，学校办得怎么样，牵动各方利益，要接纳各方协同办好学校的积极性。

学校组织因其定位决定了其地位，历史上各种组织层出不穷，但学校历千年而存续。其常态的存续说明了其具有基础性的重要性。学校组织的严密性及常态性，呈现出高度制度化的表征，因而影响了其活力。随着新时代的到来，我国社会主要矛盾转化为人民群众日益增长的美好生活需要和不平衡不充分的发展之间的矛盾。为办好学校而出现了如集团化办学、结对帮扶、优秀教师流动、资源共享等各种各样的合力办学、协同办学的努力，应该说都是很好的探索，也起到了很好的促进作用。办好学校关键要激活学校发展内生活力，要有内生机制。

首先，学校要有学校样。政府要为每一所学校提供标准化、规范化的设施设备，不能重点学校设施设备先进，边远学校设施设备落后，这应该成为政府教育主管部门工作的第一要求，要加强政府办学的督导，完善督导制度。

其次，学校要有自己样。学校因其所处的区域，经济社会发展水平不一样决定了学校之间不可能做到一个样，所有学校一个样也不符合教育规律。学校要有不一样，就是要把学校办成自己样，每个学校都有自己样，各有各的活力，各有各的精彩，呈和谐发展景象。要把学校办成自己样，一要有学校发展的核心理念（初心），要以核心理念引领学校发展，要找到学校发展的原始动力，找到学校发展动力的精神源泉。二要建构学校发展的美好愿景，要为社会、为社区、为师生描绘学校发展的美好景象，要对学校办学核心理念进行高位解读，赋以美好教育生活意义，让每个人都找到归属感、获得感和幸福感。三要激活学校发展的组织内生活力，基于学校的组织属性，学校组织要建设好要做到对外要开放，要能够接纳所有各方的积极性，要积极引导各方积极性来办学；学校组织要建设好要做到对内要放开，要激发师生积极性，要激活并释放教师教书育人的主动性、能动性和创造性，潜心教书，安心育人；要为每个学生找到属于自己的成长路径，每个学生都是具有无限潜能的存在，要做的是识别学生的潜能并激活学生的潜能。

最后，学校要有生命样。学校是培养人的组织，是师生生命的交往，正如雅斯贝尔斯所说，"教育的本质是一棵树摇动另一棵树，一朵云推动另一朵云，一个灵魂召唤另一个灵魂"，学校是一个生命场域，每一个生命都是独特的。要让学生认识生命、珍视生命、发展生命和成就生命，要让每一个生命实现其无与伦比的使命，体现生命价值。

学校要有学校样，学校要有自己样，学校要有生命样，办好学校，要激活学校发展内生活力。

（原载《教育》2020-12-04）

视点3　核心理念建构校长教育学

随着我国经济社会的高速发展，学校教育已基本完成了标准化建设，实现了数量巨额增长、规模急速扩张、质量快速提升的现代性改造，为人民提供了更加优质、公平、高效和均衡的教育服务，为办人民满意教育做出了重要贡献。

教育是为了人的发展，为了人能更好地生活。教育通过引导并帮助人认识、提升并运用自己的智慧，让每一个人拥有幸福的生活。而学校正是这样一种引导人成长并获得幸福生活智慧的教育组织。千百年来，学校已经成为体系完整且结构稳定的、成长人的、专业化的组织。校长是这个组织的核心，因为每个校长都会有对学校教育的独特的理解，都会有自己的教育哲学和核心理念，所以校长是引领学校组织变革与发展的关键因素。

《国家中长期教育改革和发展规划纲要（2010—2020年）》要求中小学校长要成为教育家，对校长提出了要减轻学生的负担，培养拔尖创新人才，提高办学质量，促进优质特色发展，建设现代学校制度，提高教师职业生活水平等新要求，赋予校长突围现代性困境，消解现代性危机的新使命。校长要成为教育家，关键是校长要以核心理念建构自己的教育学。

校长如何建构自己的教育学？必须厘清什么是教育的本质，找到教育学的研究对象。

人类生物学意义上的自我复制即"生育"，母体"孕育"生命的机制非常严密严谨，非常完善，因为有"脐带"将母体与新生命连接起来。人类社会学意义上的自我复制即"教育"，教者，孝文也，意思是传递以孝为主的文化给学生。育者，月子（倒置）也，意思是母亲十月怀胎孕育新生命。所以教育的本意是向学生传递以孝为主的文化要像母亲十月怀胎一样。可见教育的本质是让没有文化的人变成有文化的人，即立文化人，进一步抽象为"立人"。教育的本质是立人，所以教育学就是一门立人的学问。"立"就是文化传递给人的那根"脐带"。

文化是孕育出文化人的母体，孕育的方式是立。因为人是独特的富有潜能的人，因而这个立是孩子的一种自立，自立其心与志、自立其情与意、自立其言与行。所以校长教育学是一种立人之学，是一种因人而立、因需而立、因时而立、因用而立和因势而立的教育学，是一种使学生具有自知、自适、自省、自信和自强之智慧的教育学。

校长基于自己的教育理念，以教育家的情怀，帮助每个孩子找到仅属于孩子自己一个人的文化成长路径，全程"牵线修路搭桥"，提供文化成长正能量，让孩子能够自己"站立"成一个自己想成为的那个文化人，一个充满灵性、灵气、灵感和灵动心灵的文化人，一个拥有最本真、最人性、最具普适性文化价值取向的文化人，这就是校长教育学的最高智慧。这既是校长为每个孩子定制的教育学，也是校长自己的教育学。从此，校长行走在成为教育家的路上。

（原载《新课程研究（上旬刊）》2014年第7期）

视点4 深圳教育领跑：使命、智慧及愿景创意

深圳市教育局于2011年年底提出，深圳教育"做有使命感的领跑者"，提出要抓住深圳作为国家教育体制改革试点城市和建设国家教育综合改革示范区的历史机遇，以打造"深圳质量"为指引，以促进公平为重点，深化改革，加快发展，使深圳教育成为城市转型发展的领跑者，成为全国教育改革发展的领跑者。深圳市教育科学研究院承担着领跑者中的领跑者角色，要为深圳教育领跑提出操作性智慧。

——题记

深圳教育要做有使命感的领跑者，是智者的抉择、是仁者的使命、是行者的情怀，是时代赋予深圳教育工作者的神圣职责。本文主要观点是，领跑使命基于深圳城市发展高端定位，领跑智慧基于深圳教育发展高位思考，领跑愿景基于深圳教育品牌创意设计；学校品牌创意是一项基于教育的知识技术，学校品牌建设，旨在通过学校品牌创意技术，建构一种有幸福意义的生产方式，一种师生喜欢的生活方式，从而勾画领跑者领跑的美好愿景。

深圳被誉为全国四个一线城市之一，在全国已经有重要的知名度和影响力。但深圳教育的知名度和影响力还不能与深圳的城市知名度和影响力同步。深圳教育经过30多年的发展，取得了巨大成就，是得益于深圳高速的经济发展，是一种适应深圳经济高速发展的被动发展。随着深圳建设国家创新型城市，从以经济建设为中心向以经济、政治、文化和社会建设并重转变，深圳教育反哺的时候到了，应该主动作为。深圳教育要领跑全国，引领深圳经济和社会发展，迫切而且必然。

一、使命：基于深圳城市发展的高端定位

特区深圳，30年奋斗征程，立改革开放潮头，以海纳百川胸襟，敢闯敢试，敢为天下先，创造了无数个"中国第一"。深圳速度、深圳模式、深圳品牌已领跑中国，名扬天下，成为中国改革开放的旗帜和风向标。

特区深圳，30年成长历程，与国家脉搏同步，演绎了一个小渔村蜕变为国际化大都市的经典传奇，以特区精神、特区经验，给中国发展贡献了强国基因，承担了对国家崛起的时代责任，履行了对国家复兴的神圣使命。

特区深圳，后30年再出发，如何克服诸多"难以为继"，如何让深圳制造变成深圳创造？如何让深圳从输出产品到输出品牌？如何从深圳速度跨越成深圳质量？如何再领跑，并且跑得更好跑得更远？

特区深圳，幸运之神再眷顾，再次与国家战略对接，再次先行先试，率先建设国家创新型城市。企望通过实施自主创新战略，从比较优势转型为集聚优势；从经济单项功能转型为集经济、政治、文化、社会于一体的城市综合功能；从产品品牌、企业品牌转型为城市发展品牌，打造具有国际视野、现代气派、中国特色、深圳质量的城市发展品牌，完成国家自主创新的重要战略布局，让品牌深圳领跑国家城市发展。

深圳教育30年，经历了数量大幅增长、规模空前扩张、质量显著提升和特色初步形成等阶段，实现了从农村教育、传统教育向城市教育、现代教育的转变，完成了从起步者、跟跑者、追赶者角色的变化。可以说深圳教育处在了最好的发展阶段。随着深圳通过建设国家创新型城市，率先建成创新型示范城市，发挥"排头兵"作用，并以此加快推进"深港创新走廊""珠三角创新圈"建设，完善区域创新体系，为建设创新型国家提供区域创新智慧。深圳教育必然承担领跑者的使命，扮演领跑者的角色。

二、智慧：基于深圳教育发展的高位思考

深圳教育要领跑全国，那就意味着深圳教育必须具有领跑全国的特质，必须具有打造深圳教育领跑特质的智慧。笔者以为，第一要务就是要建构深圳教育的认识论、价值论和方法论。然后要面对和解决的问题是，深圳教育是什么样的教育？深圳教育应该是什么样的教育？领跑全国的深圳教育应该如何打造？

深圳教育是深圳的教育，深圳教育具有深圳的特质，具有成功经济特区的特质，具有现代、开放、高效、创新、梦想等特质。同样，深圳教育具有教育的特质。在新形势下，深圳教育的特质是什么？不仅基于深圳教育人的抱负，更基于深圳教育人对教育的思考和理解。教育是培养人的事业，深圳教育要培养什么样的人，这个"人"的特质，就是深圳的教育的特质。深圳教育要培养深圳人，深圳人应该具有什么样的特质呢？从社会本位角度追求德、智、体、美全面发展的人；从人本位角度追求德、智、体、美全面发展的人；从马克思主义关于人的发展学说角度追求全面发展和自由发展的人；从深圳城市未来发展角度，笔者以为国际视野、中国气质、深圳精神和生活智慧，是深圳人的当然特质。这是深圳教育发展维度的几个原点，昭示着深圳教育发展要回归到人、回归到深圳人、回归到未来的深圳人，需要一种回归本真的智慧。

教育的本质是立人，其核心内涵是弘扬人的主体性，引领其自主发展、能动发展和创新发展。教育的目的是引领每一位学生追寻幸福意义。学生的发展以及学生的幸福，都是学生自主、主动和创造性地去实现的，这个过程充满了无限的可能性，所以人生是一门可能性的艺术。每个孩子都是独特的生命和独特的精灵、每个孩子都有卓越发展的潜能和选择、每个孩子都是我们未来社会的主人翁，因此，每个孩子都应该受到最好的关注并给予表现的机会。这应该是我们众多教育观念中的核心理念，需要的是一种依托、发现并发展学生潜能的智慧。

围绕教育的核心理念，运用人的成长理论、知识习得理论以及品德养成理论，我们就可以得出培养深圳人的方法论及其技术路线，即成人、成才、成美、成德。身心健康不占用社会医药资源，是一种德性；具有在社会一次分配中的生活智慧，不占用二次分配资源甚至能够贡献二次分配资源，是一种德性；能够以美的视听形象面貌融入社会，贡献正面价值，更是一种德性。有舍才有得（得者德也），所以有奉献才有德性。伟人常人皆有德，伟人能大舍便有大德，常人能小舍则成小德。德者，无多少贵贱之分也，故人人皆可成为有德之人。有德之人，就是有贡献之人，就是有价值之人。成人、成才、成美、成德路线图，不仅体现了一种人本的朴素的教育学智慧，更是一种认识论意义上的智慧。

幼儿教育应该是一种启蒙教育，是儿童从依附性走向独立性、从自我性走向社会性、从天性走向人性的启蒙教育。游戏应该是幼儿教育的全部课程。

义务教育应该是一种成长教育。促进学生生动活泼、健康快乐地成长是义务教育的唯一主题。

高中教育是一种选择性教育，应该发现学生的长处、激发学生的志向，向学生提供多样化的课程，引导学生各展所长、各成其志、各怀其梦，为进一步成长定方向、打基础。

大学教育是一种通识教育，是融价值塑造、能力培养、核心知识获取为一体的教育。大学四年是一个人形成独特心智模式、思维模式、行为模式的重要时期，是一个人为步入社会、贡献社会做准备的重要时期。

制度设计应该是：该游戏就快乐游戏，该成长就快乐成长，该学习就快乐学习，该准备就认真准备，该履行责任承担使命时就有能力去完成，有能力去实现自己无限的可能生活。这是简单而且朴素的智慧，却往往是最深刻、最高超的智慧。

三、品牌：建构深圳教育领跑者的创意生活

思辨是为了明理，批判是为了建构。深圳教育以什么领跑？有领先的理念、领军的团队和领袖的气派可以吗？有创新的教育制度设计、完善的教育结构体系和完备的课程教学计划可以吗？形成了政治家（政府）兴学、教育家办学、专家治学、社会助学的良好机制可以吗？笔者以为，这些还远远不够，这仅仅完成了深圳教育承担领跑使命的"基础设施"。

生产方式是人类社会发展的决定力量；生产方式决定社会制度的性质，决定社会制度的更替；生产方式是划分社会类型的基本标志。因此，人类社会的历史，归根结底是生产方式依次更替的历史。从这个意义上给我们的启示是，深圳教育要领跑，必须建构先进的教育生产方式，必须提升深圳教育的核心竞争力，必须形成具有深圳特质的深圳教育流派。

就像连队的战斗力反映部队战斗力一样，深圳学校教育的生产方式体现了深圳教育的生产方式。用先进的理念与技术改造并建构我们学校先进的生产方式，办好每一所学校，深圳教育才是一种真正的领跑。因为办好每一所学校，才能关注每一个孩子，才能为每一个孩子的可能发展提供选择性服务。

深圳教育在经历标准化、特色化时代之后，必将迈进品牌化时代。品牌化是深圳教育正在迎来的发展主题。这是一个具有前瞻性、引领性的主题。这一主题的核心内涵，描绘的是师生的一种理想的教育生活愿景。这是一个有创意的愿景，一个

有价值的愿景，一个有职业归属意义的愿景。而最好的领跑恰恰就是给师生这样一种理想的教育生活愿景，并为之奋斗，矢志追求。实现这一愿景，需要改造并建构我们学校先进的生产方式，需要为学校发展进行品牌创意。学校品牌创意是一项基于教育的知识技术。学校品牌建设，旨在通过学校品牌创意技术，建构一种有幸福意义的生产方式，一种师生喜欢的生活方式，从而形成特色品牌学校。

美好的愿景是，每一所学校都是好学校，都是特色品牌学校，都是当地社区的教育中心、知识中心、信息中心，都是社区居民心中的标志性地方；学校是学生一生记忆中最美的地方，学校学习的日子是学生一生记忆中最快乐的时光；打破了学校发展的地域决定论、生源决定论、师资决定论及经费决定论，每一所学校都有一片发展的天空，每一片学校天空都很精彩。笔者以为这就是深圳教育的领跑秘诀，这就是深圳教育领跑者的创意生活。

在我的教育经历中，最高兴的是我们的学校已经开始建构真正属于师生自己的学校生活，最难忘的是参加学校品牌创意活动，因为这些品牌创意活动让我找到了工作的价值和意义。这里仅举几例。

如布吉高中扬长教育品牌创意，理念是打造你的长处，让你闪闪发光！口号是扬人之长，越扬越长！每个孩子都是有长处的人，每个人都是以长处立身处世致远。人的长处是不同的，个体背景差异决定长处差异，这种差异正是教育的资源，也是教育的逻辑起点。教育最重要的就是帮助学生发现自己的长处，让长处成为立身之本。发现并打造学生的长处，是最高的教育艺术，是最大的善事。

如六约学校幸福教育品牌创意。理念是幸福引领一生，引导学生学会幸福的能力，为一生幸福奠基；引导教师感受教育幸福、享受教育幸福，过一种美好美满的幸福人生。每个人都有幸福的权利，每个人的幸福都可以信手拈来。人追求权力和金钱都有止境，只有追求幸福没有止境；幸福教育让六约师生找到了最好的词、最美的词，最理想的生活方式。是的，还有什么词比幸福更美好？

如新生小学善本教育品牌创意。善属于伦理学范畴，是一个道德概念，是人类具有普适性的正面价值观。新生小学把"善使人的心灵更纯洁"作为学校核心办学理念，引导学生做一个善良的人，六年学习让每个孩子都有一颗善良的心，与人为善，与世界友好，都能开启人生的新生之旅！引导教师把教育作为一种善事，让日常的教学活动提升到道德的高度，因为只要是善事，人际关系简单了，就更和谐了。

如可园学校山水和美品牌创意。学校依山而建,把山水概念引入办学核心理念,山代表厚重、挺拔和坚韧,水代表柔美、包容、滋润万物。在可园办山水和美教育,让平常平淡的教育生活,有了浪漫情怀,有了特别的意义,那就是价值提升、境界提升。

(原载《天津市教科院学报》2012年第2期)

视点5　文化传承的智慧

新近，国家推出《关于实施中华优秀传统文化传承发展工程的意见》（以下简称《意见》），对中华优秀传统文化传承发展的重要意义、总体要求、主要内容、重点任务、组织实话与保障措施等方面做出了部署，要求深入阐发中华核心思想理念、中华传统美德、中华人文精神等中华优秀传统文化精髓，贯穿国民教育始终。《意见》指出："文化是民族的血脉，是人民的精神家园。文化自信是更基本、更深层、更持久的力量。中华文化独一无二的理念、智慧、气度、神韵，增添了中国人民和中华民族内心深处的自信和自豪。""中华优秀传统文化，积淀着中华民族最深沉的精神追求，代表着中华民族独特的精神标识。""实施中华优秀传统文化传承发展工程，是建设社会主义文化强国的重大战略任务。"

在《意见》颁发的同时，有关部门组织有关人士回答了记者的有关提问，各文化主管部门也积极行动起来贯彻落实。社会各界人士及多种媒体就如何看待中华优秀传统文化传承发展给予了充分的关注，"传统文化"成为社会话语系统的热词。馆藏文物、古籍文字，记忆着中国文化；诗词之情致、书画之灵思、戏曲之神韵、东方园林之匠心，讲述着中国文化。《意见》以公共政策的方式，让中国优秀传统文化回到公众视野：道法自然、天人合一的生态观，天下为公、世界大同的宇宙观，和而不同、求同存异的价值观，以民为本、为政以德的治世哲学，仁者爱人、以德立人的处世之道，自强不息、厚德载物的入世精神，培育了中华民族独特的国情民俗，体现了中华民族最深沉的思想智慧，彰显了中华民族最公正的精神品格。

当前，中国经济快速持续发展，中国经济总量与规模达到世界第二位，中国科技实力整体提升，有些技术如量子卫星等实现全球领先，可以说创造了中国奇迹。但经济振兴与科技进步却未能催生中国价值和中国文化，在"师夷长技以制夷"、富国强国的同时，未能体现"实与文不与"的"时中智慧"，迷失了中国自己的传统价值与文化。表现在对西方生活方式的崇尚，看好莱坞大片，喝可乐吃汉堡，庆祝洋节洋俗等，而中国的重阳、端午、中秋、七夕等节日却受到了冷落。古人说"变文化自变衣冠变风俗始"，中国人从服饰、饮食、节日、礼仪中到处都可以感受日常生活细节的西方化，着实令人担忧。

在此背景下，国家适时推出"实施中华优秀传统文化传承发展工程"，将会是影响中国发展方向的具有里程碑意义的大事件，具有重要的时间节点作用，一方面寻找中国改革发展的精神源泉，追本溯源、回归本真；另一方面探寻中国改革发展路径，高瞻远瞩、关注现实。当务之急是，需要一种文化传承的智慧。

一是文化梳理的智慧。中华文化历经5000多年发展孕育，可谓源远流长、灿烂辉煌。这浩瀚文化如何取其精华、去其糟粕，形成有中华标识的优秀传统文化体系，需要以"工匠"精神去梳理，加强中华文化典籍的整理、编纂和出版，要形成自己的话语体系。

二是文化阐发的智慧。中华文化是中华儿女自己的文化，是祖祖辈辈留传的文化，其历史渊源、发展脉络、基本走向和当代价值的阐发非常重要，需要历史的眼光，也需要世界的视野，要正确反映中华民族文明史。

三是文化保护的智慧。有发展就会有遗弃，有建设就会有破坏。重要的是在建设与发展的过程中要注意对文物、文化的保护。要注意保护濒危文物，要加强对历史文化名城名镇名村、名人故居、原始村落的保护，要保护传统工艺、方言文化、民间音乐、民间节日和民间庆典礼仪等，要有文化保护的意识。

四是文化兼容的智慧。文化具有鲜明的主体性和地域性。由于社会达尔文主义"丛林规则"文化的存在，原生态文化常常被霸道文化侵略。在借鉴外来文化的价值的同时，要"以夷变夏"，防止"以夏变夷"，形成自己的文化体系。

五是文化教育的智慧。教育是文化最好的传承方式。优秀传统文化是教育的最好的内容。要围绕立德树人根本任务，在教育的各个学段、各个领域、各个环节开展优秀传统文化的教育活动。要编制优秀传统文化课程，形成系列教材，充分发挥教育阵地的文化传承功能，增强国家认同、民族认同和文化认同。

六是文化安全的智慧。文化安全的核心是价值观安全。维护国家文化安全，要增强国家文化软实力，如民族精神标识、道德理念、伦理规范、价值标准、行为方式等。中华文化软实力是体现中华文脉的主流和主干，也是维护我们国家文化安全的重要着力点。

民族的复兴本质上是文化的复兴。要站在实现中华民族伟大复兴中国梦的历史高度，在"一带一路"构建"人类命运共同体"的美好愿景指引下，发展并保持中华民族文化的旺盛生命力，与时俱进、生生不息，为世界和谐发展注入新的活力。舞台无比广阔，需要的是浚通中华文化的源头活水，传承并发展传统智慧，在与世界对话时增强文化定力，增进继往开来的动力。

（原载《教育》2017-07-07）

视点6　制度设计的智慧

新近由中共中央办公厅、国务院办公厅印发《关于深化教育体制机制改革的意见》（以下简称《意见》），并要求各地区各部门结合实际认真贯彻落实。主要目标是，到2020年，教育基础性制度体系基本建立，形成充满活力、富有效率、更加开放、有利于科学发展的教育体制机制，人民群众关心的教育热点难点问题进一步缓解，政府依法宏观管理、学校依法自主办学、社会有序参与、各方合力推进的格局更加完善，为发展具有中国特色、世界水平的现代教育提供制度支撑。目的是使各级各类教育更加符合教育规律、更加符合人才成长规律、更能促进人的全面发展，着力培养德智体美全面发展的社会主义建设者和接班人。可见，《意见》对我国教育如何完成立德树人根本任务进行体制机制的深化改革指明了方向，意义十分重大。

由中共中央办公厅、国务院办公厅联合颁发《意见》，说明我们的教育体制机制还存在相当大的问题。我国教育自恢复高考以来，以追求高分数，追求升学率为机制，形成一套围绕考试而设置的教育制度。这一制度曾经对中国教育起到过巨大的促进作用，而现在则成为严重阻碍教育发展的制度。主要表现为统一学制、统一教材、统一进度、统一试卷、统一答案、统一标准，甚至校服也统一，造成"千校一面""千人一面"的现状，处处充斥着禁锢与规训，学生则成为任意被塑造的"容器"，缺少生命体验，学得毫无趣味，导致身心疲惫。

这是一个典型的体制机制问题，要弄清楚问题的根源，就要弄清楚什么是体制、机制和制度。什么是体制？《辞海》中定义是，国家机关、企业事业单位在机构设置、领导隶属关系和管理权限划分等方面的体系、制度、方法、形式等的总称。简言之，体制即体系中的制度。任何体系的正常运行运转，必定有相应的制度。什么是机制？在自然科学研究中，"机制"指"机体的构造、功能及相互关系"。在社会科学研究中，"机制"指"一个工作系统的组织或部分之间的相互作用的过程与方式"。简言之，机制或指"机器"的"制动"，或指"机体"的制约（制衡）。什么是制度？《现代汉语词典》对"制度"的界定有两点含义：一是"要求大家共同遵守的办事规程或行动准则"，二是"在一定历史条件下形成的政治、经济、文化等方面的体系"，制度既包括各种具体的规章制度，也涵盖整体的体系。制度设计最经典的例子是，"喝酒不开车，开车不喝酒"（机制），从而让"驾车禁酒"（制度）深入人心。制度是人根据一定的机制创造的，用来约束人的，是一套由人制定出来的规则、服从程序、伦理道德和行为规范，具有权威性、强制性、约束性、社会性。制度一经产生，便总是与控制、规范等联系在一起，方便集体约束个体。

马克思说人是社会关系的总和，是指人是关系中的人，也是指人是制度中的人，即人总是在某种制度下的关系中的人。如何对关系中的人进行制度设计？制度设计一定要让绝大多数人认同并自觉执行。俗语说，"物以类聚，人以群分"，说的是人是以具有某种关系的群体存在，也就是说人都有自己的圈子。"孟母三迁"说明读书人要与读书人在一起。现在的人们热衷于考名牌大学，目的之一也是希望有一个良好的同学圈子。好的圈子会让差的人变好，坏的圈子会让好的人变坏。同理，好的制度会让坏人变好，坏的制度会让好人变坏。人总是在制度化进程中，选择圈子即选择制度就显得非常重要。人类历史是一个不断制度化的历史，人类社会也是一个不断制度化的社会。制度对体系的运行运转起着至关重要的作用。制度化的过程，是社会关系向规范化、稳定化和有序化变迁的过程。但是一套以"考试升学"为机制建立起来并且运行了40年的制度，在不断制度化的进程中弊端也越来越严重。极度制度化的教育，人的生活世界被异化，生命被漠视甚至被摧残。

在国家推进治理现代化的背景下，教育治理能力与治理体系建设是教育改革与发展的主题，迫切需要制度设计的智慧，需要设计一套以调动积极性为机制的制度，一套能够容纳教育治理体系各主体要素积极性的制度。在确保政府行政积极性的基础上，能够容纳校长积极性，让校长有实现自己办学理想的舞台；能够容纳教师群体的积极性，每个教师都乐教善教；容纳专家积极性，给予专家引领的空间；还要能够容纳社会机构及公众的积极性，让有钱的能够出钱，有物的能够出物，有人的能够出人。能够容纳所有积极性的制度就是最好的制度。学校是一种独特的社会组织，一个生命生长共同体，一个生命生活共同体，一个生命价值共同体。以生命为原点和起点，以生命潜能激活与激扬为机制，从而设计一套能够引导学生认识生命价值、尊重生命规律，促进生命生长，弘扬生命使命，探寻生命意义的学校教育制度，这就是最有智慧的制度设计。

（原载《教育》2017-12-01）

视点7 科研管理重在引领

目前,科研兴教强教、科研兴校强师已成为我国教育改革与发展的共识,特别是首届基础教育国家级教学成果奖评审活动,对繁荣基础教育科研起到了重要的推动作用,浓厚的教育科研氛围正在形成。

学理上教育科研促进教育发展无疑是成立的,但是在事理上却遭遇现实困境。科研管理重在引领,如何引领?笔者认为关键是要把研究与教育教学行动结合起来。

一是问题引领,解决教育教学行动中的问题困惑。研究从问题开始,问题就是课题,存在问题才有研究课题,所以要有问题意识。科研管理把研究与行动结合起来,就要引导教师善于发现行动中的问题,研究行动中存在的问题,找到解决问题的策略,从而改进教育行动,提升教育行动智慧。

二是课题引领,一个课题就是一个研究团队形成的培训班。一个课题组由同教育研究专家、教育教学专家、学科骨干、课题成员、学校行政组成。一个课题组就是一个研究团队。科研管理要很好地引领老师们富有创意地提出研究课题,让课题研究更加科学、准确并进行教育教学创新。

三是活动引领,一次科研活动就是一次培训活动。教育科研活动是一种基于问题而进行的课题研究活动。开题活动是基于问题解决的课题研究方案的可行性论证,结题活动是以课题研究方式对问题解决过程中的成果梳理、呈现、提升和鉴定。开题活动和结题活动都是具有很高价值的研究活动。每一次的开题和结题,都是一次培训活动、研究活动。科研管理要能够深入基层学校,在教育科研活动中对教师进行科研方法指导,帮助教师提高自己对教育的理解与认识。

四是成果引领，发挥成果的再研究再提升的引领作用。优秀教育科研成果是指对某领域教育问题，进行了长期的科学研究和实践验证所形成的创造性成果，应具有较高的理论意义和实践价值，对学校管理、课程建设、学科教学、教学质量评价、教师专业发展等方面具有重要的指导作用。科研管理要十分重视现有优秀教育科研成果的推广与应用，特别是重视区域本土特色成果推广与应用，特别重视本土教育流派特色的成果库建设。

　　五是全员引领，不同的人做不同的研究。学校由校长班子，中层管理层，基层班主任及任课老师三类人。让校长做校长研究，如学校教育理念、文化、规划、制度及团队建设研究等；让中层管理者做管理研究，如组织、协调、执行力研究等；要让一线班主任做班级管理研究，让一线教师做教学研究。科研管理要能够为学校教育科研制定科研课题指南，让不同的人能做不同的研究。

　　系统设计教育科学规划指南，科学研制各种不同的科研项目，让每个人都能申请课题做科研，都能做自己喜欢的科研，都能做提升自己教育智慧的科研，引领每位教师形成自己独特的教育教学风格，引领每位教师享受充满智慧与幸福的教育生活，这就是最好的科研引领。

（原载《教育》2015-08-28）

视点8　促进教育民办的智慧

从2003年9月1日起施行的《中华人民共和国民办教育促进法》规定民办学校的举办者可以获得合理回报，到2017年9月1日起施行的新版《中华人民共和国民办教育促进法》确立民办学校分类管理的发展路径，配套出台了《民办学校分类登记实施细则》《营利性民办学校监督管理实施细则》等重要文件，我国民办教育一直在促进中，民办教育为发展国家教育事业做出了重要贡献。但是，民办教育在共享公共教育资源、政府财政补贴、政府购买服务、贷款融资、基金支持、社会捐资、土地使用、税收和教师身份待遇等方面，仍遭遇政策心态、政策环境与制度创新上的困境。总体上看，我国民办教育的办学水平和办学效益还比较低，民办学校师资队伍还不够稳定、整体素质还比较低，民办教育发展的现状制约了我国教育发展的整体水平。笔者根据国家有关民办教育政策，依据北京、上海、广州等实地调研结论，借鉴有关专家理论研究视点，促进民办教育健康发展，迫切需要政府职能上的服务创新。

一、理念创新，定位民办教育发展的逻辑起点

1. 树立民办教育是国民教育的理念

民办学校和公办学校一样，承担了同样的社会功能，执行的都是国家教育方针、国家现行课程制度，所培养的人才一样为社会需要。性质相同、功能相同，地位就应该相同。

2. 树立办好民办教育也是政府政绩的理念

教育问题最终是政府问题。充分发展好教育是各级政府承担的重大职责。民营

经济办好了，是政府政绩，民办教育办好了，同样应该是政府政绩。公办学校办好了，是本事，民办学校办好了，应该是更有本事。

3. 树立民办教育资本合理回报的理念

民办教育资本的趋利性，不会影响其办学的公益性质。民办教育发展得越好，公益性价值就实现得越大。合理回报是一个最朴素、最有普适性的原则，也是每天大量发生的事实，有付出就应该有收获。

二、制度创新，建立有活力的民办教育机制

在现有民办教育政策法规背景下，科学研制一个能容纳民办教育各要素积极性的体制空间，需要机制创新，这是服务创新之关键。

民办教育是中国教育事业的重要组成部分，是中国教育事业的一种发展方式，更是一种新的国家教育制度选择。民办学校是市场经济的产物，市场经济是一种选择性的竞争性社会制度。当前民办教育已到了一个制度建设的关键期。我们所需要的民办教育制度，是一个能容纳各方积极性（包括国内外、公私资源和资本）的教育制度，只有这样，才可能是一个先进的制度，是一个促进教育现代化进程的好制度。

1. 建立科学的举办制度

是一种责、权、利、险分担制度。要在新版民促法框架内完善民办教育责、权、利、险制定审批制度。责、权、利、险不明确，运行机制不明确，该整改就整改，该退出就退出。

2. 建立科学的产权制度

其中包括产权结构、决策机制、抵抗风险机制等。民办学校中产权明显的家长制、家族制特色，办学行为不规范，民办学校财务监管存在制度性缺陷。这一状况不利于做大做强，也不能有效地抵御办学风险。

3. 建立科学的资源整合制度

这是一种优势资源抉择机制，影响民办学校师资储备、组织运营、管理框架、法律空间、质量控制、投资扩张、特色构建、市场定位及机制转换等方面。

三、管理创新，激活民办教育发展的新动力

1. 体制定位创新

民办教育事业属于公益性事业，是社会主义教育事业的组成部分，在一个体制

内，差别仅在办学经费的性质上。民办学校是民办事业单位，民办学校与公办学校具有同等的法律地位。

2. 经费资助创新

对依法办学、规范办学的民办学校，除了对教学设备进行合理配置资助外，还应实行普惠性"以奖代拨"机制，投资办学者有奖，管好学校者有奖，安心教学者有奖，变"堵资本"为"引资本"，激发举办者、管理者和教学者的办学积极性，促进民办学校的合法性、合道德性和合理性。营利性民办教育难道不是国民教育？民办教育促进法不仅是非营利性民办教育促进法，也应该是营利性民办教育促进法，这是应有的政策心态。

3. 人文关怀创新

解决民办学校教师的教师身份问题，建立民办学校教师人事关系档案库，让他们安教乐教、安居乐业，增进职业荣誉感和城市归属感；解决民办学校教师后顾之忧问题，政府按现在公办学校教师的社保水平缴纳相关费用，让他们退休后和公办学校教师的福利待遇一样，能在希望或者梦想中生活，也是一种幸福；解决民办学校教师专业发展的需求问题，提供科学有效的培训服务；解决优秀民办学校教师正式调入的机制问题，在民办学校中设立一定数量的财政事业编制；提供向民办学校公派常职管理员的服务，让他们参与学校管理，提高民办学校管理质量。

促进教育民办的智慧，需要理念的高度，制度的适度和管理的力度。促进民办教育，回应人民群众美好教育生活愿景，是立德树人的需要，是公平正义的需要。

（原载《教育》2018-06-01）

视点9　学校集团化办学

深圳市域集团化办学2003年从深圳市南山区开始实践，到2017年深圳市罗湖区改革创新教育体制机制，采取"名校+""名校长+"模式，大手笔将一次性推出9大教育集团和8个教育发展联盟而达到高潮，深圳各行政区域学校集团办学行动持续推进。一时间，学校集团化办学成为促进区域优质教育资源均衡发展、实现教育公平的政策选项，成为教育行政管理方式转型，推动教育治理体系与教育治理能力现代化的路径选择。

集团化办学肇始于20世纪80年代教育产业化理论，各种资本力量大量介入学校教育领域，推动民办学校组织个体规模的不断扩大、数量不断增多，同时也随着学校办学竞争压力越来越大，学校发展也采取企业集团形式，由单一走向群体。民营资本民办教育及企业集团的实践，助推了教育集团的诞生，人民群众日益丰富的美好教育需求为教育集团发展提供了广阔的社会空间。集团化办学从民办学校集团到公办教育集团，从职业教育集团到基础教育集团，从学校组织自下而上推动到政府行政自上而下区域推动，今天的集团化办学已经成为政府推动优质均衡发展的一种"教育现象"。目前学校集团化办学已经成为教育创新发展的全国性教育公共政策，似乎全国学校不在集团中，就一定走在集团化的路上。《中小学管理》组织两次集团化办学全国性高端论坛，呈现学校集团化办学经验，探讨学校集团化办学规律，起到了很好的推动推介作用。集团化办学成为全国各地教育改革的"热潮"的背后，需要教育改革决策者的"冷思考"。

当前，支持集团化办学的理由很充分。认为集团化办学充分体现了现代管理理念与学校教育组织的结合。其管理扁平化、质量标准化、信息网络化彰显集团化办学的高效特征。集团化办学能充分发挥区内名校和名校长的品牌效应与优质教育资源辐射带动作用,加强成员校之间教师互派、教研互动、课程共建共享、文化共生共荣,实现区域教育优质均衡发展,全面提升教育质量。

教育集团是以拥有优质教育资源的学校为核心,选择或者接纳与其相似或者互补的学校,通过组织间关系多种方式进行联结,所建立的大规模、多形式、多层次的学校联合体。集团化办学本质上是一种学校组织间的合作关系,一种基于组织间关系的校际合作办学,是名校联合普通校组成的学校发展共同体,是重新调整学校组织间关系的一种制度创新方式。集团化办学基于学校改进的实践逻辑、集团规模扩展的理性逻辑、学校协同发展的共生逻辑,促使名校集团内学校组织间关系的生成。集团化办学的实质是对学校组织间关系的维护与协调。随着内部学校间的关系性、知识性等资本要素的相互嵌入与流通,并通过"点对点"的合作机制、"点线成片"的联动机制、"点片成网"的创生机制,名校集团逐步发展,并成为区域合作互助、联动协同、创生共进的学校发展共同体。基于区域教育"公平、优质、均衡"的价值追求,为实现"有学上"到"上好学"的学校组织发展,集团化办学是突破当前学校治理困局的实践创新。

组织间关系是组织之间交流互动、联结共生的关系。以学校组织间关系为视角,审视集团化办学的学校组织间关系的形态要素,厘清组织间关系背后的学校组织间要素建构逻辑,探索集团化办学各学校组织间关系的治理机制,是正确认识和解决名校集团治理问题的有效方法。根据组织间关系的不同类型,分析集团学校组织间的合作关系,可以形成集团化办学的各种类型。目前,学校集团化办学,根据集团内成员学校的类型,有"名校+民校""名校+新校""名校+名企""名校+弱校"等形式。根据集团化办学发展程度形成了"三三模式",即初级阶段补差模式、中级阶段嫁接模式、高级阶段共生模式。根据集团内成员结构的紧密度(选择型、联盟型、联邦型与集权型)四个发展阶段,与组间关系(均衡型、依附型)两两交叉形成八种模式,被称为"四八模式"。

学校是一种特殊的社会组织,具有教育属性,其存在的合理性在于培养人才。学校治理要遵循组织治理的规律,也要遵循教育治理的规律,还要遵循人才成长的规律。好的组织间关系是一种基于组织自律、组织间互相信任的关系,是共存共生、共商共建、共赢共享的关系。学校要有学校样，学校要有自己的样，集团化办学要确保集团内各校独立样态的基础上，依托组织间关系原则，把学校集团建成立德树人共同体，美好生活共同体，这应是最好的学校治理。

（原载《教育》2019-06-07）

视点10　幼儿园精粹管理的深圳样例

教育管理能够精粹吗？看到深圳市教育局颁发《深圳市精粹管理进园行动实施方案》正式文件向全市推广，在深圳已经有了42个精粹管理基地园与300所精粹管理参与园中得到推广与运用，已辐射到江西等省外，我深深地相信了，相信这是幼儿园管理的一个精粹好样例。

一、精粹管理之内涵意蕴

精，从米从青。青，本义植物生长最旺盛时期之色。米与青组合成精，本义为上等好米。《说文解字》："精，择也。"所以"精"即为"细选的上等好米"。可见，精有"细选"之意，也有"米之上等"之意。"粹"，从米从卒。卒有极点、终极之义。粹由米与卒组合而成，表示"极端纯净的米"。可见，精是上等米，粹是纯净米。米，对生命成长具有重要意义。精与粹组合成的精粹，有精致粹美，精美纯粹之意，引义为生命成长要追求极致完美，要做完美主义者。

精粹管理，就是精管粹理，追求管理的精致粹微。精粹是管理标准，是管理目标，是管理方法，是管理手段，也是管理过程。课程精课粹程，课堂精生粹成，环境精雕粹琢，制度精制粹度，时间精时粹刻，空间精分粹隔，质量精质粹量。凡管理所涉及的要素都以精粹来衡量。

幼儿教育精粹管理之意蕴，在于对幼儿成长启蒙的呵护。3岁至6岁的幼儿，心灵稚嫩，离开父母，离开熟悉的家，来到全新环境，这人生的第一步至关重要。所以幼儿园追求并践行精粹管理，具有重要而且迫切的现实意义。

二、精粹管理之实践探索

①要素精粹设计。深圳市莲花北幼儿园自创形成"三维度六要素"精粹管理理论。三维度是指教育教学、保育保健与行政总务。六要素有：数量，是指必需品适用够用、方便适宜就好；空间，是指各个角落、位置都摆放到位；时间，是以时间为节点制定时间标准；质量，是指精粹管理各要素要达到精粹的水平；因果性，是指要有因果意识；必然性，是指要积累积淀，水到渠成，可能性经潜移默化达致必然性。②课程精粹设计。围绕幼儿德、智、体三个维度构建"健康·德行·聪明"园本课程，培养"身心健康会做事、德行美好会做人、聪敏明理会思考"的"三好"幼儿，实现幼儿良好的成长启蒙。③活动精粹设计。幼儿一日活动严谨周密，环境好卫生好、有安全感、有品质、有效率。④评价精粹设计。建立了基于内容、审核与反馈三个环节于一体的评价体系，连续、多次，具有诊断性、形成性和发展性。

三、精粹管理之样例意义

①开创性。莲花北幼儿园精粹管理成功样例，是对幼儿教育理论的新探索，具有创新意义。②适切性。在幼儿成长启蒙过程中，社会性的发展以及主体性的形成与弘扬需要精粹管理。③使命性。幼儿园实施精粹管理，价值大但难度也大，体现了幼教人的责任与担当。④区域性。深圳市推广莲花北幼儿园精粹管理，是行政推动、区域推进的，为建设南方教育高地，提供了幼儿园精粹管理的深圳样例。

（原载《广东教育（综合）》2017年第5期）

视点11　教育国际化应走中国路径

全球化是现代化的最重要样态。全球化使现代性的张力发挥到了极致。全球化浪潮极大地推动了全球资源的流动和融合,正深刻影响着世界各国政治、经济、社会和文化的发展态势和发展格局。

教育与政治、经济、文化密切相关,是十分重要的社会事业。在全球化浪潮中,教育理念的国际交流、教育资源的国际配置、教育人才的国际流通、教育方式方法的国际比较、教育竞争的日益激烈,使教育的国际化成为各国教育改革与发展的大趋势。

国际教育发展委员会认为,教育国际化"反映出各国共同的抱负、问题和倾向,反映出它们走向同一目的的行为。其必然的结果则是各国政府和各个民族之间的基本团结";"在消除了偏见与沉默的情况下,以一种真正的国际精神发展相互间的接触"。教育国际化成为世界各国解决教育领域重大关切问题而进行的有组织、有计划、有目的的一种积极策略。教育国际化描绘了一幅各国教育发展的理想愿景:全球教育产品、教育市场、教育资本及教育智本(人才)实现跨国界、跨民族和跨文化的交流与共享。教育国际化是全球化发展的必然产物。

《国家中长期教育改革和发展规划纲要(2010—2020年)》要求扩大教育开放,要"借鉴国际上先进的教育理念和教育经验,促进我国教育改革发展,提升我国教育的国际地位、影响力和竞争力"。教育国际化已成为中国教育改革与发展的重要战略。我国教育国际化进行了广泛深入的探索,取得了重要进展并进入常态。中国向西方先进国家派遣了大量留学生,在国内开办了大量与西方接轨的学校或机构。而我国上海品牌教辅《一课一练》在英国出版,九九乘法表进入英国课堂提高英国学生的计算能力，5名中国中学老师到英国进行一个月的"中国式教学"等，都加速加深了教育的国际交流。

教育是培养人的事业，人是立国之基，有什么样的人就会建成什么样的国。教育的目的是使人有文化，教育是意识形态和文化传播的最佳途径之一，所以教育从来就不会是中立的。有学者说"美国最有战略价值的资产或许并不是它的枪炮，而是他的大学"。1999年"美国21世纪国家安全委员会"建议，在国防安全和外交安全的基础上，将科技和教育纳入影响国家安全的重要因素。教育安全影响国家安全。中国曾经有过丧失教育主权的历史，并产生了闻名世界的"收回教育权运动"。

中国拥有世界上最庞大的教育服务市场。中国入世谈判中唯一承诺全面开放并且不设防的正是中国教育服务贸易。在全球化实质是话语权争霸的背景下，中国教育国际化中的教育安全就显得十分重要并十分迫切。中国教育国际化要走什么路？要通往何方？面对全球化大浪潮，我们要以博大胸怀、开放精神、参与意识勇于弄潮，要在游泳中学会游泳。中国教育国际化的主体是中国。中国教育国际化离不开中国的文化、民族、社会制度和意识形态等历史传统，中国教育国际化要找到中国路径，要培养具有国际视野的中国人。

中国教育国际化要走中国路径，就是要在中国传统文化和理解国际多元文化的基础上，吸收和借鉴国际上先进的教育理念，改良和优化中国的教育体系，能够尊重并依托学生的个性潜能，激活学生的好奇心和想象力，培养学生的全球意识、规则意识、包容意识和现代意识，抢占世界教育的制高点，培养具有中国精神、中国价值和国际视野、国际竞争力的高素质人才，为中国国家利益服务，也为全世界人民服务。

（原载《教育》2015-11-06）

视点12　防止教育造词怪象

2018年全国教育大会把"坚持深化教育改革创新"作为促进教育改革发展的"九个坚持"之一，对推动我国教育现代化、建设教育强国、办好人民满意的教育，具有重要的实现意义。近年来，我国教育涌现了很多新思想、新思路，也诞生了很多新理论、新概念，呈现出了巨大的发展活力。随着时代的变革演进，很多能够反映时代精神的新鲜语言不断产生，这是历史的必然，也是社会进步的重要标志之一。但是，有一些新理论、新概念并没有坚实的实践支撑，不是真正在教育实践中提炼生成，一些概念或者术语看起来不过是一种"说辞"，演变成空洞浮泛，有名无实，言义不符的造词运动，从而助长了教育的浮躁浮夸，不愿意真正扑下身子搞改革，热衷于玩玩新词，搞花架子，做表面文章，不是真正意义上的改革创新，为教育事业发展带来危害。教育领域热衷于造词的现象，值得重视与警惕。为了更好地探视当前教育领域新造词语，我想在中国知网中检索正式发表文章的一些新词，仅举几例。

一是言非全义，如核心素养。国家教育部、共青团中央联合发文《关于在各级各类学校推动培育和践行社会主义核心价值观长效机制建设的意见》，要求研制中国学生发展核心素养体系，目的是建立与完善我们自己的话语体系。可是当前核心素养"三个维度、六个要素、十八个要点"架构体系，参照的是欧盟理事会及经合组织（OECD）研究成果"关键能力"架构体系，即将"Key Competencies"（直译为关键能力），翻译成中文就成了"核心素养"。核心素养可能含有关键能力，但核心素养不等于关键能力。

二是言非所义，如鸢尾花（IRIS）课程。有人设计了一种鸢尾花（IRIS）

课程，把引言（Introduction），阅读（Reading），探究（Inquiry），展示交流（Sharing）四个中文词的英译词的第一个字母组成一个新词"IRIS"，而英语IRIS即鸢尾花。鸢尾花作为一种有多种颜色的花，地域不同寓意不同，颜色不同寓意不同，所以课程以鸢尾花（IRIS）冠名，不知取何寓意。

三是言非本义，如乐活教育。美国社会学者保罗·瑞恩提出"LOHAS"概念，"LOHAS"是以Lifestyles Of Health And Sustainability中英文单词的第一个字母组成，英语直译为"健康永续的生活方式"。"LOHAS"音译成中文即成"乐活"。"乐活"以中国语意"快乐的生活方式"。"快乐的生活方式"可能含有"健康永续的生活方式"之意。但"健康永续的生活方式"是不是含有"快乐的生活方式"就不一定了。国内将"健康永续的生活方式"解读为"健康、可持续、快乐、环保"，显然超越了本义。

四是言非要义，如GLOBE学校。1994年美国政府推出GLOBE项目后，成立了一个"中国GLOBE计划委员会"，参与该项目的学校被命名为"中国GLOBE学校"。GLOBE计划即"有益于环境的全球性学习观察计划"。此"GLOBE"（世界）由全球公民身份（Globalcitizenship），领袖情怀（Leading Sentiment），开放视野（Open Vision），基本素养（Basic Literacy），教育（Education）的首写字母组成。中国学校第一要务是立德树人，培养建设者与接班人，而不是要培养世界公民，这样将偏离我们教育的基本方针。

这是一个改革开放的时代，办中国教育要有宽阔高远的视野，吸收国内外先进教育理念和经验来办好中国教育，是一个好思路。当前的各种造词现象，也许初衷是好的，也许都希望自己能够创新理论创新工作。但是要建立起自己话语，不能人云亦云，亦步亦趋，跟在别人后面，别人造一概念我们跟一概念，或者弄几个洋文字母来标识，将失去自己的自主性，将丧失教育主权。

概念是人们对事物本质的认识。毛泽东主席在《整顿党的作风》一文中指出："真正的理论在世界上只有一种，就是从客观实际抽出来，又在客观实际中得到了证明的理论。"可见，理论中的概念是实践中提炼形成，真实反映客观现实，所以不能玩空概念，也不能玩虚概念，不能为了标新立异制造一个概念，变成造词游戏。

教育改革是一项复杂、曲折、长期的任务，不可能一个新词就能解决问题。要静下心来办教育，要尊重规律，尊重共识，切实推动教育学健康发展。要重拾传统智慧，要在新时期进一步发挥有教无类、启发式教学、因材施教、循序渐进以及教学相长等传统教育智慧的价值。要组织力量把我们历史上优秀的教育理论进行当代表达，重建属于中国自己的教育话语体系，重建中国教育自信，重建中国教育理论体系和实践样例，这才能真正防止教育造词怪象。要扎根本土、面向未来、面向世界，共同创造美好教育生活。

（原载《教育》2018-12-07）

第三章 学校课程治理

课程即课之本体与程之功夫

课程是学校发展最核心技术

学校课程是制度化教学体系

学校课题是师生教与学平台

学校课程是自组织教学机制

视点1　课程概念的界定与阐释

准确界定课程概念，无论对课程研究还是课程实践都具有重要意义。对当前纷繁的课程概念进行本义梳理与界定，对于形成中国特色的课程理论体系，具有基础性价值。从课程要解决的实际问题出发，把课程主体、课程客体、课程本体、课程功夫等要素进行统筹，融主体论、本体论、价值论、认识论与方法论于一体，就能够完成课程概念的本义界定。课程就是一种师生教学共同体，是一种学习平台、成长平台及生活平台，是制度化平台，也是自组织平台。学校相同，每个学生的学习历程却不同。每个学生都是上自己选择的科目，上属于自己的学，上适合自己的学。

课程既是人才成长的平台，也是人才成长的路径。有什么样的课程，就能培养什么样的人才。因而课程是学校的核心产品，体现学校教育的核心技术，学校之间的竞争本质上是课程的竞争。"课程有广义、狭义两种。广义指所有学科（教学科目）的总和。或指学生在教师指导下各种活动的总和。狭义指一门学科。"本文之课程是指广义的课程，是基于学校而言的广义。当前，课程改革在取得重大进展的同时，也已进入深水区，可谓困难重重，而这一切问题的根源就出在课程概念的界定不清楚之上。本文将对目前课程概念界定的现状举要、困境分析、路径探讨，寻求课程概念的本义界定与阐释。

一、课程概念界定的现状举要

概念是对事物本质属性的理性认识。概念是思维的细胞，没有概念，就不能思维，无法表达思维。运用概念进行判断和推理，认识客观事物，从而追求理性之确定性。课程概念的界定对课程研究具有逻辑起点之意义。

据不完全统计，目前为止我国出版了100多本、数百版次的有关课程的专著。在各种期刊上也发表了很多关于课程概念、课程定义、课程本质等的文章。有人统计说课程至少有119种定义。东西方学界众多学者也曾经对课程概念的定义这浩瀚的文献都进行了各自的整理与归纳，真可谓五花八门。这里仅举几例，一是五种方向说："认知过程研究法，技术式课程，自我实现的和完全经验式课程，社会改造式课程和学术理性主义课程。"二是五个层次说："理想的课程、正式的课程、领悟的课程、运作的课程和经验的课程。"三是五种视角说：但武刚从形式逻辑、课程本质、课程概念外延、课程价值及形象化五个视角对课程概念进行了界定。四是六种定义说：施良方归纳了六种课程定义，即课程是教学科目、教学活动、学习结果、学习经验、文化再生产及社会改造。五是九个种类说：1985年由美国pergamon公司出版的《国际教育百科全书》，在"课程定义"词条下列举了九种课程定义，简述为：课程是潜在经验序列、课程是学习者全部经验、课程是教材教学总计划、课程是一种方法论研究、课程是学校生活纲领、课程是学习计划、课程是学习经验与结果、课程是五大领域学问、课程是思想范例。六是两维九类说：孙宏安从"经验说"及"内容说"两个维度，归纳出九类界说，其中国外六种，国内三种。此外，靳玉乐对课程定义进行了批判分析。黄金华对课程定义不统一进行了析评之后提出了"课程是一种项目"说。宋维妮、李彩思在研读施良方、张华有关课程论著作后将课程概念分为三类。

以上关于课程概念类型之举要中看出，课程概念的界定或从课程定义、或从课程概念、或从课程本质等角度进行，都有各自的道理，但由于受各自的流派传承、各自的专业偏好、各自对文献及其作者影响力的判断，给整理与归纳带来一些影响，归纳之后进行的分类还有不十分合理，还有或失、或偏、或重复之处。笔者参考、分析众多课程理论文献资料，认为应该从课程之本义角度来进行梳理，从而将课程概念分为以下四类。

第一类：课程是学科科目。

这一类侧重课程的学科内容，是以学科分类为基础，以学科教学为核心，以掌握基础知识、基本概念、基本原理、基本技能为目标。重视知识的发展人的价值，强调学科知识是选择课程内容、教学材料的权威取向，强调向学生传授学科的知识体系，强调学科知识的逻辑顺序及结构。这是一种学科（学问）中心主义课程。代表性课程有：斯宾塞的实科课程、赫尔巴特的兴趣课程、巴格莱的要素主义课程、布鲁纳的结构课程。主要围绕人的各种需要进行科目设计，如生命健康、道德心灵、情感心理、智能智慧、社会交往、艺术审美等维度设置课程。其重知识轻经验、重学术轻实用、重学科逻辑轻心理逻辑的特点，容易忽视学生的心智模式、情感态度及个性的培养，不重视师生互动作用。

第二类：课程是社会文化。

这一类侧重课程的价值取向，含课程即文化再生产、课程即社会改造两个角度。很多社会问题都是文化问题，文化体现在社会的每一个角落。教育是社会文化的反映，也是社会文化的一部分。个体是社会的一分子，教育要促进个体的社会化，即教育是社会文化的遗传方式。置身于社会文化中的课程都应该是这种社会文化的反映，课程的设计要以社会文化问题为载体展开。课程把社会置于基础、根本的地位，把解决社会问题及促进社会的发展和文化的进步，以最大多数人的利益为目标并努力实现。通常意义上，学生来学校的目的是学文化，成为有文化的人，从而能为社会做贡献。学校教育的价值是通过学校课程的学习，使学生从没有文化到有文化，并且利用所学的文化来改造社会，这是潜移默化的过程，是最高超的意识形态。文化不同于武化，文化的特点是化人于无形。某种文化通过潜移默化，让人接受、认同、内化，引起人的行为上的变化。在20世纪二三十年代，我国有识之士提倡兴办教育，开通民智，提出教育救国方略，教育救国论与职业教育、乡村教育、平民教育的实践相结合，形成了当时中国社会教育改革的思潮。

第三类：课程是经历经验。

这一类侧重课程的主体经验体验，强调课程是学生实际经历和体验到的经验。基于实用主义哲学为基础的进步主义教育理论，课程的重点从教材转向个人，从学习结果转向学习过程，以学生为中心的课程，提倡做中学。以杜威为代表人物之首，认为课程是儿童在老师指导下所获得的所有的、可能的、系列的、一切的经验。

因为经验的获得主要依靠活动，所以也有"课程即活动"一说，认为课程是受教育者各种自主性活动的总和。美国《新教育百科辞典》"课程"条目明确写道："所谓课程系指在学校教师的指导下出现的学习者学习活动的总体。"课程围绕学生的主体性活动为中心组织，重视学生的学习兴趣和动机，主张由学生自己组织活动、自己获得体验、自己解决问题。实践、体验、主动、参与是课程实施的主要特征。活动的目的是为了更好地获得经验，所以"课程是活动"仍然和"课程即经验"属于同一类。课程即经历经验，有利于激发学生学习的内在动力，兼顾个性差异；不足是学生的学习其实也不能完全由着学生的兴趣，且学生的经历经验水平及持续性存在问题。

第四类：课程是目标计划。

这一类侧重课程的事务安排，含课程即目标（结果）、课程即计划（规划）两个角度。学校是培养人才的，并且学校是用课程来培养人才的，课程是人才得以成长的路径。可见，课程是学校的关键事务之一，没有计划好课程这一学校关键事务，则达成不了学校教育的预期目标。我国关于课程计划、课程目标的表述则十分普遍和熟悉，基本上把课程是一个包括目标、内容、活动和评价的行动计划体系，是我国目前课程最主要的存在样态。我国学者李臣之在比较了众多课题定义后指出："课程是指导学生获得全部教育性经验（含种族经验和个体经验）的计划。"

在当前众多的课程分类中，以上将课程归为四类，是一种比较合理的梳理。课程即学科科目侧重课程的科目及内容，课程即社会文化侧重课程的价值取向，侧重的是课程之"课"。课程即经历经验侧重课程的主体体验过程，课程即目标计划侧重课程的事务安排，侧重的是课程之"程"。不管是"课"的角度，还是"程"的角度，都是课程的应有之义，都是对课程的一种理解。只不过都不是"课程"本义意义上的概念，未能体现课程之全义。当然目前的课程概念的研究成果中，远远不止这四类，但很多都在课程之课与程的范畴之外，如课程是一种项目、一种媒体、一种境界等，概念的指向可能仅仅是课程概念的属性、特征、功能等。笔者认为，课程即课与程，偏离课与程、重课轻程、重程轻课，都不可能准确界定课程概念，或者界定的是非课程概念。其后果是，不管是课程理论研究，还是实践探索，都将陷入困境。

二、课程概念界定的困境分析

目前，在课程理论研究、课程实践推进、中西课程经验比较等方面取得了许多成果，形成了众多流派。同时也让课程概念界定出现定义众多、概念模糊的问题，不少学者在试图准确定义课程概念的时候都表现出困难。施良方在《课程定义辨析》一文中，开篇就指出"课程是一个使用广泛而又含义多重的术语，对于不同的人，在不同的情境里，课程可能意味着不同的事情"。认为"寻求一个特定的、精确的课程定义和用法，并为大家所认可，这既不现实，也不可能"。美国学者蔡斯也指出"寻求某种正确的课程定义并不是很有创造性的事业"，"对每个对象只允许有一个可接受的定义的做法，在理论意义上是站不住脚的"。于是乎，大家似乎都同意了美国教育学者斯考特（R.D.V.scoettr）的观点："课程是一个用得最普遍但却定义最差的教育术语。"

长期以来众学者在课程研究过程中各自成论，各执己见，争论激烈，众说纷纭，莫衷一是，问题的根源就在课程概念的定义上。因为众学者学术背景、取向、学养和水平的不同，所以面对众多的课程概念，很难分清是非对错。其实，任何概念的界定，主体立场不同，概念就会不同。总体来说是梳理有余，批判不足，更鲜少建构。由此可见，要准确界定课程概念将是一件非常具有挑战性的工作。

目前关于课程概念的各种定义，其实更像是对课程做各种的诠释，因为诠释可以只要求对课程（诠释的对象）的性质、结构、特征、成因、作用等某个方面做说明，可以不全面，甚至可以不涉及本质。给某事物下定义则要求完整地揭示概念的内涵和外延，概念的内涵和外延要与被定义的事物相等。定义就是定义，如果有许多的义，就还不是定义，起码不是定义意义上的义。所定义的概念也不是概括概述意义上的念。当前对课程的定义，有要义也有引义，有狭义也有广义，却缺失本义。课程概念的界定，要从课程的问题出发，定义出课程的全义。

概念如何定义？有内涵定义，外延定义，价值定义等。由于概念是对事物的本质属性的概括与抽象。因而定义课程概念就应该用内涵定义。通常就是用简洁明确的语言对事物的本质属性和特征，做概括的说明。一般采用判断单句的形式。由于概念是对事物本质属性的理性认识。能够对事物本质属性定义出来的方法，通常用的是"属加种差"定义方法，这是一种演绎的定义方法。"属加种差"的定义法的公式为：被定义概念=种差+邻近属概念。其语言表达的格式为："××（种概念，被定义概念）是××的（种差）××（邻近属概念）。""种差"是指同一属概念下的种概念所独有的属性；"邻近属概念"是指包含被定义者的最小的属概念。"种属关系"是指一个范围较大的概念包含另一个范围较小的概念（小概念叫"种概念"，包含小概念的大概念叫"属概念"）。因为是等式，因而可以互换位置而不改变其意思。经典的例子是，"人是能制造和使用劳动工具的动物"，换位后："能制造和使用劳动工具的动物是人。"而当前课程概念中，前后位置不能互换，说明课程概念没有定义准确，或过宽、或过窄、或重复、或失真。如，"课程是由一定育人目标、基本文化成果及学习活动方式组成的用以指导学校育人规划和引导学生认识世界、了解自己、提高自己的媒体"。在众多的课程概念中，这个概念很经典，应该说是很好的一种表述，但仔细推敲，仍然能分析出一些问题来。在这个概念里，"课程"是"种概念"，"媒体"是"属概念"。种差1："一定育人目标"。种差2："基本文化成果"。种差3："学习活动方式组成的用以指导学校育人规划和引导学生"。种差4："认识世界、了解自己、提高自己"。在这个概念中，种差1与种差4有重复之嫌；种差2和种差3均有过窄之嫌；"课程（种概念）是……媒体（属概念）"的表述中，由于媒体有自己的本义，因而有失真之嫌。也就是说，这个课程概念存在价值重复，本体过窄，方法单一，主体不明，以及语用失真等问题。

逻辑学认为："概念就是主体根据自身的需要，从对象多种属性中选取某种属性，与其他被认为具有同样属性的对象进行归类操作的观念性工具。""概念不是完全由对象物决定的，而是由主体对于对象物的多种属性如何选取决定的。概念从一开始就有主体作用的参与。在原初建立概念的过程中，主体是根据自己的需要选取属性的，而不是由预先给定的概念限定所要选取的属性。概念的客观性在于，主体只能在对象物的多种属性中选取，对象物所拥有的属性决定了选择的范围。主体所能做的是从多中选一。与其说概念来自对象，不如说概念是主体观念的把握对象的方式。""概念像是主体在思想上划分众多的若干盒子，盒内装入主体认为可以归为一类的各个物，能装入的规则与标准就是主体选定的那个属性。"可见，虽然概念是对事物的本质属性的概括与抽象，但在对课程概念进行定义的时候，展示的是主体的一种主观行为。

当前的课程概念中，"种概念"（课程）不变，而"属概念"和"种差"都变了。如课程可以是学科科目，可以是社会文化，可以是经历体验，可以是目标计划，还可以是媒体、蓝图等其他，属概念的多种多样，加上种差的多种多样，因而课程概念也是多种多样的。"课程是什么"是一种"指称"的方式，是由一般到个别的演绎思维方式。所以"课程是什么"这一课程概念表述方式中，因为对课程的客观且多样的本质属性的选择及表述的主观性，造成了课程概念的多样性。"课程是什么"到最后，似乎课程是什么都是可以的。课程概念在课程内涵多样性的演绎中失散了自身，迷失了本义。课程概念界定陷入困境中。

三、课程概念界定的路径探寻

前文梳理可见，我们在"课程是这个、课程是那个"的叙述或者界定中常常不见了课程，甚至我们在"课程是这个、课程是那个"的叙述或者界定中不见了人。就像我们感觉到糖水是甜的，是因为人（主体）通过糖（本体）品味到了甜味（功夫），而我们常常只关注到甜这个味道，而忘记了糖的存在，甚至忘记了人的存在。我们定义课程概念的过程中，常常是定义了课程的这个、课程的那个，实际上只定义到了课程的属性，是对课程的属性的定义。课程概念泛化，导致课程理论失去逻辑起点、课程实践盲目（盲人摸象）问题。

由于定义方法的局限性以及课程内涵的发展性，导致课程概念众多，泛化甚至混乱，课程概念已经陷入定义困境。如何突围，路径在哪？要弄清楚这个问题，我们还是要借鉴毛泽东主席的智慧。毛泽东在《在延安文艺座谈会上的讲话》一文的"结论"部分指出："我们讨论问题，应当从实际出发，不是从定义出发。""要从客观存在的事实出发，从分析这些事实中找出方针、政策、办法来。我们现在讨论文艺工作，也应该这样做。"套用主席的话，我们现在讨论课程问题，也应该从课程的实际问题出发。

那么课程概念定义要解决什么实际问题呢？这个实际问题是学校要"开什么课，怎么开课"的问题，也就是解决学生上什么课，以及怎么上课的问题，即解决课之本体论与程之功夫论的问题。回应这一实际问题，我们就找到了正确的课程概念的定义路径。

其实我国对于"课程"一词，已经有相当成熟的表述。宋朝朱熹在《朱子全书·论学》中关于课程的表述中，有"宽著期限，紧著课程""小立课程，大做功夫"等。朱熹所说的课程主要指功课及其进程。张楚廷先生在《课程是什么》一文中就指出："课程一词的汉语表达十分科学。课，表示科目、单位（时间单位，门类单位）；程，表示进程、过程。课程既表达了静态的内容，又表达了动态的内容。"这是对课程本身进行的表述，符合课程本义，最起码是定义课程概念的正确的思路。在这里，课程之课是指科目、学科，是指中小学校的语数外、政史地、音体美等所有要学、可学的科目。课程之程是指科目的组合、组织和实施的过程、进程、程序、程度等。如果能在此基础上将课程主体、课与程的关系表述出来，就可达完善之功。

英国教育家斯宾塞（H. Spencer）《什么知识最有价值？》（1859）一文中的课程（curriculum）一词。"curriculum"是从拉丁语"currere"一词派生而来，"currere"的名词形式意为"道"，"currere"的动词形式意为"跑"，于是将"课程"（curriculum）理解为"跑道"（race-cource）。问题是"课程"是"跑道"吗？

如果是，那就用"跑道"一词替换"课程"好了。当然，把"课程"完全理解成"跑道"虽然不妥，但也有可以借鉴的地方。"跑道"之"跑"，是主体（学生）之"跑"，强调了课程的主体意识。课程概念要能体现学生主体的主动能动作用。

至此，课程概念的界定路径是，要在一定的立场（教育者）上，将课程之学生主体、课程之课之本体、课程之程之功夫统合在一起，成为一个概念的表述，就可完成课程概念的定义之功。

四、结论及阐释

经过以上分析可以得出结论：课程是依据一定教育理念及培养目标，设计并建设科目库，制订实施计划，由学生选择适合自己学习的科目组合，并以自己的方式（时间、地点、进度、难度）进行学习的教学体系。其中：

"依据一定教育理念及培养目标"是指要依据国家有关教育方针政策，从而选择适合的教育理念，制定相应的培养目标。

"科目库"来源于国家课程、地方课程、校本课程、社区课程、家长课程以及通过购买服务获得的社会课程，是一个全科目库，可提供最大的选择性。

"科目组合"是依据培养目标（人）的素质维度进行选择组合而成，由学校制定选课制度，由学生按照自己的需要进行选择。每个学生都德才兼备，知行合一，但每个学生的德才、知行都不同。

"以自己的方式（时间、地点、进度、难度）进行学习"是学生根据自己的潜能、兴趣，根据自己的时间安排，选择适合自己的难度水平，选择自己喜欢的老师（教室），或自学，或合作学习。

"教学体系"指课程就是一种师生主体共同的教学体系，是一个教与学共同体。这一体系是学生的学习平台、成长平台及生活平台，是制度化平台，也是自组织平台。这个体系在体现国家意志的基础上，给予学生充分的选择性。每个学生虽然在同一个学校上学，但都是上自己选择的科目，上属于自己的学，上适合自己的学。

这个课程概念是从课程解决怎样培养人的问题出发，把课程主体、课程本体、课程客体、课程功夫等要素进行统筹而得出的体系，是一个完整的、可选择的、可操作的教学体系。

这个课程概念将课程主体（教育者和受教育者）、课程价值（课程价值取向，课程对社会和人的发展的意义）、课程制度（课程管理法规和文件，指引课程组织与实施)、课程工具(课程物化形态,即教学大纲和教材)等课程相关要素有机整合起来,从人(主体)出发,融主体论、本体论、价值论、认识论与方法论于一体,因而是一个较为科学而完整的概念。

这个课程概念把学生(主体)、科目(本体)、目标达成(功夫)融合一体,克服了当前课程概念表述中,有的侧重"课"(本体),有侧重"程"(功夫);有的用"课"来修饰"程",有的用"程"来修饰"课",有只见课程不见人的现象。

在这个教学体系里面,学生是主动的、能动的、个性的人。学生在这个体系中可以成长为自己想成为的那个人,是一个有文化知识的人,有道德修养的人,有民族传统底蕴的人,有社会责任感和使命感的人,有幸福生活智慧的人。每个学生都拥有属于自己的发展空间,体现了成长空间的正义,因而这个体系体现了课程的立人本质。

这个课程概念基于学校,是一种学校课程体系,其科目设计来源于国家课程、地方课程及本校开发的课程,以需要为原则,需要就选用,因而具有鲜明的学校标识,将形成学校特色的课程科目资源库,可最大限度提供学生选课的选择性,可最大限度为学生的成长提供可能性,可最大限度接纳课程各相关方的积极性,具有生态学意义,是一种兼容并包的教学体系。

这一课程概念将课程论与教学论融合于一体,克服以往之课程论者强调课程重要,教学论者强调教学重要。课程没有教学,课程目标难以实现。教学不依课程,教学要达何目标?课程论强调目标规划,教学论强调过程实施。课程之于教学,具有本体意义;教学之于课程,具有功夫意义。课程与教学的关系实为本体与功夫的关系。课程即"教"学生科目(课),促学生"学"(程),在这个意义上,课程论就是教学论。

从此课程概念的本质内涵出发,设计学校教学体系,将会是学校课程的一个理想样例。这一样例将会体现学校课程的文化自觉,"根本上是人的生命自觉、关键上是人文自觉、归宿上是人的性向自觉"。需要创新课程的组织方式与实施方式,但已不是本文讨论的内容,宜另题再论。

参考文献

[1] 中国大百科全书出版社编辑部,编. 中国大百科全书(教育卷)[M]. 北京:中国大百科全书出版社,1985.

［2］［美］乔治·A.比彻姆.课程理论［M］.黄明皖，译.北京：人民出版社，1989.

［3］［美］埃利尔特·W.艾斯纳，埃利泽布斯·瓦伦思.五种课程概念——它们的思想根源及其课程设计的思想（上）［J］.廖哲勋，摘译.课程.教材.教法，1985（3）.

［4］李朝阳.五个层次：古德拉德的课程概念分析［J］.外国中小学教育，2010（1）.

［5］但武刚.课程概念界定的五种视角评析［J］.教育研究与实验，2011（4）.

［6］施良方.课程定义辨析［J］.教育评论，1994（3）.

［7］See AriehLewy, ed. The International En-eyelopedia of Curriculum［M］. Oxford：Pernamon Press, 1991.

［8］孙宏安.课程概念的一个阐释［J］.教育研究，2000（3）.

［9］靳玉乐.课程定义的批判分析［J］.焦作教育学院学报（综合版），2001（1）.

［10］黄金华."课程定义"新论［J］.四川文理学院学报，2008（6）.

［11］宋维妮，李彩思.试谈对"课程定义"的解读［J］.新课程研究（基础教育），2010（10）.

［12］钟启泉，编著.现代课程论（新版）［M］.上海：上海教育出版社，2015.

［13］李臣之.试论活动课程的本质［J］.课程·教材·教法，1995（12）.

［14］廖哲勋.课程学［M］.武汉：华中师范大学出版社，1991.

［15］吴汉民.表达·抽象·归类——关于概念发生的探讨［J］.哲学动态，1999（2）.

［16］毛泽东.毛泽东论文艺［M］.北京：人民文学出版社，1992.

［17］张楚廷.课程是什么［J］.当代教育论坛（教学研究），2011（2）.

［18］刘启迪.课程文化自觉：师生安身立命之本——课程文化自觉的涵义与策略别论［J］.当代教育科学，2008（22）.

（原载《深圳信息职业技术学院学报》2017年第4期。本文浓缩版《课程概念的局限性分析及优化路径》发表于《中国教育学刊》2017年第12期）

视点2　浅析课程之课之本体建构及意蕴

课程即课与程。课与程是课程的两个维度。课程之课，即课程要开设哪些科目，要搭建怎样的育人平台。课程之课对于课程之育人功能来说，具有本体论价值。课是课程在某一时间的空间呈现。课论是课程的空间论，要体现空间正义。要从立知论转向立人论。要围绕立人之人之素养与结构，最大限度地建设全科目的课程资源库，一个完整的、丰富的学科科目体系，可容纳所有的多样性（价值取向），可提供所有的选择性（科目组合），可接纳所有的积极性（多种力量），可接合所有的连续性（延时性成长），可实现所有的可能性（个性化成长）。

课程即课与程。课程之课与课程之程之关系，是一种本体与功夫的关系。课程之课，是以学科科目形式，围绕学科知识的选择、组合，完成课程之课之本体建构，然后通过精心组织，实施教学，从而达到培养人才的目的。课程之课之科目结构（科目组合）决定了课程培养的人才的素养结构。开设什么课（科目）直接对应的是培养什么样的人，培养以什么方式生活的人。因此开设课程之课之科目的种类、选取课程之课之科目的内容，就显得特别重要。综观世界历史，课程标准（教学大纲）、教材教辅建设，都由国家进行顶层设计与定制，各自承袭，自成传统并自成体系。本文从课程之课的角度，对中外古今课程之课之设计与设置的线索进行梳理，分析立知论困境，依据立人论原理，完成课程之课之科目库的设计与设置，从而完成课程之课之本体建构，一种能超越现代性局限的课程之课之本体框架，一种科目体系。

一、欧美课程之课之脉络及样例意义

欧美文化源于欧洲，欧洲文化源于古希腊。欧洲教育源于古希腊文化与传统。

欧洲课程亦源于希腊。古希腊智者学派教授"三艺"课，即逻辑学（辩证法）、修辞学和文法。逻辑学（辩证法）有利于处理日常事务（私务与公务），让一切工作井井有条。学习逻辑学（辩证法）其实也是学习一种辩论术。学习文法与修辞，目的是为了更准确地表达，让雄辩更有力量。辩论术是争取公众，获取名声和权柄的主要工具，在古希腊城邦社会生活中具有重要意义。可以说，"三艺"课源于古希腊普通雅典人日常的、现实的、政治的、城邦式的社会生活。

古希腊柏拉图创立"四艺"课：算术、几何、天文、音乐。"四艺"课初级阶段仅是科学知识，追求实用。"四艺"高级阶段为哲学阶段，寻求对世界的认识，追求真、善、美，使人进入"理念"世界，认为"从事一切事情的最高境界都是对理念的领悟"。算术的初始作用是"调兵列阵""布置军队""计算船只"等。而算术的高级作用是使灵魂转向"理念世界"。学习几何的初始作用是军队能够更好地选择地段安营扎寨，以及作战和行军中合理安排队列、队形，因为几何是数与形的学问，故认为其高级作用是能把灵魂引向真理。学习天文学是为了掌握天象天候，有利于行军、导航，更高的目的是通过天文帮助人们认识理念。学习音乐的旋律可以培育情操，如高尚、严肃、勇敢、慷慨；音乐的节奏可以鼓舞斗志，增加气势。学习音乐更高的目的是做一个美者和善者。

古希腊智者学派"三艺"课侧重对普通公民的关照与要求，而柏拉图"四艺"课则是对贤人（科学家、哲学家）的要求。"三艺"与"四艺"组成的"七艺"课程，成为西方古代的第一个课程体系，是西方现代课程的起源。在公元前5世纪"七艺"课程产生后，随着罗马共和国和罗马帝国的先后建立，基督教诞生并逐渐演化成为欧洲封建社会的统治力量，基督教文化成为社会的主导文化，学校教育逐渐被宗教控制，学校课程必须首先宣扬基督教思想，直到1453年东罗马帝国灭亡。"七艺"支配了西方学校教育课程近两千年之久，只不过后期的"七艺"课程已经被基督教改造，渗透了神学精神，柏拉图理念之理性之"神"被宗教之"神"取代。即便如此，"七艺"课程在西方教育史、课程史上仍然具有重要的意义。正如恩格斯指出："没有希腊文化和罗马帝国所奠定的基础，也就没有现代的欧洲。"

由意大利开始的欧洲文艺复兴运动是公元14世纪到17世纪在欧洲意识形态领域发生的一场"文化革命"运动，它所提倡的新文化被称为人本主义文化，其核心思想是以"人"为中心，反对以"神"为中心，提倡人道，肯定人的价值、地位和尊严；宣扬人的思想解放、个性自由，要求把人从对教会的教义、教规的绝对信仰和盲目服从中解放出来；反对愚昧和无知，反对"神性"，倡导学术，推崇"理性"，从而挣脱"神性"，走向"理性"。随着启蒙运动开展以及工业革命提速，社会生活日益丰富与复杂，世俗化和式样化，人们需要寻找良好生活的新准则。赫尔巴特的《普通教育学》作为教育学成熟的标志，建立的统觉心理学体系，认为儿童的兴趣是实现教育目的的手段与途径，根据从儿童的五类兴趣衍生出五类课，即自然科学、思维训练、美学、语言学、社会学以及宗教，建立了以心理分类为基础的课程科目体系。而斯宾塞的《教育论》主张教育要为人类的现实生活服务，并为完满的生活做准备。主张以"什么知识最有价值"来建构课程科目体系。在斯宾塞看来，最有实用价值的知识是科学，把知识分为五个领域：生理、科学、教养、历史、审美等，从而也形成五类课程。赫尔巴特、斯宾塞分别从心理分类、知识分类角度，建立起各自的课程话语体系，至今仍具有重要影响。

在欧美课程中，英国公学的课程集中体现了英国文化的精髓，是英国历史与现实样态的真实呈现。研究英国公学的课程现状具有重要的样例意义。英国拉格比公学高中部第六学级（高一年级）的课程设置。高级课程与辅助课程科目如下：语言类有英国文学、法语、德语、希腊语、拉丁语、俄语、西班牙语、意大利语、日语、威尔士语、英语与新闻、法语与商业研究、语言发展；数学类有高等数学、数学、科学家必备之数学；科学类有物理、化学、生物；历史类有中世纪史、现代史、古代史、历史；地理类有地理、地质学、美国研究；技术类有计算机、信息技术、设计活动；音乐类有音乐、戏剧、戏剧研究；美术类有美术、美术史；经济类有商业研究、商业研究与经济；政治类有政治学。加上体育及神学共12类超过40个科目。并不是每个科目都要学习，而是让每个学生"一般选修3门高级课程，每周8学时，再选1门每周4课时的辅助课程"。此外学生根据自己的兴趣，组织或者参加各种各样的社团课程。在高一年级开设这么多课（科目），就是为了给学生提供尽可能多的选课机会。拉格比公学的课程设置还是"七艺"方式，理性取代了神性，更能适应工业化、信息化发展的社会需求。

2014年9月起在英格兰实施《英格兰国家课程——框架文件》，提出国家课程计划，目的是构建高质量的国家课程。课程设置沿用英国1988年《教育改革法案》中的有关规定，在中小学开设核心课程和基础课程，共有12类学科，其中核心学科有英语、数学、科学；基础学科有：艺术与设计、公民、计算、设计与技术、外语、地理、历史、音乐、体育；专题学习类有：宗教、性及关系教育。同时，修订教学大纲以实现两个目标：一是扩大学术自由、提高教育质量、吸引更多的优秀人才从事教师职业，帮助所有学生提高学业成就；二是秉承优秀传统，保持学生的创造性和自主权，使每个学生实现自己的天赋才能。高质量的国家课程强调学生在精神、道德、文化、心理和身体方面的均衡发展。

法国有着悠久的博雅人文教育的传统。自资产阶级大革命以来的三百多年间，法国一直实行着"百科全书式"课程。博雅教育传统发源于夸美纽斯"泛智教育"的思想，认为"每个人都应该具有普遍知识"，认为现实世界的一切知识都是有用的，都是课程的内容，认为学校教育应当"把一切事物教给一切人"。百科全书式课程遵循理性、普遍性、功效性三大原则，课程内容应包括人类社会所有知识。法国学校课程一直延续百科全书课程的传统，只不过随着资本竞争与技术发展的形势，越来越不适应现代性、民主化与个性化要求，于是在原有基础上不断增加了技术性和实用性课程的内容。

美国课程设置脉络为：一是19世纪以前沿袭欧洲传统古典课程。二是19世纪末美国成为第一大工业生产国，其工业产值远超过农业产值，机器工业的大工厂正逐步代替手工业的作坊，工业化的提速使欧洲式的传统古典课程越来越不适应美国社会发展，于是转向实用课程，导致课程门类越来越多，也越来越复杂，当然也越来越无序，于是开始统一课程设置，从而完成美国现代课程的转型。三是美国20世纪30年代在"社会重建"的旗帜下，以康茨（Counts, G.S.）和拉格（Rugg, H.O.）为代表掀起了一场课程改革运动。经济"大萧条"暴露的社会问题给"社会重建"改革运动提供了最好的理由。四是1957年苏联人造卫星的发射，为美国课程改革提供了新动力，强调学术性学科的重建，追求课程的学术化。在20世纪80年代日本经济高速发展的挑战，日本通过投资来"买下美国"，初步实现对美国经济的控制，而美国却无力还手。于是出台《国家在危急中：教育改革势在必行》报告，在国际经济竞争中失利的背景下再次提出"新的学术课程"。五是21世纪以来的十余年时间中，美国主要实行小布什政府《不让一个孩子掉队》法案和奥巴马政府教育《改革蓝图》，并根据这两个法案的主要精神制定了《2002—2007年战略计划》和《2007—2012年战略规划》，特点之一是特别重视核心基础领域的优先发展。

目前，美国规定国家课程有七项核心学科，即英语、数学、科学、外语、艺术、历史和地理。体育及德育未被列入核心学科，更多的是通过社团活动来完成。美国也没有全国统一的教材，是否开齐七门核心学科，每一种核心学科具体开设哪些必修课与选修课，并且从哪个年级开始开设，各州各校均不相同。原因是美国宪法将教育的管理权只授予州政府，所以在美国很难找到美国教育部推动的全国性的课程改革。导致美国课程的设置及管理非常灵活，课目类型多样化，课目内容也多样化，如语文核心课往往包括语言、文学、文学创作、语法、修辞、新闻学、戏剧学、演讲学等多种内容，而在文学的项目下又设美国文学、英国文学、世界文学、比较文学等名目繁多的学科。如数学核心课常设普通数学、现代数学、混合数学、几何、代数、三角、微积分、基本数学、大学数学、经济数学、商业数学、高等数学等科目。

美国课程开设的特点之一是科目种类繁多，在美国，一个中学开设的科目（核心、基础、必修、选修及社团）均逾百种之多，为学生的学习与成长提供了多样的科目与路径选择。但多元化的科目设置也有一些弊端：一是课程科目繁多，只能实行学分制和选课制，而选课时常常都是选择容易拿到学分的学科，从而降低了学习的要求及标准，也就降低了质量。二是各州各学区各学校课程极不统一，因而造成人才规格不一，质量悬殊，出现学校之间不平衡、区域之间不平衡。总之，美国课程在多样化、个性化、科学化、社会化、学术化、现代化等方面进行了百年探索，由于执政党派的交替，利益分配方式的变化，总体呈现为左右式、来回式发展，被形容为"摇摆现象"。

综观欧美各国课程设置，形成了"知识中心论、学生中心论、社会中心论"三种主要流派：一是知识中心论，即按知识的内在逻辑体系设置课程，强调学科的逻辑和知识的累积。帮助学习者系统学习学科知识，掌握学习方法，促进智力发展的同时，还能够传承人类传统文化精华，强调在知识中学习。但是由于强调自上而下的预设，过于强调学科逻辑，过于突出课程之课的本体作用，导致课程之课之本体与课程主体之间的关系失衡，课程主体的主体性能动作用未能得到很好的弘扬，一定程度上限制了学习的范围，单向单一不够开放包容，有重教轻学、重知识轻理解之嫌，学风容易空虚，不利学生身、心、情、智的全面和谐发展。二是学生中心论，即围绕学习者的兴趣、需要、心理逻辑等设置课程。强调学生的主体作用，从学生的个性差异、个体需要和兴趣出发，鼓励学生自主、主动学习，强调在活动中学习并获得经验，建立属于自己的知识结构。由于过分以学生为中心，过分强调自下而上的生成作用，也导致课程之课之本体与课程主体之间的关系失衡，课程本体的载体作用未能得到很好的发挥，不利于学生建立逻辑严密的知识体系，不利于学生掌握生存生活的必备技能，不利于学生实现关键意义的社会目标。三是社会中心论，即围绕社会问题、社会需要、社会生活设置课程。认为课程是研究社会问题的工具，强调课程对社会生活的联系、适应或改造。帮助学生关注社会、认识社会、适应社会、改造社会。以社会问题为课程设置起点，有利于培养学生的问题意识、理性精神、批判思维和解决问题的能力，强调在问题中学习。但课程主体过早介入社会，随时随地地质疑、批评甚至改造，往往以消极心态看社会，似乎会与所处社会的主流声音不相符合，使得社会取向课程设置过程中遇到诸多现实的阻力，课程学者自身也往往陷入堪忧境遇。三种课程流派中，学科中心论及学生中心论占主导地位，并且常常互为改革、优化的对象，呈现来回式、摇摆式发展；社会中心论课程设置主要在社会剧烈变革时期占据主流。

总体来说，欧美等西方国家在政治、经济、社会、文化等方面都取得了巨大成功，为世界各国起到了示范引领的作用，逐渐形成全球话语霸权体系。欧美等西方国家的教育领域形成了能够适应全球化、工业化生产的多样化、体系化的教育理论，对世界各国的教育改革与发展产生了重要的影响。欧美课程之课之设计特点是门下有类、类下有科、科下有目，总体呈现百科全书式样态。欧美百科全书式课程之课的设计与设置，一直作为先进样例被世界各国参考与模仿着。

二、中国课程之课之经历及最新进展

我国古代《周礼·地官司徒·师氏/媒氏》载有：教国子以三德三行，养国子以道，教六艺六仪。原文如下："师氏掌以美诏王。以三德教国子：一曰至德，以为道本；二曰敏德，以为行本；三曰孝德，以知逆恶。教三行：一曰孝行，以亲父母；二曰友行，以尊贤良；三曰顺行，以事师长。""保氏掌谏王恶，而养国子以道。乃教之六艺，一曰五礼，二曰六乐，三曰五射，四曰五驭，五曰六书，六曰九数。乃教之六仪，一曰祭祀之容，二曰宾客之容，三曰朝廷之容，四曰丧纪之容，五曰军旅之容，六曰车马之容。"

这里的三德为中庸之德、仁义之德、孝顺之德。三行为孝父母之行、交朋友之行、敬师长之行。六艺为礼、乐、射、御、书、数。六仪为祭祀仪容、宾客仪容、朝堂仪容、丧葬仪容、征伐仪容、驾驭仪容。国子指王侯将相等统治者之子。三德三行是指国子的素养要素。六艺为涵养课目，通过六艺达成三德三行。六仪为通过六艺达成三德三行之后的涵养礼仪的外在表现。六艺就是古代国子要上的课。

在六艺课中，礼指德育，学习如何做人，彼此相敬，规范人的外显行为；乐指美育（大美育），学习如何和美，彼此相亲，强调人的内心和谐自由；射，射箭；御，驾车，射与御结合起来就是运用锻炼身体，从而更好地劳动生存；书指各种文化知识；数，数学。古代六艺，特别注重内外兼修，兼顾个人需要和社会需要，特别重视国家（社会）接班人的培养，至今对我们的学校课程设置仍然有重要的指导意义。

从西周时期"六艺"课程注重德行道艺内外兼修，文武兼备，到春秋战国时期课程以伦理道德为主的多元化，产生了儒、墨、道、法等流派，到汉唐时期课程以经学为主导，出现了儒、佛、玄、道等流派，到宋明时期课程以修内与践行并行，理学课程逐渐取代经学课程，注重明体达用，出现了较为完备的专科课程，如算学、律学、医学、书学、武学和画学等。而到明末清初到鸦片战争前期课程注重经世致用，倡导实学，如颜元于1697年受聘主持创办肥乡漳南书院，制定"宁粗而实，勿妄而虚"的办学宗旨，主张从六经回归六艺之学，设置虚实兼顾、文武结合的六斋课程即"文事斋、武备斋、经史斋、艺能斋、理学斋、帖括斋"。课程之课之设置在立人与立知、实学与虚学之间有所侧重地变化着，一般来说，社会动荡期间更重视立人与实学，社会稳定期间则侧重立知与虚学。

总而言之，鸦片战争以前，中国课程围绕传统经典而设计，注重安邦治国、修身处世，尊德性而道学问，追求天人合一的和谐，在生活中培养具有人伦精神，能为政治、社会、经济、文化等服务的人。中国课程从古代发展到近代，在注重伦理道德教育的同时，对自然科学教育、技能教育不够重视。虽有重教重学的传统，但还不够系统，也不够科学。吕达的总结就很精彩："一是课程设置还没有完全科学的分科；二是课程内容特重人伦道德教育，占的比重过大；三是'劳心'与'劳力'相分离，脱离生产劳动；四是从安排形式上一般是单科独进，即学完一门课后再学另一门课，而不是各门课程齐头并进；五是对在学年限、年级、年龄和程度，还没有严格的规定，没有建立起在课程上相互衔接的学校制度。"

1840年鸦片战争开启了中国悲惨的近代史。中华民族彻底被西方强势霸权征服，面临着亡国灭种的危机。为了救亡图存，中国人开始向西方学习，探寻救国之路。有人要求全盘否定中国传统文化，"我们必须承认我们自己百事不如人，不但物质机械不如人，不但政治制度不如人，并且道德不如人，知识不如人，文学不如人，音乐不如人，艺术不如人，身体不如人"。不仅革新传统教育，还改革科举制度，引进西方科技，创建洋务学堂，选拔洋务人才。"物质机械不如人"就开展洋务运动"中体西用";"制度不如人"就试图戊戌百日变法维新;"文学不如人"就进行"五四运动"提出"新文化"。中国经历了"全盘西化"的过程。严重的程度是,20世纪初中国已经有2000余所各式教会学校,用的是英文教材,中国孩子读洋书,说洋话,穿洋装,行洋礼,抽洋烟,学成洋人做派,放弃了本民族的传统文化。教会学校已经成为文化侵略的工具,显然当时的中国教育已失主权,幸运的是催生成功了著名的"收回教育权运动"。中国教育学从20世纪初尊崇赫尔巴特教育思想(日本学习),再到20世纪20年代的热捧杜威(向美国学习),50年代引入凯洛夫教育学(向苏联学习)。虽然中国自古以来有很好的教育传统,也有众多的教育学文献,但一直缺少梳理,未能形成自己的教育学体系。

中国教育的真正普及,真正面向大众,是新中国成立以后才得以实现的。2000年基本普及九年义务教育。由于国际国内形势的变化,中国课程改革一直在政治的、经济的、意识形态的种种背景下进行着,共进行了八次课程改革。改革开放后,中国迈入国际化体系,踏上现代化征程,课程改革取得了非常重要的进展,课程理论也空前繁荣,课程实践也有很多亮点。最新的进展是2014年教育部颁发了《关于全面深化课程改革落实立德树人根本任务的意见》,明确提出落实立德树人是深化课程改革的根本任务。把"基本建成高校、中小学各学段上下贯通、有机衔接、相互协调、科学合理的课程教材体系"作为工作目标之一。把"统筹各学科,特别是德育、语文、历史、体育、艺术等学科"作为"五个统筹"任务之一。要发挥人文学科的独特育人优势;要提升数学、科学、技术等课程的育人价值;要加强学科间的相互配合,发挥综合育人功能;要提高学生综合运用知识解决实际问题的能力。可以说,课程改革的新的愿景蓝图已经绘就,我们要努力的是,要尽可能依托我国历次基础教育课程改革经验、借鉴国际课程改革优秀样例,顶层设计系统构建,形成有中国优秀传统文化底蕴的基础教育立德树人课程体系。

三、课程之课之本体问题及立知论困境

从欧美课程之课之脉络及样例意义及中国课程之课之经历及最新进展的梳理中,我们看到当下世界各国课程的基本样貌,课程之课之设计与设置都是围绕着知识的价值来展开的,即围绕着知识有什么价值、什么知识有价值、知识如何才有价值、谁的知识有价值等问题展开,形成了在某种价值取向指引下的百科全书式课程。

现代课程样貌来源于现代社会样貌,现代社会样貌的特质是现代性。可见,知

识有用无用困境、知识预设与生成困境，本质上都属于现代性困境。

出路应该是从立知论转向立人论，即不是把知识灌输给所有人，而是让人在所有知识中选择属于自己的知识，自选自为。现代知识是现代性的产物，应该发挥这些知识产物的育人价值。不能被知识的海洋淹没，应该在知识的海洋中学会畅游，并且以自己的平台与方式游到想游到的地方。既然现代性是现代社会的必然特质，就没有必要否定它，也没有必要反对它，但是我们可以反思它。现代性价值取向的百科全书式课程，为工业社会培养了大量人才，在形成制度化的生产方式、生活方式和生存方式的同时，应该看到这种方式的风险，从而找到个体主体意义的建构方式，一种个体的安身立命的方式，进而完成课程之课之本体建构，一种立人的本体建构。

四、课程之课之本体样例及意蕴

课程之课之科目，决定了课程之程之设计，决定了课程之育人路径。课程之科目设计越精细越合理，科目选择的空间就越大，越能够建立多种多样的学生成长平台（科目组合），学生的成长路径就越多样、越具个性，且这种成长平台与路径仅属于学生个人，有利于个性化的成长。课程之课之科目组合在课程育人体系中的本体论价值，就好像国家交通体系中的路网建设及交通工具建设，属于国家基础设施建设，路网越发达，交通工具越现代，人们出行方式的选择性就越多样、越方便。

根据这一思路，本论（即课论）应可得出结论：课程之课（科目）本体建构，要站在国家、民族、社会及最广大人民福祉的立场上的高度，以教育原理和教育规律，科学地、合理地完成课程科目的顶层设计，全课程精细设计，全科目精编教材，每科目均能有高、中、低三个水平的教材提供选择，最大限度地建设全科目的课程资源库（主要为科目教材库），让每个学生能够获得最多样化的科目选择，最适合的科目组合，从而搭建属且仅属于自己的成长平台。借此成为课程之课之本体样例之建构。

其中，"要站在国家、民族、社会及最广大人民福祉的立场上的高度"体现政治家办教育，要为中国办教育，要办中国人的教育，这是教育发展的方向。

"以教育原理和教育规律，科学地、合理地完成课程科目的顶层设计"，是要体现教育家办教育，要以教育原理、教育规律办教育，要顶层设计和系统建构。

"全课程精细设计，全科目精编教材，每科目均能有高、中、低三个水平的教材提供选择，最大限度地建设全科目的课程资源库（主要为科目教材库）"，是要为学生提供科目选择的多样性、丰富性，因为学生的内存潜能及发展需求都是多样的、丰富的。

"让每个学生能够获得最多样化的科目选择，最适合的科目组合，从而搭建属且仅属于自己的成长平台"，是要给学生提供详细的选课计划，让每个学生都能够选择到自己喜欢、属于自己、适合自己的科目组合。这一科目组合含智力（智）与非智力（志）两个维度，含德、智、体、美等要素。这一科目组合其实就是学生的学习平台和生活平台。这一平台是制度化平台，也是个体化平台，是属于个体的制度化平台，体现生命价值、自由意义的生长平台。

课程之课之本体建构，建成一个以课即科目为主的课程资源库，一个完整的、丰富的学科科目体系，具有重要的样例意义，其意蕴是为成长赋予空间正义。一是价值正义，可容纳所有的多样性价值取向；二是路径正义，每个孩子都能选择到属于自己的科目组合即成长平台；三是制度正义，可容纳多种力量的积极性；四是时间正义，可接合所有的连续性，实现延时性成长；五是愿景正义，可实现所有的可能性，个体主体性的成长，一种个性化的成长。

参考文献

［1］曹莉.西方课程溯源——"七艺"源流初探［J］.南京师大学报（社会科学版），1998（4）.

［2］吴明海.试释英国公学的课程设置［J］.高等师范教育研究，1999（4）.

［3］黄丽燕，李文郁.英国基础教育2014年国家课程计划述评［J］.课程·教材·教法，2014（9）.

［4］陈扬光.试析多元化的美国学校课程［J］.比较教育研究，1992（3）.

［5］张玉勤.美国课程改革透视［J］.华东师范大学学报（教育科学版），1996（1）.

［6］陈侠.再谈课程理论的流派［J］.课程·教材·教法，1990（5）.

［7］古诗文网《周礼·地官司徒·师氏/媒氏》［EB/OL］.［2017-5-22］. http://www.gushii.com/bookview_3204.html.

［8］和学新，任庆月.试论中国古代课程思想及其特点［J］.河北师范大学学报（教育科学版），2012（10）.

［9］胡适.介绍我自己的思想［M］.合肥：黄山书社，1996.

（原载《教育理论与实践》2018年第11期）

视点3　课程之程：建构立人路径架构体系

从课程概念本义视域，课程即课与程。其中课程之程是立人之程。课程之程论是课程立人的时间论，要体现课程立人之时间正义。要从课程立知论转向课程立人论，要建构智与志并重、知与行合一的课程之程。课程之程是一种主体立知启智成智者（建设者和接班人）之程、一种主体立志立行成士人（天下情怀之复兴志士）之程，一种立体的全科全向全时、互联互通的人（主体）之成人路径架构体系。科学搭建这一立人路径架构体系，让学生根据自身潜能，朝着自己的兴趣方向选择学习的科目种类、数量、程度与时间顺序，从容地完成自己的学业，规划自己的成长，是一种自选自为的，适当适合的成长，仅属于自己的成长。课程之程是生命之程，是生长之程，是优质之程，因而是立人之立德树人之正义之程。

梳理古今中外各国课程就会发现，虽然天下不同、国情不同、社情不同、时代不同及境遇不同，虽然未能找到一个完美课程可供选择，但仍有共同之处，即课程设置都是围绕"课程立人"而展开的。课程即立人之课与程。课程之课即回答"开什么课"问题，即"用什么知识培养人"（用什么立人）。课程之程即回答"怎样开课"问题，即"如何用知识培养人"（如何立人）。本论（程论）从当前课程之程之现实问题分析，以及当前科目组织实施现实样例实证分析，在解构弊端困境的过程中进行建构，并在结论中提出建设性总方案。

一、课程之程之现实问题分析

课程之程即课程之过程、进程、路程及程度。一般而言，课程的组织与实施都由国家制订课程教学计划，然后由学校组织落实。由于国情不同，在课程之科目组织实施过程中呈现多种流派。西方国家（主要是欧美）课程组织与课程实施的理论较为成熟。课程组织与实施取向不同，就会出现不同的课程之程。本文所指课程之程，是指课程的组织与实施。课程组织指知识选取（选课），即选哪些科目（选课问题）。课程实施指知识教学（上课），即以什么方式学习这些科目（上课问题）。

1.关于选课问题

课程组织问题即选哪些科目。目前课程组织有知识中心论、学生中心论、社会中心论三种主要流派。知识中心论，即按知识的内在逻辑体系设置课程，强调学科的逻辑和知识的累积，但是一定程度上限制了学习的范围，重教轻学、重知识轻理解。学生中心论，即围绕学习者的兴趣、需要、心理逻辑等设置课程。强调学生的主体作用，从学生的个性差异、个体需要和兴趣出发，鼓励学生自主、主动学习，强调在活动中学习并获得经验，建立属于自己的知识结构，但知识习得碎片化，不利于学生建立逻辑严密的知识体系。社会中心论，即围绕社会问题、社会需要、社会生活设置课程。有利于培养学生的问题意识、理性精神、批判思维和解决问题的能力。但课程主体过早介入社会，随时随地地质疑、批评甚至改造，往往以消极心态看社会。课程组织本质上是回答"学生选择学习什么知识最有用"，即课程组织就是让学生获得"有用"的知识。问题是，所有知识都有用，但并不是所有知识对所有人都有用，因为有些人对有些知识不感兴趣，或者不是自己的专长领域。什么知识都进课堂，什么知识都要学，必然导致学习负担越来越重，造成空间压榨，失去空间正义，陷入知识有用无用困境。操作上，一班一课表，学生选同样门类的课，选同样数量的课，步调一致地选课。制度化的选课导致人才培养同质化。

2.关于上课问题

课程实施问题即以什么方式学习这些科目并获得知识。课程实施包含学生主体参与的所有的校内外及课内外的教学活动。课程目标预设与课程目标生成是否找到最好的方式方法，当前存在以下课程实施取向：一是从课程实施的过程形态特征角度，存在忠实、调适和缔造（创生）的课程实施观。忠实取向认为课程实施是教师执行课程计划的线性过程，由课程专家制定课程内容，由教师忠实地执行即进行课堂实施教学。调适取向认为课程实施过程是课程变革计划与班级或学校实际情境在课程目标、内容、方法、组织模式诸方面相互调整、改变与适应的过程，教师可以根据课程实施具体情境做出创造性处理。缔造取向（亦称创生取向）认为课程实施是教师与学生在具体教育情境中联合创造新的教育经验的过程，课程在课程实施的作用，是新教育经验创生过程中选择的工具。二是从课程实施的社科价值领域角度，存在技术的、政治的和文化的课程实施观。技术取向认为课程实施是一种技术，是课程预定计划的线性执行过程，其成效以目标达成程度为衡量标准。政治取向认为课程实施过程中政治是一个关键性因素，课程实施是学校各组织要素（成员团体）通过权威权力的竞争与运用，共商消解冲突成共识，从而达成利益的妥协。文化取向认为课程实施是文化再生产的过程，认为学校是一个独特的文化组织机构，课程实施是为了寻找相似文化、避免冲突文化，要关注师生教育生活的本质、目的与意义，建立学校课程实施共同体，一种教学文化共同体。

以上两类课程实施取向是西方国家课程实施理论的研究成果，未能完全解释课程实施多样化的实践。过程形态特征与社科价值领域并不矛盾，忠实、调适及缔造是课程实施过程中教与学两方面力量的博弈（教为主导还是学为主导），这种博弈可能用到技术的、政治的或者文化的。所以有人认为，课程实施只有忠实、调适及缔造三种取向。课程实施本质上是主体知识获得的过程，应该是一种有预设的生成过程。课程实施取向深刻影响课程实施方法论的形成。在常态的教学活动实践中，往往强调预设可能导致满堂灌、一言堂、填鸭式教育，强调生成可能导致满堂问、满堂动、满堂自主、满堂合作、满堂探究。当前课程实施陷入课程目标预设与生成的困境，一种教学方法论困境，导致师生之间教与学的主观能动性、自主性和创造性的合力未能得到充分发挥。教有法，但教无定法，各有各法，贵在得法。要因材施教，要启发式教学，要循序渐进，要学问思辨，要知行合一。

二、课程之程之现实样例分析

目前，选课侧重知识选取，上课重视知识获取，课程组织与实施围绕知识有用来展开，知识学习成为学校课程组织与实施的核心形态，知识获得的度与量成为课程组织与实施的重要目标。围绕知识学习的课程组织与实施，其局限性可以对学校学科课程组织与实施的现状进行实证分析。为了让学科课程实证样例更有说服力，在文化课中选择语文学科，术科课中选择体育学科。笔者与相关学科教师及学科教研员进行一对一或者一对多访谈座谈，到一些典型学校实地调研，结合平时因工作关系参加学校有关课程问题的课题研究活动所了解的情况，分析如下。

现实样例一　语文课程现状分析

语文是基础文化学科之一。善于用语言文字进行表达是一个人最重要的素养。

语文在新中国扫盲事业上做出了重大贡献。但是从小学到高中毕业，语文课时最多、历时最长，学生的听、说、读、写等基本能力都实现更大提升。听话听不太明白，说话说不太清楚，写信（工具文）写不太通顺，要么格式不对、要么要素不全。语文教学"少慢差费"效率低下，教学内容"繁、难、偏、旧"等问题，一直为教育界人士所诟病，也受到社会的热切关注。语文课程的开设陷入困境，主要问题如下：一是未能围绕语文的学科特点来进行。语文即语言和文字，即口头语言和书面语言。学习语文，要听得懂别人说的话，要读得懂别人写的东西，要说的话能让别人听得懂，写的文章也能让别人看得明。口头语言的说和听，书面语言的读和写，即听、说、读、写四种本领同样重要。听、说、读、写指向的主体是人，是人的本领。所以语文课程的组织实施，应从主体（人）的角度，围绕培养主体（人）的语文素养，即听、说、读、写的素养；从语文的内容（空间）角度，语文素养就是字、词、句、段落、篇章的素养；从语文的文史（时间）角度，语文素养就是诗词歌赋、经史子集的素养，集语言与典籍于一起。二是未能围绕主体（人）学语文的目的预期来进行。语文对人有何作用？要因人而异。对于大众，主要是工具作用，阅读、欣赏、表达与交流的工具，理解得了、说得明白、写得清楚就可以了。对于普通文字工作者，即从事以语言文字为基础的职业，如法律、历史等，主要是职业基础作用，需要较高的语言文字的修养与积淀。对于专业语言文字工作者，即以语言文字为专业的职业，以语文研究作为自己的职业，主要是职业专业作用，需要渊博精深的语文素养。有的人需要以语文为职业的专业作用，有的人需要以语文为职业的基础作用，有的人只需要将语文作为生活交往的工具。所以语文教育及语文课程需要给人提供选择性。当前的问题是语文课程及语言文字教学的针对性不强，让所有孩子学习所有的、相同的内容。我们对于数理有专长而语文不好的人，可以把学习语文的要求降低一点，只要能读懂数理文本，发挥语文的工具价值就可以了。三是未能围绕主体接受语文学习的方式来进行。潜能不一样，兴趣不一样，需求不一样，对语文的学习态度就不一样。因为每个人的语文天赋是不一样的，有人特别能记诵，有人特别能表达，有人特别会编故事，有人特别能论述。所以语言学习课程应该根据人的特点特长来组织并精选内容，然后以课内小组或者课外社团来实施。让擅长讲故事的组织故事会，先讲别人的故事，再讲自己的故事。让喜欢演讲的人组织演讲社，模仿名人的演讲，逐渐形成自己的演讲。会讲故事，会演讲，语文能力会差吗？语文素养会低吗？文化底蕴会不厚实吗？如果喜欢金庸的小说，那就去读吧，全部读完后，想象能力、感悟能力、编撰能力、表达能力以及对我们传统文化的领悟能力与传承能力都会有。

现实样例二　体育课程现状分析

体育是技能技术学科之一。体育作为学校教育的重要内容，目的应该是帮助学生找到并学会一项或者几项自己喜欢的、自己擅长的、伴随一生的运动项目，并且找到自己的运动小伙伴，成为一生的伙伴或者朋友。体育好，身体就好，心情就好，社会就好，国家就好。有人说，英国取得英法百年战争最后胜利是运动场上的胜利，这种说法，在冷兵器时代应是可信的。在这个意义上，体育应为诸育之首，身体好，人生中一切好的可能性都会有。但现状是，升旗仪式上学生晕倒不是个案。国家卫健委2018年6月公布数据显示，目前中国青少年近视率高居世界第一，城市学生近视率增至80%。视力其实是最重要的身体素质，这个也侧面反映了我国学生身体生长生命成长现状，令人担忧，令人沉思。体育课程的组织实施存在着如下问题：一是定位问题，回顾体育课程开设历史，我们发现，我们一直在给体育加标签，如体育与军事、体育与竞技、体育与卫生、体育与艺术等，到目前成了"体育与健康"，与来与去，把体育本义"与"掉了，把体育的地位给"与"糊涂了，体育本来就应该是体育。二是理解问题，学体育的人被誉为"四肢发达、头脑简单"的"跑跳"一族。体育学科被列为副科，不被重视。三是理论问题，如对课程设计与编排、教学目标构造、教学内容选编、教学评价标准等基本理论研究不够。四是教学问题，学生学的是体育课知识，而体育忽视兴趣培养，体育技能技术的学习欠缺。五是内容问题，未能以主体兴趣及身心特点为人的终身运动（健康）为选编依据。理想的体育课程组织实施，应该把所有运动项目都尽可能开齐，给学生选择。六是教材问题，当前教材主要围绕球类、田径、游泳、武术、体操等大类，教材仅限于简单介绍，如几个简单动作图表，几个简单操作要点，不好教，也不好学。七是组织问题，所有学生学习同样的体育，未能按兴趣、特长组织，多是课堂学习。未能根据运动项目进行组织教学，喜欢足球踢去吧，喜欢篮球打去吧，喜欢武术练去吧。未能按运动项目、社团方式来组织体育学习（目前以行政班组织上课）。如果学校体育节时能够组织像奥运会一样的综合性运动会，就是理想的体育课程组织。

其他文化课如外语、数学、政史地、理化生等，与语文课程情况类似。其他术科如音乐、美术，与体育课程类似。我国经历过八次课程改革的推动，学校课程之程（组织与实施）一直在变革优化中，课程意识强了，课程领导力强了，可以说也取得了可喜的进展。当前的课程之程之问题，用通俗的例子来比喻，就好比请客吃饭，主人根据礼节与营养学点好一桌丰盛的菜肴。主人好客，为尊重客人，各色菜肴依次呈上，请大家同时分食，即同时喝汤、同时喝酒、同时吃肉、同时吃鱼、同时吃瓜果青菜，同时吃主食，并且数量也相同。可是问题也来了，主人一番盛情，有的客人吃得很高兴，但有的客人却勉为其难。因为每个的饮食是很个性化的，有人对食物过敏不能吃，有人因为地域生活习惯不适应而不宜吃，有人因为个人喜好不喜欢吃。萝卜白菜各有所爱，所以请客吃饭不宜分摊分派，应该让客人自助自选，让客人自己决定进食的数量、顺序、快慢及饱的程度。这种请客吃饭的方式，只要主人盛情，主人准备丰盛菜肴就可以了。这种盛情至上、丰盛至上，显然不是请客吃饭最好的方式。当前的课程之程在课程组织（选课）上以知识选取越多越好，在课程实施（上课）上以知识获取越多越好。知识爆炸时代，如果什么知识都重要，什么知识都进课程进课堂，必然造成知识空间逼迫，学生负担越来越重，陷入立知论困境。出路是课程之程由立知论转向立人论。知识就是力量，这句话的前提是，知识通过人这一主体才显示出力量。要根据人的个体需求（素质要素及结构）来设计与建构课程之程中各科目种类与数量、学习时间与节奏、学习方式与顺序等，形成一个立人（人成长）的课程之程架构体系。

三、课程之程之立人框架体系

教育的目的是立人，立成有人性的人，有文化的人。人性有动物属性，也有文化属性。人性中动物属性是生命本有的属性，人性中的文化属性是后天养成的，教育可以起到激活、帮助、促进的作用。课程是立人的平台，课程组织要围绕如何让人有文化有人性，一种有文化的人性。在当下，有文化的人性，就是含有社会主义核心价值观的主要内涵，有高远视野，有厚重底蕴，有中国特质，有生活智慧。有文化的人性是课程顶层设计的顶点，也是起点，还是终点。立成一个有文化的人需要耗尽一生的工夫，需要一生的修为，永远在路（程）上。

课程之程，即课程科目之组织与实施，应根据所立之人之素养维度设置课程要素与类别，再根据课程类别设计可供选择的科目，形成科目的组织方式及实施路径。笔者以为，可形成"一体二维三级四域十类全目全向全时"课程组织与实施架构体系。架构体系设计如下：

一体	体系	立人体系（立成一个有文化属性的人的体系）									
二维	维度	立知（智力）				立志（志力、非智力）				
	要素	语言	数学	人文	科学	信息	理想	道德	习性	活力	审美
	权重	50%					50%				
三级	水平	每个科类根据三级难度水平编写教材供选择（由国家统筹课程及教材资源库）									
四域	领域	优势潜能学科、相关联学科、兴趣学科、长期养成学科									
十类	门类	语言文字	数形逻辑	文史哲社	科学技术	网络媒体	志向抱负	思想品德	行为习惯	体健心健	品鉴欣赏
全目	课目	全课目体系，根据四域素质结构任选科目组合，形成学习计划									
全向	方向	全方向以优势潜能学科为主线索组织课程科目组合，形成自己独特的成长方向									
全时	时序	全时间合理安排每周各学科学习的课时（含有课堂、社团、拓展等形式课时）									

一体为立人之程之路径体系，即课程科目组织与实施路径体系。立人即立成一个有文化的人，一个知行合一的文化人，立成一个有使命感与责任感的建设者和接班人，完成立德树人根本任务。

二维为立知（智力）与立志（志力、非智力）。智决定人的空间状态，志决定人的时间状态。智力可使人立得好且快，立得饱满，立成一个完整的人。志力可使人立得远，加持守望而目标可达，立成一个坚韧的人，有持久耐力的人。智力与志力同等重要，相辅相成，合力而立，立成一个具有天下情怀的仁人志士。知之核心是启智开智，行之核心是启志立志。启智就是开发智力，格物致知，使人要有好的知性，转知成智，做一个智慧之人。有智慧的人是具有良好沟通能力的人，具有丰厚的社会文化素养、数理科技素养和文理综合素养的人，智力体现人的知性要素。启志就是开发志力，要诚意正心，要修身齐家，治国平天下。志力含有所有的非智力因素，主要有德性、情性、习性、活性、品性等要素。一是人要有好的德性，做一个厚德之人，有伦理道德和传统文化。二是人要有好的情性，做一个温暖的人，有温度的人，真情率性、积极热情。三是人要有好的习性，做一个守望的人，意向恒定，对生活意义的追寻精心熟练。四是人要有好的活性，做一个充满活力的人，身体、心灵及思想都充满活力。五是人还要有好的品性，要做一个高尚的人，品位纯正、品位雅致和品格崇高。

三级为三个水平等级。每一个科目都有通识、基础、专业三个水平要求的三种教材选择或者教学要求。让普通人有通识修养，让职业人有基础修养，让专业人有专业修养。目前的重点工作是要建设好基础教育课程之资源库、科目库、教材库。应由国家统筹，国家主导，社会参与进行建设。

四域即优势潜能学科、相关联学科、兴趣学科、长期养成学科四个领域，以此组建学生学习与成长的平台。优势潜能学科是指学生本身所拥有的潜能并可以开发，并且今后可能以此为谋生的职业领域。要帮助学生找到其潜能学科，有利于学生发展得更好、更快、更顺利、更有成就。相关联学科是指与优势潜能学科相关的学科，相关学科可以支持优势潜能学科更加完善，增加课程平台（即成长平台）的宽度。如学生物专业的，相关学科为数学、物理、化学，而语文、英语则为生物学科的工具学科。要利用好相关学科帮助学生发展得更有基础、更扎实、更厚实。兴趣学科让学生发展得更有情趣、更生动、更活泼。长期养成学科为从小就学习的，从小就获得的熏陶，或者就是家族传承的。长期养成学科让学生发展得更有传统、更有积淀、更有心得。每个学生的四个领域都可能是不同的。

十类为十个门类。围绕人之立知与立志两维度素养组织。立知即开智启智，课程含有语言工具类、数学类、人文类、科技类及信息类等课程。立志即开志启志，课程含有德性、情性、习性、活性及品性等课程。当前，立知即智慧课程比较成熟，也比较系统。而立志的课程比较缺乏，不够系统，也不够有效。立志课程之科目开发不全，实施过程也不够落实，不够重视，常常被立知课程挤占。

全目为所有课目。全目就是要为学生根据自己的优势潜能学科为主线索提供足够的科目选择，从而打造属于学生自己的、喜欢的、适合的课程计划，具有成长平台作用，也有成长路径作用的课程计划。

全向即全方向以优势潜能学科为主线索组织课程科目组合，形成自己独特的成长方向。每个人都有自己的发展方向，都能根据自己的可能发展方向找到喜欢的学科领域，都能根据自己的兴趣爱好找到自己喜欢的学科，做自己喜欢的事。理论上学校就要开设尽可能多的领域供学生选择。

全时是指全时间合理安排每周各学科的课时安排（含有课堂、社团、拓展等形式课时）。

梳理到此，本论（程论）即可形成结论：课程之程，即课程组织与实施，是一种"一体二维三级四域十类全目全向全时"课程组织与实施架构体系，一种立知

（启智成智）与立志（立行成士）之立人路径架构体系，一种人（主体）之成人（文化人，建设者，接班人，天下情怀之仁人志士）之路径架构体系。

这一体系是立体的互联互通的、学生健康成长的平台，体现课程之程之立人之空间正义。学生可以根据这一体系，选择学习的科目种类、数量、程度与时间顺序，从容地完成自己的学业，规划自己的成长，是学生自己选择的，属且仅属于学生自己的成长，体现课程之程之立人路径正义。

这一体系可以让学生根据自身潜能，朝着自己的兴趣方向，使学生少学一些对自己无用、无趣的内容，真正减轻学习负担，提高成长质量和水平，体现课程之程之立人（成长）的优质正义。

（原载《教育理论与实践》2020年第29期）

视点4 课程改革的中国立场

国家第八次课程改革围绕六个培养目标，着力课程六个改变，探索从课程结构、课程内容、课程组织方式和方法等方面，逐步构建出一套符合素质教育要求的新的基础教育课程体系，取得了巨大的成绩，是历次课程改革中关注度最广泛、影响最深远、最贴近人本意义的改革。但是随着课程改革的进一步深入，各种论争也日益凸显出来，如理论基础之争，目标内容之争，路径方向之争，改良主义拿来主义之争，本土化国际化之争，等等，这些争论都是打着课程改革、教育创新的旗号，可谓新旧难辨、好坏难分，似乎又各有道理，谁也说服不了谁，原因是各自都站在自己的立场上。

有什么样的课程就会培养出什么样的人才。课程不同则课程目标就不同，培养出人才的价值取向就不同。不同立场的课程改革就会有不同的课程改革呈现方式，就会有不同的课程改革话语体系。我们正在轰轰烈烈进行的课程改革是中国的课程改革，中国的课程改革是为了解决中国的教育问题，为了解决中国人才培养的问题，所以中国的课程改革需要有中国立场，中国的课程改革就是要建立中国立场的课程改革话语体系。

中国立场，核心概念是中国。世界是由不同的国家组成的，所以中国立场是中国的国家立场；世界是由不同的文化组成的，所以中国立场是中华文化立场；世界是由不同的民族组成的，所以中国立场是中华民族立场。归根到底，中国立场就是中国人的立场。中国立场的课程改革就是要培养出能为中国服务的人，能传承中华优秀传统文化的人，能为中华民族实现伟大复兴的人，能为世界人民独立自主、富足而文明做贡献的人。因而中国立场的课题改革培养的人是具有深厚的中国优秀传统文化底蕴的人，具有宽阔高远国际视野的人，具有强壮健康的身心素养的人，具有实现国家民族富强文明梦想的人，具有坚忍不拔意志和崇高使命的人。可见，中国立场课题改革的目的就是要培养中国人，有中国传统的人，有中国精神的人，有中国责任的人，有中国使命的人，有中国归属感的人。我们不能用别国的教育理论来直接指导中国的教育实践，更不能用别国的课程来直接培养中国的孩子。因为别国的课程与教材中，传递的是别国的价值观。在国际日益激烈的价值观主导竞争的今天，落入别国"价值观陷阱"的后果，不仅仅使我们国家发展失去人口红利，更大的危害将可能导致国家独立自主发展方向的迷失。

课程改革的中国立场来源于中国的教育自信。中国有持续5000年的历史文明，有最独特的、悠久的教育智慧。目前我们的教育已经成为中国历史上最庞大的教育，也是世界所有国家中最庞大的教育。在这最庞大的教育体系里，到处都闪耀着我们中华民族5000年灿烂文化底蕴的教育智慧基因。中国的教育已经为中国经济、社会、文化的发展起到了巨大的推动作用，已经取得伟大成就，已经形成独特优势。诚然，我们的教育还存在这样那样的问题，有些问题还很严重，解决这些问题的任务还很艰巨，这正是全国范围内开展课题改革的价值所在。中国的课程改革还需要我们所有的教育工作者，要以更迫切的使命感和责任感，凝神聚力，在中国道路自信、理论自信、制度自信和文化自信的基础上，坚定教育自信，相信我们自己，我们有能力、有智慧，以中国的方式和路径解决好中国的课程改革问题。

站在中国立场上，以高度自信的姿态，以世界眼光和国际视野研究中国课程改革问题，洋为中用，古为今用，海纳百川，科学设计中国特色的课程体系，完善中国课程改革的理论与实践模式，培养能够建设集政治、经济、社会、文化、环境五位一体文明中国的建设者和接班人，实现中华民族的伟大复兴，从而形成课程改革的中国经验，打造教育的中国质量和中国标准。这就是中国课程改革的使命。

（原载《新课程研究（上旬刊）》2015年第7期）

视点5 幼儿园特色课程的深圳样例

参加过很多次各种各样的课程改革研讨会、现场会及报告会，也看了很多课程改革的理论与经验文章，一直想找到却一直未能找到课程本义意义上的课程改革样例。当我来到深圳市教育幼儿园的时候，发现它们的返本课程学习中心建设，终于得偿所愿，这是一份理想的课程样态。深圳市教育幼儿园以返本教育理念，站在儿童的立场，关注儿童生活本身，进行跨领域、跨主题、跨学科、跨区域、跨年龄的课程设计，提倡"以儿童为中心"，打造真正的"学习中心"，让幼儿自主、自发和自由地选择学习、工作或游戏，提供属于每个幼儿的个性化学习。借此机会做一解读，希望为我们正在进行的课程改革提供借鉴的案例。

一、课程之课：主题化、模块化、区域化

主题化是围绕儿童发展智能的领域而设计的，如语言主题以发展语言智能为核心的语言表达中心；数理主题以发展逻辑数理智能为核心的数学感知中心；时空主题以发展视觉空间智能为核心的空间感知创意中心；运动主题以发展身体动觉智能为核心的户外运动中心；音乐主题以发展音乐智能为核心的音乐韵律中心；交往主题以发展人际交往智能为核心的社会人文中心；自然主题以发展自然观察智能为核心的自然博物中心。

模块化是某学习领域蕴含了幼儿几种智能，是一种综合学习。如机械建构模块主要涉及数学、视觉空间、身体动觉三方面智能的发展；生活体验模块主要涉及视觉空间、身体动觉、人际交往三方面智能的发展；民间游戏模块主要涉及视觉空间和身体动觉两方面智能的发展；科学探索模块主要涉及数理和自然观察两方面智能

的发展；戏剧表演模块主要涉及语言、音乐、身体动作、人际交往四个方面智能的发展；思维益智模块主要涉及数理、空间两方面智能的发展。

区域化是将全园的12个学习教室做好区域的规划，每个教室约8个小区域，全园共90多个区域就是90多个学习科目。每个区域都是一个微型学习社区，有自己特定的内容，有独立的、完整的运作模式。微型社区把幼儿园营造成幼儿生活的小社区，幼儿是主人，可以自由进入学习中心，也能开展各种户外自选活动，让幼儿在自己的生活世界里，在生活中学习，完成幼儿的社会性启蒙，促进幼儿的社会性发展。

二、课程之程：混龄、混程

混龄是将3岁至6岁不同年龄的幼儿编排在一个班级里共同生活、游戏和学习。在幼儿园的三年，幼儿在班级里的角色是动态的，可以把老大、老二、老三的角色都扮演一遍，老大是领导者，老二是参与者，老三是追随者。不同年龄的幼儿在一起就如同一个大家庭，兄弟姐妹在一起，通过小学大、大帮小的方式，使幼儿可以体验到兄弟姐妹一起成长的全过程，在当今社会独生子女缺少兄弟姐妹手足情感的现实中，混龄具有重要的教育学意义。

混程主要有两层含义，一是全园12个教室，供全园12个班自主选择，统筹走班。由幼儿园在学期初制定全园班级微型社区活动安排，以此制定班级轮流计划表。二是资源可以共享，所有的学习中心都是开放式的，幼儿依照自己的兴趣和需要，计划自己的学习，走出自己的班级，选择任何一个学习中心去学习。在一个学期内，每个孩子有13次以上的机会参与各项微型社区活动，但每个孩子的顺序是不同的。

三、课程之特质

深圳市教育幼儿园主题化、模块化、区域化的科目设计，混龄、混程的课程组织与实施，打破了班级的界限，也打破了年龄的界限，使课程成为学习、生活、成长的异质共同体。

1. 学习共同体

融合了高瞻课程、蒙台梭利课程、瑞吉欧课程、多元智能课程等先进理念和方式，满足儿童多种学习需求。操作式学习感受控制物体的力量；体验式学习体验生活真情实感；语言表达式学习学会倾听、提问、对话、阅读及表达完整语义；合作式学习学会分工负责、共同协商协作、共同完成任务。

2. 生活共同体

课程来源于幼儿的现实需要和真实生活，是综合性的、多层次的，具有情景性、真实性和挑战性。在各种生活的情境中，大孩子可以带着小孩子，学会交往交流，习得多种技能、发展多方面能力、体验各种情感，从而获得对自我生命意义的认识及精神上的成长。

在深圳市教育幼儿园课程样例中，我们看到了每个幼儿都在自主学习，都在主动学习，都在各自的路径中学习，在玩中学习，在做中学习，在情景中学习，在模仿中学习，在合作中学习，在工作中学习，有序但不同序，统筹但不统一，是幼儿自选的学习，是幼儿自己喜欢的学习，因而是一种个性化的学习，促进个性成长的学习。这个课程样例体现了课程的本质，更体现了课程设计智慧。

（原载《广东教育（综合）》2016年第6期）

视点6　幼儿成长启蒙的盐田样例

盐田区机关幼儿园确定以"一切为了儿童的发展"为办园宗旨，确立了"追随儿童，让生命和谐成长"的教育理念，将"健康、快乐、独立、自信"作为幼儿的发展目标，建立促进幼儿社会性发展的启蒙课程，全方位为幼儿创设健康、开放、自由、尊重、丰富的生活学习环境，为我们提供了一个幼儿教育的成长启蒙样例。

幼儿阶段教育的特质是成长启蒙。幼儿教育就是要开启孩子人生的第一步，走好第一步，步步能走好。盐田区机关幼儿园结合现代教育理念，重新诠释"成长"内涵。第一，幼儿成长是一种生命的成长：①身体的成长，是从3岁到6岁，是人的一生中最好最快的成长，成为一个健壮的人；②情意的成长，让幼儿具有健康的心理，做一个积极向上的人，做一个阳光心态的人；③智慧的成长，要让幼儿认识并理解外部世界，成为有用的人；④德性的成长，要让幼儿养成良好的品性，成为有良心和良知的人。第二，幼儿成长又是一种自主的成长：①独立的成长，每个孩子的成长都是自选和自为的，是从依附走向独立的成长；②个性的成长，每个孩子都依托自己的潜能，成长为他（她）自己，做最好的自己，是最好的成长；③心灵的成长，是孩子潜意识深处的灵魂生长，是一种自我的觉醒、生命的觉醒和使命的觉醒的过程；④创新的成长，每个孩子都有无与伦比的潜能，都有一颗创新的种子，每天都在进步每天都在超越自己。

如何实现成长启蒙？就是要依托幼儿具有内在生命潜能，关注幼儿生命成长，研制适合的成长课程，提供优美的成长环境，让幼儿充分展现生命的力量，享受生命的愉悦，展示生命的价值，追寻生命的意义。梧桐山，盐田港，海之滨都具有成长启蒙的寓意；园中综合体能活动器具、沙池、戏水池、波波球池、沙盘游戏室、动植物园、实验室、舞蹈室等都是成长启蒙的地方；其园本课程，将高瞻课程、主题探究课程及蒙台梭利教育理念等合理整合，完善幼儿园课程目标及内容，形成从"自我"到"未来"10个大主题，共3个年龄段30个小主题的课程图谱，一种稳定而又适合幼儿成长启蒙的园本课程体系，以幼儿为中心，分尊重幼儿的成长规律，遵循安全性、关爱性、开放性、教育性、艺术性和生活化原则，让幼儿在温馨舒适、材料丰富的环境中，自主选择参与的活动，自主决定学习时间和内容，有序、专注、耐心、乐学、互学，实现成长启蒙的好路径。因地制宜、全方位创设温馨、雅致、开放、自由，具有生命活力和人文气息的活动环境，是幼儿成长启蒙的好环境。探索以事定费、家园共建、队伍专业敬业、科学规范的管理制度，是实现成长启蒙的好保障。

盐田区机关幼儿园秉着"与孩子共同成长，给孩子美好的童年"的办园承诺，初步形成以"开放、和谐、温馨、民主"为内涵的成长启蒙校园文化。近五年来，获得了深圳市优质特色示范园等市级以上集体荣誉20余项，市级以上个人荣誉40余项。希望盐田区机关幼儿园能够在新的形势下，继续努力，不断完善，不断创新，成为一所具有更高远视野、更优质精品、更现代时尚的品牌园。

（原载《教育》2017-03-03）

视点7　玉龙君子的新生活课程样例

玉龙学校是一所九年一贯制学校，地处深圳北站旁边、深圳市高层次人才安置小区的旁边，区位优势明显、现代气息明显、深圳特质明显。可以说从学校开办伊始就承载着众多的社会期待，要接纳并协调多方积极性。令人欣慰的是，学校开办仅三年就已经具备玉质龙形、中国味浓、国际范正、发展力强等特质，迈入了优质高位的运行状态中，实现了学校创意设计的初衷。

玉龙学校以"玉成君子，龙行天下"为办学宗旨，以"生活为源，发展为本"为办学理念，培养现代君子，建构现代君子新生活教育体系。该体系将玉、龙、君子、天下、生活、生长等要素融为一体，形成玉龙学校教育生活"新"样态。玉龙学校新生活教育实践，旨在解决当前教育困境：一是制度主义困境，一切被安排，学生被设计、被塑造。二是主智主义困境，德才失衡、知行脱节。三是意义迷失困境，一切追求成功，失却生活本身意义，失去天下情怀。在这些困境中寻找玉龙学校教育生活之"新"之意义：一是新在自强不息。天行健，君子以自强不息。君子处世，应行天之周而复始之自然之道，刚毅坚卓，发愤图强。要求做到陶行知每日四问：身体、学问、工作、道德有没有进步？真正实现苟日新，日日新，又日新。不怨天尤人，下学而上达。二是新在厚德载物。地势坤，君子以厚德载物。君子是具有高尚德行的人，君子处世，像大地深厚忠实，尊德性、道问学，修德厚德，以深厚的德泽（道德、学识）载人载物，容载万物。三是新在文质彬彬。子曰："质胜文则野，文胜质则史。文质彬彬，然后君子。"君子文质彬彬处世，体现中国君子的风度标准，也是中国审美标准。文即文饰，质即质朴。文即形式，质即内容。文质彬彬是文与质、形与实的统一，相宜相生。玉龙君子，玉质龙形，玉为内质地，龙为外形显。要提倡优质，如仁、知、信、勇、直、刚等；要去除劣质，如愚、荡、贼、绞、乱、狂等。四是新在天下情志。君子谋道不谋食，忧道不忧贫。君子以天下为公，如范仲淹"不以物喜，不以己悲；先天下之忧而忧，后天下之乐而乐"的天下情怀；杜甫"致君尧舜上，再使风俗淳"的天下大志；张载"为天地立心，为生民立命，为往圣继绝学，为万世开太平"的天下大愿。学大学，做大人，学做"治国平天下"的仁人志士。五是新在生活旨趣。教育是为了更好地生活，教育就在生活中，教育即生活，衣食起居皆教育。要立足生活办教育，让教育源于生活，回归生活，培养生活素养。学习生活、学会生活、幸福生活。

玉龙学校践行新生活教育，以核心理念引领学校发展规划，凝聚多方力量，打开学习生活空间、设计学习生活课程、组织多彩学习活动，培养现代玉龙君子人格，创制学校学习生长共同体，一种有归属感、有幸福意义的教育生活共同体。玉龙学校新生活教育实践具有重要的学校教育学样例意义，那就是新办学校可以通过核心理念创意设计，实现高位运行、高质发展和高端呈现，建设教育新生活。

（原载《教育》2017-08-04）

视点8 核心素养，要素有哪些？

2018年9月13日上午，中国学生发展核心素养研究成果发布会在北京师范大学举行。课题组以科学性、时代性和民族性为基本原则，围绕着培养"全面发展的人"，建构中国学生发展核心素养框架体系。各个学科也忙于推出各自的核心素养体系。核心素养成为最热闹的话题，也是当前教育研究的核心概念。

什么是核心素养？查阅文献得知，"核心素养"最早出现在欧盟理事会研究报告《知识经济时代的核心素养》（2002年），及经合组织（OECD）研究报告《核心素养促进成功的生活和健全的社会》（2003年）。两个报告所用英文词是"Key Competencies"。"Key"直译为"关键的"，"Competencies"直译为"能力"。"Key Competencies"直译就应为"关键能力"。报告中关键能力包括互动地使用工具、与异质群体互动、自主行动，是一种基于能力本义建构的体系。有趣的是，我们国内将"Key Competencies"译为"核心素养"。而且2002年美国联邦教育部推出"21st Century Skills"，直译应是"21世纪技能"，也译为"21世纪素养"。日本"21世纪型能力"的基础能力、思维能力、实践能力三要素结构，也被称为核心素养结构。

关键与核心，能力与素养，词义是不同的。关键，本义为门闩或关闭门户的横木，比喻事物最关紧要的部分，对事物起决定作用的因素，侧重指功能或作用。核心是指事物的中心、中央、中枢、重心、内心、内核之意，与其所对应的是外围、边缘，侧重指位置或地位。能力是指人对自然的探索、认知、改造等活动中，完成一项目标或者任务所体现出来的身体及心理的素质。素养之素，朴素、平素、素来、素质、素色、素雅，不加修饰之意。素养之养，本义为饲养，即饲养动物，给动物提供食物供其成长；对人而言，有抚养赡养、修养教养、养心养性等之意。可见素养是一种平素的养、平实的养、平常的养，不富养不贱养，是一种慢慢的养、顺其自然的养。人的素养是指人的道德素养，是一种修养。显然，关键能力与核心素养有着各自完整的话语体系。将关键能力翻译成核心素养，显然欠妥，不是科学求真的态度。

教育部《关于全面深化课程改革落实立德树人根本任务的意见》要求制定学生发展核心素养体系，要把立德树人作为教育的根本任务，要体现社会主义核心价值观。立德树人是目的、是任务、是方式、是方法。中国学生发展核心素养体系，要素有哪些？

一是中国，是中国的学生发展核心素养体系。中国是最核心的标识，要体现中国的历史、文化、传统及伦理。不能把别人的研究成果进行中国表达或者弄成中国版本，不能用别人的话语表达中国学生发展核心素养。

二是立德，核心素养体系中最核心的是德。立德就是坚持德育为首，德育为先，通过正面正确的教育来引导人、教化人、激励人。要以德立身、以德率众、以德致远、以德领才，要德才兼备。当前，社会主义核心价值观是最核心的德，是德的核心。

三是树人，树的是中国学生，树的是德智体美全面发展的人，树的是有国际视野、传统底蕴、时代特质和生活智慧的人。国家富强文明需要一代又一代有志青年接力奋斗，要培养社会主义事业的建设者和接班人。

四是素养，中国学生发展核心素养，要体现社会主义核心价值观，体现富强、民主、文明、和谐的国家道德素养，体现自由、平等、公正、法治的社会道德素养，体现爱国、敬业、诚信、友善的个人道德素养。

五是体系，是以德为中心的素养体系。有道才能有德，因此是一种道德素养体系，也是一种伦理体系，不应是关键能力体系或者关键技能体系。要把社会主义核心价值体系融入学生核心素养体系。

六是发展，是学生的全面发展、和谐发展、持续发展及个性发展。要立足现在，着眼于将来。要弄清楚哪些素养最有发展的价值，哪些素养可以持续发展。

笔者以为，中国学生发展核心素养应该具有中国话语特色，因为在中国，做人要仁、义、礼、智、信，要温、良、恭、俭、让，要忠、孝、廉、耻、勇。浩瀚的中国优秀传统文化在国际化、全球化的今天，仍然具有非常重要的现实意义，因为这是我们中国人自己绵延流长的传统，是具有中国智慧的传统，我们要把这样的传统进行现代、当代的表达，更好地传承给我们的学生。

（原载《教育》2016-12-02）

视点9　学科核心素养要突出"学科"特点

距2018年1月16日教育部印发《普通高中课程方案和课程标准（2017年版）》，已有一年多了。新闻通稿把"凝练了学科核心素养"作为亮点之一。其逻辑是通过学习学科课程培养学生学科核心素养，形成正确的价值观念、必备品格和关键能力。希望以精选和重组教学内容，精心设计教学活动，引导各学科教学更加关注学科思想和学科思维方式，促进学科核心素养的落实，来把立德树人根本任务落到实处。

如语文学科核心素养有语言建构与运用、思维发展与提升、审美鉴赏与创造、文化传承与理解四个维度。这是语文的学科核心素养吗？这四个核心素养除"语言建构与运用"中的"语言"与语文核心相关外，其他三项仅仅是一种间接相关。思维发展与提升应该是思维学科的核心素养，审美鉴赏与创造应该是审美学科的核心素养，文化传承与理解应该是文化学的核心素养。语文核心素养的核心到底有哪些？语文语文，其核心素养不就是"语文"素养吗？也就是如果一个维度表述应该是语文，如果两维度应该是语言与文字，如果两维生四维，应该是听、说、读、写。只要你一开口说话就知道你语言素养好不好，只要你写个小文，就知道你文字功夫好不好。语文这四个核心素养的言语表述中，如何区别语言建构与语言运用？建构不是为了运用吗？如何区别思维发展与思维提升？发展不是一种提升，提升不是一种发展？如何区别审美鉴赏与审美创造？各美其美，因人因事而美；美没有固定标准，统一可以是美，错落可以是美；对个体而言，审美鉴赏需要审美创造，两者互为体用因果。又如何区别文化传承与文化理解？理解然后传承，还是传承就是理解？用词准确应是语文第一要义。

如物理、生物与化学。物理学科核心素养有物理观念、科学思维、科学探究、科学态度与责任。生物学科核心素养有生物观念、科学思维、科学探究、社会责任。比较这两个学科的核心素养竟然有三个要素相同，不见学科本身。科学思维、科学探究、科学态度、科学责任等，与科学的学科素养核心相关，与物理及生物仅为间接相关。物理即物之理，事物本体之理。所以物之理就由物之本体内容中产生，所以物之理应为力之理、光之理、热之理、电之理等。生物学是研究生物（包括植物、动物和微生物）的结构、功能、发生和发展规律的科学。生物学是"生"物之学问。物理学应是"死"物之学问。物理生物虽然都属于科学范畴，但仅是科学范畴，既然名称不同，那内涵就有不同，所以物理与生物学科的核心素养就应该不同。物理学科核心素养不见物理，生物学科核心素养不见生物，其科学性值得怀疑。

从下列核心素养表述："宏观辨识与微观探析、变化观念与平衡思想、证据推理与模型认知、科学探究与创新意识、科学态度与社会责任。"一般读者能猜出这是化学学科核心素养吗？真的让人难以置信。整个表述最大的特点就是不见化学。化学学科核心素养应该在化学之内在本质中产生。化学化学乃化之学问，化学是研究物质组成、结构、性质、变化和合成的一门学科，化学学科核心素养应由此产生。

如数学学科，其学科核心素养有：数学抽象、逻辑推理、数学建模、直观想象、数学运算、数学分析。这六个核心素养之间逻辑边界模糊，要素之间互为内容。数学建模要不要数学抽象？要不要数学运算？要不要数学分析？要不要逻辑推理？要不要直观想象？显然是都要，不然数学建模能建得好吗？什么才是数学学科核心素养？数学数学乃数之学问，如果数学学科核心素养用一个词来表述，那就是"数"，"心中有数"就是最好的数学核心素养。数学是研究现实世界的数量关系和空间形式的学科，任何数都是空间的数，都是形式的数，如果数学学科核心素养用两个词来表述那就是"数"与"形"。所以数学的学科核心素养应该从"数"或者"数形"中衍生出来。

如地理和历史两科，地理学科核心素养有人的协调观、综合思维、区域认知、地理实践力。人的协调观需不需要综合思维？人的协调观是不是一种区域认知？人的协调观是不是体现了地理实践力？地理地理乃地之理之学问，地理应是地形之理，地貌之理。要表述地理学科核心素养就要做好"地"的文章，地理之学问就是"一方水土养一方人"的学问。历史学科含有唯物史观、时空概念观、史料实证观、历史解释观、家国情怀观五个核心素养。唯物史观是否含有时空概念观、史料实证观、历史解释观、家国情怀观？答案是肯定的。历史乃经历之史，历史即天之历史、地之历史、人之历史、事之历史。历史是时间的艺术，是自然与人文的美妙结合，学历史最核心的素养是基于史料的想象力。

学科核心素养要真正"凝练学科核心素养"，就要体现学科本质，要做好"学科"文章。

（原载《教育》2019-04-05）

视点10　略议STEM教育

STEM教育被誉为当今最具基础性、综合性、前瞻性和创造性的教育改革，已经成为一个教育热点话题。教育界STEM"热"的背后原因是什么？

第一，STEM教育是什么？1986年美国国家科学委员会发表《本科的科学、数学和工程教育》报告，这是美国STEM教育的开端。STEM是科学（Science）、技术（Technology）、工程（Engineering）和数学（Mathematics）的首字母合并简称。2010年美国学者格雷特·亚克门（Georgette Yakman）首次提出将A（艺术）纳入STEM中，变成了STEAM。STEM教育旨在打破学科领域界限，提倡项目式学习、问题式学习及"做"中学习，强调学习的体验性、实践性和综合性，是一种元主体共同参与的跨学科整合的教育。

第二，STEM教育为什么？二战后美苏开启世界霸权争夺模式，双边阵营冷战达44年。在冷战初期的太空据点争夺竞赛中，苏联率先于1957年发射了世界上第一颗人造卫星，并在1961年把宇航员送上了太空，美国在这场科技与军事的竞赛中处于落后地位而陷入恐惧与不安。太空据点争夺失利，引发了美国公众对学校教育的深刻反思，把责任归在了学校教育质量下滑所致，分析出教育投入不足、课程设置不系统、不重视数学和科学教育等原因，于是在教育界掀起一场以科学技术为主题的STEM教育改革运动。STEM教育初始在大学推进，目的是提升大学本科生的STEM整合性能力，为科技界输送综合性人才，21世纪初STEM教育转移至中小学。

为做好STEM教育，美国政府及学界密集推出众多政策文件或者研究报告。1996年美国国家科学基金会（NSF）发布《塑造未来：透视科学、数学、工程和技术的本科教育》报告；2005年由美国国家科学院、国家工程院、医学科学院和国家研究委员会联合向美国推出《驾驭风暴：美国动员起来为更加辉煌的未来》报告；2007年美国国会通过《国家竞争力法》即《创造机遇，显著提升美国科技教育领域优势地位》；2007年美国国家科学委员会再次发布《国家行动计划：应对美国科学、技术、工程和数学教育系统的紧急需要》报告；2009年美国时任总统奥巴马提出"竞争卓越计划"，强调美国将优先发展STEM；2009年卡耐基基金会推出《机会平等》报告；新媒体联盟推出《地平线报告》（2015基础教育版）等，均强调STEM教育重要性，同时提出各种改革举措。

第三，STEM在中国的现状。从中国知网12库（不含专利库）以篇名"STEM教育"检索中文文献，最早时间为2011年。2011年之后STEM教育便以井喷之势在中国发展。教育部2017年印发《义务教育小学科学课程标准》把STEM教育列为重要内容。中国教育科学研究院2017年发布《中国STEM教育白皮书》，2018年发布《中国STEM教育2029行动计划》及《STEM教师能力等级标准（试行）》。近年来，北京、江苏、广东、山东等地陆续出台政策文件，引导学校积极开展SETM教育，以智能教育、创客教育、创新教育及编程教育等各种形式呈现。

第四，STEM教育价值如何？有人认为，STEM教育能提升国民素质，能推动就业与收入均衡、能促进性别与种族平等、能拉动国家经济实力发展、能驱动国家技术创新等，其价值认知上升至国家创新发展战略。就STEM（科学、技术、工程及数学）构成看，实质是一种理工科技教育。在科学技术是第一生产力、第一竞争力背景下，强调理工科技教育的STEM教育，无疑具有十分重要的教育发展战略价值。

第五，STEM教育理应何为？2000年1月教育部颁发《全日制普通高级中学课程计划》，首次开设综合实践活动课程，其核心是研究性学习，要求回归学生的生活世界、立足学生的直接经验、关注学生的自主探究。可见STEM教育与我国"研究性学习"课程在理念、概念、本质、特征等方面存在共性，可以说"研究性学习"课程是中国化的STEM教育。为什么研究性学习式微而STEM学习却异常热闹？原因是STEM具有很强的操作性，其定位就是加强理工科技教育。STEM是一种综合，但我国研究性学习在教学实施中教师不知道如何综合，学生的学习又边界分明，教与学都陷入困境。我国恢复高考后提出"学好数理化走遍天下都不怕"，其时间节点比美国提出STEM还早。我国研究性学习的本意是希望重建教学方式，可以说立意更加高远。STEM"热"的背后是话语权的失落。

结语是，在做好STEM教育的同时，要建构我们自己的教育话语体系，提供一套可操作性的整体解决办法，需分科就分科，需综合就综合，做好学习的边界文章，重建教学关系。

（原载《教育》2019-08-02）

视点11　应提倡技术为王

国际竞争已经由政治、经济、军事等领域，不断深入科技领域，形势异常严峻。先进的科学技术是人类共同的财富，可以极大地促进人类社会的发展，可以为人类造福。

世界虽然走到现代，但运行的依然是丛林法则，技术落后就要挨打。17世纪英国改良蒸汽机（第一次工业革命）成为"日不落帝国"，19世纪美国和德国率先发明使用电力（第二次工业革命）而称霸世界，20世纪美国运用信息技术（第三次工业革命）强化了全球霸主地位。近代历史，是一部技术为王的历史。曾经，西方列强的船坚炮利洗劫了中华帝国，如今，技术追赶让中国迈上了复兴征程。以华为为首的企业集群进行的5G发展战略，将引领中国走上自蒸汽机革命、电气革命和计算机革命之后的第四次工业革命，这又是一次深刻影响社会生活方式的革命，将让中国走上全球科学技术的顶端，从根本上动摇西方得以支配世界的科技霸权。

全面脱钩，芯片断供，极大地迟滞了国家的发展，还暴露了众多未曾关注到的问题。华为总裁任总认为，企业的竞争是人才的竞争，国家的竞争也是人才的竞争，国家的未来就是教育，比起研究芯片，更重要的是要有数学家、物理学家、化学家。这就是任总的远见。目前，华为公司拥有700多位数学家，800多位物理学家，120多位化学家，5G技术领先的华为事实上已成为最具竞争力的科学技术大学。

核心技术是制约国家发展的"命门"。作为党之大计国之大计的教育，如何更好地培养学生创新精神与创新能力？如何更好地培养学生科学技术素养？如何让教育更好地为技术创新服务？

一是树立技术为王的教育理念。自古以来提倡学而优则仕，所以技术工作被看成低人一等的工作，这种社会价值认知还深入人心。其实在高度发达的现代社会，技术才是王道。从国家角度，实业能兴国，实业能强国，要把中国制造变成中国创造、中国智造，要加强产业链各环节要素整合与创新。从社会角度，中国制造的巨大体量，需要数量庞大的工匠（工程师）队伍，要把人口红利变成工匠红利，要提倡工匠强国，追求极致的工匠精神，工业强国是制造强国，更是技术强国。从个人角度，家有万金不如一技在身，在技术实践中进行技术革新，既强调熟能生巧，又强调巧能创新，做一位技之精者、技之王者，精益求精，应该是高尚的追求。

二是设计技术为王的课程体系。当前的学校科学教育课程体系中，强调科学教育，这种科学教育也仅强调理化生学科基础知识教育，动手实验能力以及由此展开的综合创新能力培养没有得到应有的重视。忽视技术教育，高中开设的通用技术教育也只是技术知识普及教育，知行脱节。在当前的管理体系中，学生的科学知识教育由学校教育完成，每年一届的各级青少年创新大赛则由科协系统完成，学生的各种模型（车模、海模、空模等）则由各种社会团体介入，学生的科学教育与技术教育处于脱节状态。所以要重建中学科学技术教育课程体系，以基本技术为线索，将材料选择、模型设计、制作安装、工艺流程、实效测试等操作性技术融于一体，将数学（数与形）、科学（理化生等）、美学（时空等）等学科知识融于一体，持续研究与改进，久久为功，把技术作为课程目标，以技术为课程开设逻辑起点，以技术为中心进行课程体系建设。

三是建设技术为王的路径通道。当前不少技术学院（学校）的前面，往往加上"职业"，学生进这样的学院（学校）就是一种无可奈何的选择，似乎只能是"蓝领"一生，从此与"金领"无缘。目前学术型大学与技术型大学呈7∶3的比例严重失当，技术立国智造强国的今天，这一比例应该是3∶7。学术型大学要为技术型大学提供基础理论支持，技术型大学要成为学术型大学理论成果的孵化基地。学的价值在于用，用则能得到基础支持。

国之竞争归根结底是科学技术实力的竞争，在百年未有大变局背景下，技术是关键，技术是重心，技术是高地，要在全社会、全领域、全行业鼓励技术创新，提倡技术为王，推进技术立国方能决胜于大国争霸。

（原载《教育》2020-10-02）

第四章 学校课堂变革

课堂是素质教育主阵地

课堂是心灵交往主场域

课堂变革旨在变成学堂

课堂最本质标识是生动

课堂要激活学生创新力

课堂要使学生自主扬长

视点1 心灵的力量

每个孩子都有一个独特的生命，每个心灵都拥有无限的潜能，每一种潜能都可以进行充分的激活和激发，是因为每个生命都有一个独特的心灵。教育的使命就是要依托孩子健康的身体，让身体焕发心灵潜能，让每一个生命都拥有高远的追求，展开生命高尚的生活，实现生命高贵的价值。

人的心灵，看不见摸不着，但是真实存在着，心灵充盈着人的整个躯体，拥有无限感应力量、无限成长力量、无限支配力量和无限创造力量，无所不在且无所不能。心灵让人体成为一个生命场，充满生机与活力；心灵让人体成为一个能量场，让生命拥有无限能量；心灵让人成为一个感应场，让生命通过潜意识感受并通联世界；心灵让人成为一个制造场，时时处处都在进行创作创造。可见心灵管理着人生命的生机，调节人生命的活力，分配人生命的能量，控制人生命的应激反应，指引人生命去适应世界并发展和完善。

每一个孩子的心灵天生就拥有沟通的能力，沟通是教育独特的语言。人的心灵是一种感应场域，心灵的沟通是心灵场域之间的感应与互通。心灵沟通的语言有很多，比如爱、尊重、激励、宽容等都是很好的心灵沟通语言。爱是心灵的状态，是心灵的本能，要爱如潮水爱满心灵，要爱每一个孩子，要像爱自己的孩子一样爱别人的孩子，就能走进孩子的内心世界；每一个心灵都是平等、独特而高贵的，所以尊重是心灵的沟通语言，师生之间是一种平等的人格，有尊重就会有倾听、有理解、有沟通，就会关怀孩子、欣赏孩子和赞美孩子，就会互相信任，就会亲其师信其道，就会融洽和谐。激励也是激活心灵的语言，一句简单的话语，就可能让一个心灵感受到激励，感受到感动，心灵就会处于被激励的状态，就像一缕阳光聚焦心灵，产生巨大的动力和活力，激活孩子心灵的创造力。人总是以自己内在的心灵为出发点，对外界反应进行感受、识别和判断，心灵深处常常发生各种各样的心理冲突，人的心灵是敏感的，也是脆弱而易变的，金无足赤，人无完人，对待成长中完善中的孩子，宽容是心灵沟通的重要语言。

当孩子心灵对环境的感应是一种愉悦的兴奋时，孩子的心灵则处在一种生动灵动、透彻澄明的状态，这是一种健康成长的状态；当孩子心灵对环境的感应是一种厌恶、拒绝甚至抗争时，孩子的心灵则处在一种灰色阴暗、没有生机活力的状态，这是一种扭曲成长的状态。心灵的沟通就是要让心灵感受正能量，传递正能量，形成属于孩子自己的正能量。

教育最重要的是促进孩子心灵的成长，心灵成长是一个人的潜意识深处灵魂生长的过程，是一种自我的觉醒、生命的觉醒和使命的觉醒的过程。教育的任务不是灌输、不是改变、不是塑造，而是要给孩子心灵的健康成长提供良好的环境，通过师生心灵的交往交流，以教师的丰满丰富的心灵去温暖、爱抚和唤醒孩子的心灵，点燃孩子的心灵之灯，打开孩子的心灵之窗，内外沟通、内外呼应和内外兼修，帮助孩子开启生命的心灵成长之旅。沟通是一门学问，更是一门艺术。总会有一种机缘让心灵触动，让心灵感应感动，让心灵美丽。心灵美是因为正能量触动了心灵，是因为正能量充满了心灵。心灵美所以健康快乐有活力，心灵美所以有理想抱负有使命，心灵美所以追寻梦想守望梦想终会实现梦想。心灵美则人人美，则世界美，则生活美，则生命美，则一切皆美。

孩子心灵的成长是一种独特的成长，是一种起点独特、路径独特、过程独特和结果独特的成长，是一种主动能动、自选自为和自立自成的成长，是一种无限可能并且无限创意的成长。生命的独特是因为心灵的独特。每个生命所承载的心灵都为这个生命所独设独有并独享。依托孩子心灵的力量，找寻孩子心灵的密码，积蓄孩子心灵的能量，让孩子的心灵自主地，创意地，充满灵性、灵动和灵感地成长起来，成长为一个独立独特、丰满强大且唯一的自己，从而探寻生命生存的价值和意义，成为美好生活的创造者和拥有者，一个幸福生活的守望者，一个美满幸福的生活者，这就是教育的真正秘诀。

（原载《教育》2015-06-19）

视点2 激活每个孩子创新的种子

每个孩子都是一个独特的精灵，在心灵中带着无限的追问，来到人世间。

每个孩子都有无与伦比的潜能，不经意间缔造无数的奇迹，适应人世间。

每个孩子都有一颗创新的种子，时时处处在创作创生创建，改造人世间。

教育的使命，就是要激活每个孩子创新的种子，给以沃土养分，给以阳光雨露，给以唤醒、鼓舞、引领和扶持，让创新的种子生根发芽、开花结果，成就传奇、荣耀和幸福的一生。

每个孩子创新的种子是不一样的种子。因为种类不同，所以需求不同、志向不同、根芽花果都不同。教育的智慧就是要认识他们的不同，理解他们的不同，顺应他们的不同，接纳他们的不同，鼓励他们的不同，所以人生是一种不一样的艺术。

每个孩子创新的种子有不一样的潜能。花草树木不同是因为种子的创新潜能不同。有的成科学家，有的成艺术家，有的成文学家，有的成工匠或者农民，各自都承担不一样的使命，做着不一样的贡献，体现不一样的人生价值。创新的潜能不同，所以创新的可能性不同，所以人生是一种可能性的艺术。教育需要一种识别的智慧，一种因材施教的智慧，一种引导因人而创新的智慧、一个创设能够展示孩子创新作品的平台的智慧。

值得欣慰的是，目前各种科技创新大赛、模型表演比赛、设计制作比赛都是激活孩子们创新种子的好平台。如果想出来也能写出来，就以论文作品参加比赛；如果能想出来且能做出来，就用发明作品去比赛；如果能想出来做了但没有做出来，就把做的过程展示出来参加展示评比；如果想也想不好，做也做不好，那就把美好的愿景画出来参加展示评比；如果设计能力强，可以参加各种模型设计制作比赛；

如果操控能力强，可以参加各种模型表演比赛。

比赛活动的最大优势是提高对抗性、演示性，有利于激发激活，比赛不是目的，激发激活才是目的。比赛活动不仅是一种比赛的平台，更是一种展示平台、一种"做"的平台、一种"玩"的平台。要最大限度地引导孩子们在"做"中学，在"玩"中学，要引导孩子们"做"出新意，"玩"出创意。

每个孩子创新的种子是生来就有的，创新是孩子的天赋。就像世界上没有完全相同的树叶一样，世界上也没有一模一样的孩子。每个孩子创新的时间点是不一样的。有人少年成名，有人大器晚成。可见创新的原理是复杂的，不能急于求成，也无法一蹴而就。

有时候，激活孩子创新种子的教育智慧，就在于一点耐心，一点宽容，或者一点信任。

（原载《广东教育（综合）》2013年第7、8期，后被《考试》2015年第33期转载）

视点3　学习方式：适合的才是最好的

当前，基础教育存在两类偏离学习本义的学习方式。第一类是应试教育制度带来的单一式、被动式和机械式等学习方式，偏重对文本性知识的记忆与应试训练，希望通过文本概念性知识来获得学习的意义，强调学习的预成性、理解性、内隐性、思辨性和整体性；第二类是新课程强调的自主式学习、合作式学习与探究式学习，偏重对经验性知识的生成与应用，希望通过实践经验性知识来获得学习的意义，强调生成性、自主性、能动性和个体性。问题的严重性在于，一些人把第一类学习方式视为传统的学习方式，成为落后与低效的代名词，而把第二类学习方式视为现代学习方式，成为先进与高效的代名词。两类学习方式各有优点，各自适合不同的个体，各自适合不同的学习内容，各自适合不同的学习阶段。现实中常常以二元论思维方式对这两类学习方式进行取舍，非此即彼、厚此薄彼，不利于孩子的学习和健康成长，也给国家和民族的教育事业发展带来了巨大危害和损失。

孩子应该选择怎样的学习方式，这是一个必须界定清楚的大问题。学习的问题就是学与习及其关系的问题。如何界定学与习及其关系？要从我们的汉字寻找本义。

最能体现学的本义为金文大篆体，字体的上半部分是一个人双手拿着几个小棒棒，字体的中部似一个屋檐（指场所），字体的下部为一个脑袋大身子小的小孩子。所以其本义为一个稚嫩小童用双手比画着小棒棒学习算数的样子。这个字隐含的意思有：字上部双手比画小棒棒是指小童学算数要借助学具，在比画中学，在拨弄中学，在做中学；突出脑袋大身子小的意思是指小童学习，主要是脑袋的学习，即智力学习，算数算得好，说明智力好；字中部似屋檐表示学习需要场所场景，可以是屋里、屋檐、河边、树下；字的整体设计的意思是，学是小童自主主动进行的，从具体到抽象，从动手力到动脑力，有形有声很生动的样子。

最能体现习的本义为金文大篆体，上部为羽，意思为鸟飞。下部为白，有太阳的白天。字本义为小鸟迎着太阳反复地试飞，飞得比天高之意。

可见，从学与习的本义可知，学习学习就是既学又习，学而时习之，不亦乐乎。学的目的是启智，启人心智；习的目的是益智，帮助心智开启并学会美好生活的方式和途径。可见学习方式其实就是学习的方式，启智的方式。离开学习的本义谈学习方式，就是偏离了学习本义的学习方式。

我们传统中应用最广、最具普适意义的学习方式就是学问思辨行。学什么？学问、学思、学辨、学行；怎么学？问中学、思中学、辨中学、行中学。学问就是学习问问题，不会问就不会学，学问是学习的起点；学思就是学习思考，思考出意义，学而不思则罔，思而不学则殆；学辨就是学会辨识辨别意义的真假正误，去粗取精，去伪存真；学行就是学会实践，获得直接经验。学问思辨的目的是为了致知，获得智慧，行就是日常生活中实际应用，让生活更幸福美好，是一种充满情与意的行，一种志在必行。大学问家王阳明提倡知行合一：知是行之主意，行是知之功夫，知是行之始，行是知之成。所以知行合一的学习方式是传统学习理论中影响最为深远的。

学习是为了每个人充分的可能的成长。每个人充分的可能的成长在和谐社会美好生活的建设上具有本体论意义。每个人的成长都是其个体主体性的成长，因而是一种多维度、多向度、全时域、全场域的成长。每个人充分的可能的成长都是属于他（她）自己的成长，别人不可替代，不可强制。所以不可能有一种适合所有人、所有内容、所有时间的学习方式，没有最好的学习方式，只有最适合的学习方式。帮助每个孩子找到属于自己、适合自己的学习方式，逐步建构自己独有的心智模式、行为模式和生存模式，创造属于自己美满的幸福生活，这就是最好的教育。

（原载《新课程研究（上旬刊）》2015年第5期）

视点4　课堂应是学堂

课堂是素质教育的主渠道，是学生学习的主场所。课堂的生态反映了学生在学校的生长生活状态。当前的课堂有各种"本本"课堂，如重视发挥学生主体主动能动作用的生本课堂、重视学会与会学的学本课堂、重视训练习得的习本课堂、重视教师主导作用的师本课堂、重视求真求实的真本课堂等。还有各种概念的课堂，如重视个性独特且和谐发展的生态课堂、重视发现发展生命价值的生命课堂、重视动态生成的生成课堂、重视实际生活实践经验的生活课堂、重视思维能力思维品质培养的思维课堂、重视体现展示师生活力的活力课堂等。这些本本课堂、概念课堂，可谓丰富多彩，各有各的价值，也各有各的意义，课堂教学改革取得了重要进展。

课堂之课的本义指学习的科目、内容、数量及进度。课堂之堂的本义指住宅内的公共空间、共享空间或者被各寝室围住的空间。

课堂的主人是学生，学生学生，本义是学"生"，就是学习生长的人。学生在课堂的目的是学习生长，从而成为一个"人"，学会生长就是学生的学业。当务之急是课业应为学业，课堂应为学生学会生长的学堂。

一是生命学堂。每一个学生都是独特的鲜活的生命。每一个生命都有生存生活的价值。要引导学生学会认识生命、珍惜生命和发展生命；要引导学生学习适合自己身体的运动项目，学会锻炼身体的运动项目和运动方法；要引导学生形成健康生活的习惯，让身体一生健康，让身体承载生命价值。

二是道德学堂。人以德立身处世。人道有德即人有道德。人之道应为正道、公道、大道、常道，归根结底是人道。人之道是否有德取决于人的品质。有道德品质的人，是一个仁义礼智信的人，是一个诚意正心的人，是一个忠于国孝于长的人，是一个能够传承传统文化，又能开拓创新，承担国家民族复兴使命的人。要引导学生学会做一个有道德品质的人。

三是智慧学堂。智是运用知识对某事物进行评估、判断、选择与决策。慧是根据人的心灵感悟对善恶、是非、成败、得失进行判断。智慧是能够迅速、灵活、正确地理解事物和解决问题的能力。要引导学生学会学问思辨和知行合一，学会体验领悟和同化内化，将知识转化为智慧。

四是志向学堂。有志者事竟成。凡成大事者，必有坚忍不拔之志。要引导学生从小立下宏伟志向和高远目标，以自信的勇气坚持不懈地追求梦想；要引导学生做好生涯规划，格物致知，诚意正心，修身齐家，治国平天下，实现每一个学生心中的"国"之梦想及"天下"梦想。

五是交往学堂。人是社会关系的总和。学生是各种关系中的学生。师生关系、生生关系的本质是师生、生生主体间的交往关系。学堂是社会的雏形，是学生学会交往的重要场所。要引导学生充分自由地交流和对话，充分自由地展示自己的情感、态度和价值观，相互影响、相互交融，促进心灵感悟，成为一个理性的、情感丰富能平等互助的人，一个友爱友善有高尚情趣的人。

课堂应为学堂就是要摆脱狭隘的课业观，把课堂变成学生学习生长的平台，在教师的点拨、帮扶、引领下，运用优秀的传统文化、当下的核心价值观、鲜活的地域特质课程，来促进学生生命、道德、智慧、志向及社会交往能力的生长，真正体现教育促进人更好更快发展的价值。

（原载《教育》2015-12-18）

视点5　生动是课堂最本质的标识

课堂是学生学习的场所，也是学生成长的场所。学生在课堂上不仅是为了学习知识，更重要的是获得成长的智慧。但是当前我们的课堂被承载了太多的希望，什么都重要，导致什么都要进课堂。教育在对现代性极致的追求中陷入困境。课堂上的表现有：一是理性至上，表现在科教兴国、科教强国思想已经深入人心，科学技术是第一生产力已成共识，以至课堂教学把知识的获得与理性的发展作为主要目的，忽视人文知识的价值引领，陷入科学与人文二元对立的困境。二是实用至上，表现在课堂教学特别重视方法和技能的训练，认为学习是经验的获得与建构，认为教育过程是学生自主探究的过程，提倡"做中学"，忽视知识的要素性、结构性，课堂教学陷入文本性知识与经验性知识二元对立的困境。三是制度至上，表现在把学生作为知识存储与使用的工具，强调组织集权安排的科层化和规则化，强调学习的同步性、同一性、同质性。课堂教学成了科学知识的工业化、产品化的生产活动，陷入统一规范与个性需求二元对立的困境。四是效率至上，表现在用一个评价标准衡量天赋各异的学生，课堂追求高分数，用企业（一次分配追求效率）的评价方式来评价教育（二次分配追求公平），陷入效率与公平二元对立困境。

理性至上、实用至上、制度至上及效率至上，使学校课堂陷入对立的两端：一端是过分强调教的改造作用，课堂中存在满堂灌、满堂问、满堂练等现象，主导常常变成了主管；另一端是过分强调学生自主学习的主观能动性，课堂中存在满堂合作、满堂讨论、满堂探究等现象，自主常常变成了自由。两端对立使教与学的关系陷入师生主客二元对立的困境，严重影响了学生的健康成长。

课堂的主人是学生，课堂应为学堂。课堂是主体间有计划、有指导、有系统的学习活动场所，是个体主体性的活动场所，也是群体主体性的活动场所，是一种基于生命主体间的活动场所。可见，课堂是主体间共在、共创、共生、共享的生命活动的空间场所。生命活动的最本质特征是生动。生动是课堂应然的特质与标识，课堂的生动与否反映了学生在学校的成长状态。

何为生动？生的本义是指草木从土里生长出来。生的反义是死，所以生是指活着的，有生命的，可以生存、生长的。动的本义是原来位置的改变。动的反义是静。静止状态的改变就是动。可见生动的本义就是有生命的物体的一种生存生长的活动状态。所以生动是一种状态、一种特征。课堂何以生动？一是因为生命的生动，每个学生都是充满活力的生命，课堂要让生命的精神焕发出来，让学生生命的力量得到很好的展示；二是因为思维的生动，学问思辨，学生的思维能力得到很好的培养，智力上得到很好的开发；三是因为情意的生动，学生课堂上学习努力认真，师生关系融洽，同学间友善相处，班级成为学习共同体，学生喜欢这个班集体，有亲近感归属感；四是因为情境生动，根据教学目标，依据教学内容，创设各种教学情境氛围，激发学习动机、好奇心和求知欲望。

课堂如何生动？要树立一个宗旨：课堂应生动起来。坚持五个原则：一是活动性原则，活动的才是生动的，要精心设计教学活动，把教师的讲授活动和学生的学习活动有机结合起来，让学生在活动中成长；二是多样性原则，多样的才是生动的，要采用多种多样的教学方法，设计多样的教学过程，给学生多样的选择，实现学生的个性成长，一种有选择的成长；三是参与性原则，参与的才是生动的，要设计有利于师生参与、生生参与的学习活动，让学生在参与中学习成长；四是生活性原则，生活的才是生动的，要充分利用学生生活中的资源，发挥生活资源的教育教学功能，在日常生活中成长；五是生成性原则，能生成的才是生动的，要在精心预设的基础上动态建构、动态生成，让学生在不断的生成中成长。

生动其实只是课堂教学的一种理念，不可能有一种课堂教学方法或者课堂教学模式让所有的学科课堂都生动起来。不同学科、不同课时、不同学生、不同教师，就会有不同的课堂生动。如语文（外语）课堂的生动是说与写的生动，情感表达的生动；数学课堂的生动是心智思维的生动，数字世界的生动；体育课堂的生动是身体体能的生动；音乐课堂的生动是声与乐的生动；美术课堂的生动是想象力的生动；实验学科课堂的生动是动手操作的生动，由显入隐的生动；社会学科课堂的生动是典故的生动，传承与弘扬的生动；政治课堂的生动是正反（政者正反也）之道的生动，中道中庸的生动，价值引领的生动。依据学科特点，结合课时内容，确定课时目标，采取因材施教、启发诱导、循序渐进等多种教学方式方法，从而构建生动课堂，让师生相亲，教学相长，学生在生动活泼的学习中生动活泼地成长，这就是最好的课堂。

（原载《教育》2016-05-06）

视点6　启发式教学的智慧

在经济全球化、教育国际化背景下，我国教育发展面临多方挑战和威胁。教育发展的理念、方式、方法及路径的选择，成为影响我国教育发展的战略方向问题。重视我国数千年优秀教育文化传统的价值，在当今时代变革的关键时刻，为我国教育改革提供源源不断的动力，具有重要的意义。

启发式教学是以孔子为首的历代教育家集体智慧的结晶，贯穿中华民族悠久教育史的全过程，是我国优秀传统教育理论的精华，是最具中国特色的教育智慧。但是当前的教育并没有真正发挥启发式教学的应有作用，没有真正体现启发式教学的教育智慧。表现如下，一是认识不到位：认为启发式教学是一种教学原则，而不是一种具体的教学方法，难以操作。二是启与发脱节：教师只重视启，只注意启的方式方法，忽视了学生的发，不注意学生发的时机与状态。三是忽视发的个体性：启发式教学中的发，是面向每一个学生的发，是有差异的发，是生动活泼的发，而不是全体学生步调统一的发。

启发式教学在强调学生独立自主学习达到愤悱的基础上，教师适时适度启发诱导，从而达成教学目标的独具特色的教育范式，集教学思想、方法、原则与策略于一体，体现以学论教，实现教学相长，是一个内涵丰富的教学智慧体系。

一是自求智慧。启发式教学的最高境界是建构一种自主学习、自求自得的场域。通过调动学习主体的主动性和积极性，自主发现问题、独立思考，从而解决问题。如孔子回答颜渊问"仁"时说"为仁由己，而由人乎哉？"强调为仁是依靠自己主观努力追求的一种自主自觉的道德行为。自求智慧特别重视思的作用，重视独立思考。如孔子说"君子有九思""学而不思则罔，思而不学则殆"。《论语》中未见孔子的长篇大论，记载的都是孔子对弟子思考结果的简短的证实、点拨和生成之语。孔子以自己的德行学问成为学生人格的仰慕者、思想的追随者，亲其师信其道，从而让学生自思自悟，培养学生的主体性精神。

二是愤悱智慧。不愤不启，不悱不发。朱熹语"愤者，心求通而未得之意；悱者，口欲言而未能之貌；启，谓开其意；发，谓达其辞"，意思是说教师在教学中要善于观察、调查、研究学生，当学生心求通而不通、口欲言而说不出时，学生的注意力最集中，思维最敏锐，老师只要略加点拨指导，即可意开词达。愤悱智慧特别重视问题的价值，《论语》有丰富案例，如"问君、问孝、问政、问仁、问礼、问为邦、问行、问成人"等都是由学生发问，孔子应答的。愤悱状态是学生主体（内因）与教师主导（外因）最佳结合状态，是启发教学的最佳时间点。要精心设计问题，给足思考问题的时间，把握愤悱的时机，让学生在学问思辨的愤悱之境域中得到启悟。

三是诱导智慧。《学记》指出："君子之教，喻也：道而弗牵，强而弗抑，开而弗达。道而弗牵则和，强而弗抑则易，开而弗达则思。和、易以思，可谓善喻矣。"意思是说教学的最好方式是诱导，办法是引导而不硬牵着走，严格要求而不强制压抑，指出学习的门径而不包办代替，"和"指氛围和谐融洽，"易"指没有畏难心理而轻松学习，"思"指会思考学习。师生情感氛围融洽（乐学），学习没有畏难心理轻松生动（学会），使学生更好地开动脑筋思考学习（会学），这样才算善于诱导。诱导智慧的最高境界是"夫子循循然善诱人，博我以文，约我以礼，欲罢不能"。其意为：老师善于有步骤地诱导我们，用各种文献来丰富我们的知识，又用一定的礼仪来约束我们的行为，使我想停止学习都不可能。

四是反复智慧。愤悱诱导之后，要重视举一反三，如果"举一隅不以三隅反，则不复也"，说明学得不融通，不能触类旁通，不能温故知新，不能知行合一，不能始终如一；学得不牢靠，学问不能复，道德不能复，志向不能复，情意不能复。反复智慧强调方法的迁移，能够由一及三，由今及后，由此及彼，由近及远，授以渔便能知渔能渔会渔。反复智慧的最高境界是"善教者"用"约而达，微而臧，罕譬而喻"语言就能"使人继其志"。

自求智慧强调启发学生自主思考，愤悱智慧强调启发的契机，诱导智慧强调启发的技巧艺术，反复智慧强调启发的方法迁移。但这并不能涵盖启发式教学智慧的全部。启发式教学是一种教学思想，博大精深，也是一种教学策略体系，科学实用而优美。在启发式教学中,教师是启的施教主体,起主导作用,学生是发的学习主体,起主体作用。继承启发式教学智慧,就是要充分发挥教师的主导作用和学生的主体作用,使课堂教学活动沿着"启、发、启、发……"形式有序地交替进行下去,使课堂结构合理,教学过程流畅,在轻松活泼的环境中激发学生学习的主动性和能动性,培养学生正确的学习态度、融洽的协作精神、良好的学习习惯,促进学生生动活泼发展。

(原载《教育》2016-02-05)

视点7　因材施教的智慧

　　因材施教是我国古代孔子提倡并践行的教育主张，历经2000多年传承与发扬，已成为中华民族教育的经典传奇，是最具中国传统文化底蕴的教育智慧。其具有以下思想：一是教育人本思想。因材施教认为每个人都是独特的人，教育要依据教育对象的潜能、兴趣、志向等实际情况，选取恰当的教育内容，运用合适的教育规律，满足不同学生的学习需求，让学生在自己原有基础上得到充分的发展。二是教育公平思想。因材施教认为每个人天生都是平等的。教育应坚持有教无类的全纳教育理想。只要"自行束脩以上"，不分年龄、性别、民族、种族，也不分地域来源、社会阶层及家庭财产状况，都能成为孔子"吾未尝无诲焉"的学生。因材施教让每个孩子（包括底层群体）拥有教育机会、教育过程和教育结果的公平。三是全面发展思想。孔子因材施教的目的是培养德才兼备的治理国家的君子，要精通礼、乐、射、御、书、数等六艺，在"君子不器"的人才理念下主张的全面发展，是多样发展的全面。四是教育科学思想。因材施教与启发式教学、循序渐进、温故知新、教学相长、知行合一、有教无类、君子不器等一起，构成了有中国教育独特智慧的教育学体系。

　　随着经济社会快速持续的转型发展，人才需求的多样化使得教育的转型发展迫在眉睫。教育转型发展的路在何方？笔者以为，要在全球化、现代化的大背景中，重新审视中国众多优秀教育传统的价值，重拾因材施教的智慧。

　　一是识材智慧。天生其人必有材，天生其材必有用，但每个"材"又是不一样的。每个人的年龄、家庭背景、能力、智力、特长、志向、性格、努力程度、学习方式等都存在差异。教育的前提就是要准确、全面地了解学生，各依其长，发展其长，发挥所长，从而克服所短，扬长避短。要向孔子学习识人的智慧，孔子常常"视其所以，观其所由，察其所安"，即以言、听、观、察、省等方式了解学生。如让学生"各言尔志"，了解学生志趣之不同。如设置"知者若何，仁者若何"问题，使学生获得"知者乐水，仁者乐山；知者动，仁者静"的过程中，理解"士、君子、明君子"的不同。

二是选材智慧。在孔子看来，仁、知、信、直、勇、刚是君子必备的六种道德品质；礼、乐、射、御、书、数是君子必须精通的六种核心素养。我们要根据未来社会所需人才必备的核心素质，设定培养目标，选定相应的教学内容、教学方法与教学进度等，兼顾共性与个性、兼顾全体与个别、兼顾智育和德育，为基础水平、智力倾向、兴趣爱好和学习风格等方面各不相同的学生，发展成为国家需要、社会满意、自己喜欢的人才。

三是善教智慧。善教者使人继其志；善教者使人亲其师信其道；善教者仁智能各成其德；善教者既"授人以鱼"更"授人以渔"；善教者是学生学习的促进者、引领者、协助者；善教者懂得灵活运用教育规律和方法，事半功倍。迟钝的曾参（"参也鲁"）经过孔子的教诲，成为孔子儒家承前启后的人物，被后世尊奉为"宗圣"，是配享孔庙的四配之一；而刚强不羁、敢对孔子质疑的子路，在孔子教诲下忠诚于师长师道，在政治纷争中以生命成就仁义，留下了"君子死，冠不免"，死也体现了仁者风范的气节，成为"孔门十哲"之一。

四是施教智慧。孔子施教常常因地制宜，因事设问，在问答过程中相机诱导，体现高超的教育智慧。如弟子问孔子"什么是仁"最经典：孔子答颜渊"克己复礼为仁"，答司马牛"谨言慎行为仁"，答子张"能行五者（恭、宽、信、敏、惠）于天下者为仁"，樊迟三问孔子三答且各答仁皆不同。有人统计《论语》中弟子共问仁13次，情境不一样，回答也不一样。还有如"问礼""问政""问孝""问士""问君子"等，孔子都是因人、因时、因事、因势而进行不同的回应与点拨。

识材智慧体现人人可成才的学生观，选材智慧体现人人能成才的人才观，善教智慧强调教学要符合教育规律，施教智慧强调教学组织与实施的情境性和有效性。因材施教使人人是可教之材，人人是有用之材，人人都人尽其才。因材施教智慧让中华民族人才辈出，对中华文明千年传承产生了深远的影响，具有重要的人类学意义。

（原载《教育》2016-04-01）

视点8　有教无类的智慧

有教无类是我国悠久历史文化中最闪耀人性光辉的传统智慧,为我国人民大众享有公平教育机会首开先河,为我国优秀儒家文化的千年传承做出了重要功绩,为我国文明成为东方明珠贡献了独特基因。但是我们对有教无类智慧历史价值的理解存在争辩与局限,所以要准确把握有教无类智慧的思想和内涵。

有教无类智慧的产生有其独特的社会历史背景。学在官府是奴隶社会的传统,有教是奴隶主贵族的特权,贵族以外则无教。随着春秋晚期奴隶社会王权衰落,奴隶主阶级分封和宗法制度失序,社会动荡,诸侯争霸,战乱频繁,天下大乱,以致"官学"渐废,礼崩乐坏,社会处于"德之不修,学之不讲,闻义不能徙,不善不能改"的境况。作为封建地主阶层的孔子,家道衰败使他产生迫切的责任感和使命感,怀有强烈的济时救世精神。孔子顺应历史发展的潮流创办私学,提出了"有教无类"的思想,让"学在官府"走向"学在民间",打破奴隶主贵族对教育的垄断,是具有划时代意义的创举。

什么是有教?一是有教的机会,即强调了人人都有受教育的权利,体现了受教育的公平性。二是有教的课程,即所谓"子以四教:文、行、忠、信",李充解释四教为:"典籍辞义谓之文,孝悌恭睦谓之行,为人臣则忠,与朋友交则信……以文发其蒙,行以积其德,忠以立其节,信以全其终。"三是有教的目标,即仁智勇的君子,后来经孟子发展为"仁义礼智",董仲舒扩为"仁义礼智信"。这"五常"成为中华伦理价值体系中的最核心要素。所以有教是公平之教,是文行忠信之教,是仁义礼智信之教,是成就君子人格之教,是每个学人都向往之教。

什么是无类?一是教育的对象无类。没有贵贱、贫富、智愚、地域、年龄的区别。二是教育的学制无类。夫子设科，往者不追，来者不拒，自行束脩以上，未尝无诲，且诲人不倦。师傅领进门，修行在各人，提倡自觉自知，自强自重，止于至善。三是培养的人才无类，经过教育都能成为君子。愚者能智，恶者能善，不肖者能贤，贱者能贵，贫者能富，从而改变世袭社会里士之子恒为士，农之子恒为农，工之子恒为工的现状。所以无类是无世袭之类，无天生之类，有教就可以打破有类，就可以"朝为田舍郎，暮登天子堂"，就可以实现理想和抱负。

有教无类是一种教育智慧。教育的本质是立人。有教无类培养具有君子完满人格的人，人人都能成人，人人都能为仁为善，人人都可成为君子，或者人人都在成为君子的路上。有教无类是一种昭示，一种指引，使人人都为拥有君子人格而努力学习，努力成长。有教无类作为教育智慧，肯定人的价值、提升人的能力、弘扬人的精神力量，实现人的和谐发展，展示的是一种教育理想。

有教无类是一种政治智慧。春秋时期生产力的提高，物质财富的增加，新兴地主阶级的兴起，社会处在分化大变革时代。如何建立合理的社会阶层流动机制，对于重建政治生态和社会价值体系尤为重要。有教无类，学而优则仕，为社会分化提供了一种"从身份到契约"的转换机制，为政治文明和社会进步创设了稳态运行的基础与环境，逐渐形成主流的政治认同心理，社会生活方式和族群关系准则，为国家治理提供了一种开放、自由、平等、流动的社会分层机制，机会均等，从先赋转为自致，每个人都可以通过自身努力，在履行契约的过程中实现自由流动。有教无类作为政治智慧，让每个人都能从身份社会转向契约社会，本质上是人的解放，是用法治取代人治，用后天努力取代对先赋特权，使社会成为一个互联互通的异质体系，使全体国民享有共同的政治生活和政治理想。

有教无类是一种文化智慧。中国地域广阔，民族众多，在悠久的历史长河中，华夏与夷狄之争，胡化与汉化之争，本质上是文化之争。文化的正统与否，关系到国家与民族的兴衰存亡。中华各民族之间长时间、多层次、反复进行的族群、政治、文化的互动中，有教无类促成了一种"重文化关系而轻种族关系"的共识，使各民族共同接受华夏核心文化的秩序规范并传承千年，形成共同的价值观念与意识形态。中华一家亲的族群融合本质是一种政治、文化与价值观的融合。有教无类作为文化智慧，使中国在多民族文化及多政治实体的竞争中，政权交替但族群仍融合，文化仍承续，呈现出文化为本体，政治为功用的社会发展格局，是中国模式，也是中国智慧。

在全球化、国际化时代，在国际竞争日趋激烈的背景下，有教无类作为一种中国智慧仍然具有重要的样例意义。国际竞争是综合实力的竞争，是政治经济的竞争，更是文化的竞争。政治经济竞争是一种硬实力的竞争，文化竞争是软实力的竞争。没有硬实力，一打就垮，没有软实力，不打自垮。以中国优秀传统文化打造中国价值体系，建设中国精神家园，文治武功内外兼修，修得中国胸怀、中国视野和中国本领，修得治国平天下智慧，以中国类同实现天下大同。

（原载《教育》2016-07-01）

视点9　知与行的智慧

　　自先秦以来，在中国历史发展的脉络中，中国人民对致知、力行以及知行关系的不倦探索，形成了有中华民族特色的知与行的智慧。生命不止，知行不息，已经成为中国文明屹立于世界东方几千年绵延不断的独特传统。但是，随着朝代更迭，社会治乱交替，还有知行不一、知行分离、知重行轻等现象，并广泛存在于历朝历代，如军事家吴起有"在德不在险"思想却杀妻取信，名儒韩非理论高超但对复杂现实应对无能，李斯贪恋爵位俸禄却不顾高位险恶等事例。在全球化、国际化时代，现代化进程提速，时时处处彰显着现代性的力量，重知识理性轻道德理性，从而陷入现代性困境，人类正面临人与自然、人与社会、人与人、人与心灵、文明与文明之间的冲突，这五大冲突引发了人类生态、社会、道德、精神和价值等五大危机。我国近40年来持续高速发展，创造了经济发展的中国奇迹，我国政治、社会、文化和环境等各方面发展滞后，跟不上经济巨大发展的步伐，社会各阶层之间的隔阂越来越深，矛盾越来越大，社会日常生活中德行涵养缺失、知行分离的现象空前严重，影响了国家民族的更好更快发展。迫切之务，当务之急是重拾知行合一智慧。

　　什么是知？知者，矢口也，即出于口者能疾如矢，意思是知道的事物，可以脱口而出。如果说一个事，说得吞吞吐吐，说明还不是真的知道。知的本义为知道。知道得越多，懂的道理就越多，知识就越多，学问就越大。知是一切的意识活动。

　　要知什么？一是要知做人，做人的知识是一种人文伦理的知识，做人要有仁爱、忠义、礼让、睿智、诚信的品质，要有温和、善良、恭敬、节俭、谦让的品德，要有忠实、孝顺、廉洁、羞耻、勇敢的品格。二是要知做事，学会家事国事天下事，要学会为个人、社会、民族和国家承担责任和使命。三是要知生活，学会自知自适、自得自强，学会幸福快乐地生活，学会和人共处，共建美好家园。四要知善恶，体现王阳明大智慧的"四句教"："无善无恶心之体，有善有恶意之动，知善知恶是良知，为善去恶是格物。"知为良知，人之良知，社会之良知。人有良知得先有良心，有良心方能知善恶。良心为体，良知为用。做人做事要有良心良知，要为善去恶，要做善良的人，要知行合一，是中国人内心深处的潜意识，是中华民族文化中最闪耀人性光辉的传统。

何以致知？致知在格物。如何格物？博学、审问、慎思、明辨和笃行。一是博学，即学习多方面知识，从多种途径广泛地获取知识，要像孔子一样"每事问"，要学习古今知识、中西知识，要明白天理、地理、人理和事理。二是审问，即周密仔细地问，学问学问，首先要学会问问题，问是学的最好方式，不会问就不会学，所以博学就要博问，要问得广大深厚，大问得大知、广问得广知、深问得深知、厚问得厚知。三是慎思，慎思即小心当心用心地思，要谨思诚思，孔子说"学而不思则罔，思而不学则殆"。不慎思就不能深刻理解，不能抓住事物的规律和本质，就不能合理运用。四是明辨，即明确地分辨，要辨别清楚，分清楚是非正误。五是笃行，行即实践，是主体的一种能动的、含目的性的行为。踏实忠实地践行，付诸实践。学、问、思、辨之后得到初步的知识，需要"行"来检验，要实践检验，实践验真知，实践也出真知。

博览博学、多疑多问、熟虑深思、曲直是非明辨、累积笃行，形成认识—实践—再认识—再实践，认识与实践相互作用，使认识越来越深刻，知识越来越系统，是一条完整的认识路线，是中国特色的知行合一智慧。

一是知行并体智慧。知行分离就会产生知行先后、轻重的问题，就会产生知行不一的困惑。知与行是一体两面，如手有手心和手背两面。知行合一、知行是一。知行是本体、知行是功夫。知行本就一个事。

二是知行并重智慧。知与行各有各的重要。形成完整系统的理论知识很重要，把理论知识应用于实践，指导实践，检验理论的应用价值也重要。知而不行非真知，不知而行是冥行。

三是知行并进智慧。知亦是行，行亦是知，可知先行后，也可行先知后，知中行，行中知，知行相随。如王阳明语录"知之真切笃实处即是行，行之明觉精察处即是知""知是行之始，行是知之成""知是行的主意，行是知的功夫"。

四是知行并养智慧。在知与行中修养身心，修身养性，修养道德学问，言行一致，表里如一，始终如一，修得高深涵养真功夫。

知行是知行（本体），知行得知行（功夫）。学问思辨、涵养居敬、自觉自知、自得自行。知古可以御今，他山之石可以攻玉。在国际竞争日益激烈多变的今天，在迫切需要建立道路自信、理论自信、制度自信、文化自信的今天，重新梳理知与行的传统智慧，说好中国话语，用好中国智慧，有利于海纳百川、兼容并包、自强不息，办好中国自己的教育。

（原载《教育》2016-10-07）

视点10　致良知的智慧

中关村二小事件使中小学校园欺凌事件成为热点议题，公众参与广泛，观点交锋激烈，事件发酵持续，远远超一般新闻事件。中小学生是处于青春发育成长中的未成年孩子，精力旺盛、想法新奇、品性各异，有些孩子顽皮甚至顽劣，常常打个架斗个殴，给同学起个外号，弄个恶作剧，也很正常，都是成长中的问题，凡学校都会存在，这也正体现了教育的作用与价值，学校中发生的所有事件都可以是教育的契机，都可以发挥教育作用。本来由学校就可解决的事件，经无限上纲上线，媒体渲染放大，观点偏激混乱，凸显了公众心态的焦躁，折射的是社会功利的追逐，值得深思。

诡异的是，中关村二小事件是在国家九部门颁发《关于防治中小学生欺凌和暴力的指导意见》之后仅一个月就神奇地出现了。为了更好地保护青少年，我国此前还颁布了一系列法律法规，如《中华人民共和国未成年人保护法》《中华人民共和国预防未成年人犯罪法》《中华人民共和国婚姻家庭法》《中华人民共和国妇女儿童权益保护法》《中华人民共和国收养法》《中华人民共和国义务教育法》、教育部令《学生伤害事故处理办法》。可见，国家十分重视对未成年人的法律保护。问题是法律可界定未成年人与成年人之间的权责关系，但能否保护未成年人的健康成长？中关村二小事件热衷于过错追究，权责的厘定，昭示的正是依法治校的困境。学校作为社会事业的组织，其对内及对外的关系权责并不复杂，内部更多的是伦理关系，外部更多的是法人治理关系，诉诸法律往往会把事件引向更复杂。

法律有局限，借助媒体可行吗？媒体是公众平台，但本身并不能进行专业判断及专业干预，于是乎媒体也就只好借助专家。专家基于各自专业背景，各说各话，似乎都有道理，但经媒体立场过滤，话语被选择性引用，除了增加新闻效应之外，也解决不了实际问题。中小学校园出现欺凌现象，确实是不好的。一是会对当事学生身心发展带来影响；二是对学生家长带来困扰，谁的孩子受到欺凌，心情都是一样的，会给家长的日常工作造成影响；三是校园正常教学秩序也可能被打乱，带来潜在的教育隐患，影响教育的质量与效果。存在问题不可怕，正确的态度是要认真对待。要弄清楚事件的来龙去脉，掌握实际情况。对当事学生人该批评要批评，该处分就处分，批评及处分都是正常的正当的教育手段。同时，要加强班集体制度建设与管理，要重视培养学生的交往能力，要对学生进行正面引导，要加强班主任管理工作，如有失责应予追责。动不动就诉诸法律，动不动就借助媒体力量，动不动就搬出专家，反映了社会的集体失智。

在中关村二小事件中如何认定、如何解决也莫衷一是。到底是欺凌还是霸凌？有人说应依据"被欺凌者"的感受判断，有人说也要参考他人判断。到底如何解决？有人说要让孩子学会维护自己的权利，有人说要制定好规则，有人说要防患于未然。笔者以为，学校基于楼道监控录像，认定该事件不构成校园"欺凌"或"暴力"，应是真实的，我们要相信学校的判断。真的要"让教育问题回归校园进行处理"。玩笑是很过分，当事家长确实也有理由气愤，难道把垃圾筐扣回才能泄愤？毕竟不是不计后果的抢劫、身体伤害、性暴力，团伙犯罪之类恶性事件。定性为过分的玩笑，也许是最有智慧的判定，大家各退让一步淡化处理，让处理更艺术一点，这样当事诸方都能全身而退。激化矛盾，让各方身陷舆论中心，承担更大压力，投放更多精力，最终导致各方共输。事件的持续发酵中，我们看到了法律、媒体、专家，还有"吃瓜群众"，我们没有看到人身上应有的良知，没有看到以德立人、以礼待人的传承，没有看到德与礼的教化作用。失礼者道歉，得理者饶人，是我们的优良传统。

在价值观日益多元化的今天，未成年人青春期的多样化呈现，校园中各类交往障碍的事件肯定还会产生。中关村二小事件只是众多校园事件中的一例，在解决此类问题时，缺失了社会良知的支持。笔者以为，与人相处，应基于道德良知，如果每个人都多一点道德良知，每个人都基于道德良知，事情就会好办得多。当今社会、当今教育，迫切需要的是一种致良知的智慧。致良知的智慧是我们最为传统的智慧，最有影响力的阳明智慧。在王阳明看来，良知即是非之心，是心之本体，是至善的道德境界。阳明致良知四句教学说："无善无恶是心之体，有善有恶是意之动。知善知恶是良知,为善去恶是格物。"在今天仍然有非常重要的现实意义,大家都基于良心良知,都知善知恶,都为善去恶,所有的问题都迎刃而解了。在阳明经历的宸濠之乱,忠泰之难,嫉功陷害三个生死关头,仍能处变不惊,镇定自若,用诗意、画意、禅意,从容应对生命危境,展示了学人的理想人格。

善者固吾师,不善者亦吾师。重拾致良知的智慧,赋世界以良知意义,以良知判断是非善恶,做一个高贵的人,一个高尚的人,一个有良知的人。

(原载《教育》2017-02-03)

视点11　教材内容的智慧

2017年7月6日，国务院高规格成立国家教材委员会，由53人组成，其中有22名部门委员和27名专家委员。其主要职责是："指导和统筹全国教材工作，贯彻党和国家关于教材工作的重大方针政策，研究审议教材建设规划和年度工作计划，研究解决教材建设中的重大问题，指导、组织、协调各地区各部门有关教材工作，审查国家课程设置和课程标准制定，审查意识形态属性较强的国家规划教材。"特别强调的是，语文、历史和政治三个"意识形态属性较强"的教材由国家统一编订，在专业机构审定之后，再报送国家安全部门审核，说明国家高层已经意识到了教材现状的严重问题，由此开始，建设什么样的教材和教材体系，已收为国家事权，必须体现国家意志，这是一个影响我国教育发展的具有时间节点意义的重大事件。

当前，我国教材领域"乱象"频出，特别是语文教材。涉及意识形态的乱象主要有二：一是去中国化。表现在代表中国传统文化精华的中国古代经典诗词歌赋在教材中的分量越来越少，体现国家政权正当性的现代中国革命题材的分量越来越少，鼓吹汉字落后论、文言落后论、汉学落后论，这种割断历史传统，摒弃文化经典，否定国家正义，追求流行浮浅的做法，必将让我们的下一代失去文化自觉与国家认同，影响民族和国家的前途与命运。二是追求西化。表现在大幅增加外国题材课文，国内的什么都不好，国外的什么都好，以中国人负面形象衬托外国人正面形象，通过造假方式编撰子虚乌有的外国"名人故事"，把中国美好寓言故事中的主人公改为外国人，甚至把有宗教色彩的内容也放进了教材。歌颂资本主义、自由主义、民主政治等西方价值，否定社会主义、集体主义和爱国主义等中国价值，这样的教材定将戕害学生心灵，使学生失去自信，理想迷茫，陷入前途无望之境。去中国化是为了追求西化，两者一脉相承。目前，意识形态属性的教材存在移花接木与暗度陈仓式的改造，人们的世界观正在发生着静悄悄的变化。有人比较了苏联与中国的中学和高校语文教科书，发现中国现行的语文教科书比苏联"和平演变"时的情况有过之而无不及。幸运的是，国家在行动，教育战线的保卫战已然打响。

教材是一种特殊的书，是儿童成长的精神食粮，直接关系到为谁培养人、培养什么样人的问题。编写与使用一种教材，不仅是选择一种教育方式，选择一种生活方式，更是选择一个国家和民族的前途与未来。美国经济学家萨缪尔森有一句名言："只要让我编写一个国家的经济学教材，我才不在乎是谁制定法律。"这句话的逻辑是，经济学教材决定经济制度，经济制度决定经济生活，而法律的制定是为了界定经济生活中各主体之关系（责、权、利）。中小学教材建设更是事关国家与民族未来的基础性、战略性工程，是最高的话语权，是最高超的意识形态。教材审查是一项高度专业性的工作，也是一项高度政治性的工作。教材建设的核心是教材内容的建设，教材内容是什么，即教材内含什么素材，是教材编写的关键，迫切需要教材内容的智慧。

海纳百川，有容乃大。大海因其宽广胸怀而容纳万千河流。教材内容的智慧，就是要让教材内容体现人类文明的精华，广泛丰富，适应并适合所有的可能性，能够为千种万样的学生的精神成长提供帮助。

一是教材内容思想性。教材内容体现教育思想，要弘扬中华优秀传统文化，把培育和践行社会主义核心价值观融入教材全内容。要培养有理想、有道德、有文化、有纪律的一代新人。要使学生具有爱国主义、集体主义精神。

二是教材内容基础性。提炼和精选学生全面发展和终身发展必备的、最基本的知识内容，发挥教材内容的普遍性、一般性及通用性价值，确保中小学生各方面素质都能得到全面发展。

三是教材内容多样性。人本身就是多样性的，社会对人才的要求也是多样性的。要科学、全面、系统地建构教材内容，让所有内容都发挥教育性价值。

四是教材内容发展性。今日之所教，成就的是明日之栋梁，塑造的是明日之社会。教材内容要有先进性，要体现科学、技术、社会之间的紧密联系和相互作用。要面向未来。

五是教材内容整体性。包括学科体系、学生发展和社会需求三者关系的整体性；知识、能力和品德三个要素的整体性；传授知识、培养能力和陶冶品德三个功能的整体性。

六是教材内容载体性。要能承载知识与技能的培养，要体现知识与技能生成的过程与方法，要能承载情感、态度与价值观的养成。

教材内容本质上是一种社会生活样式的反映，具有常识性、意识性、道德性和伦理性特质。要站在国家现代治理体系和国家治理能力建设的高度，结合学生年龄特点和生活经验，精选教材内容，容量合理，难度适中，进而科学设计、呈现和编排，创新呈现，使教材内容更加生动活泼、新奇新颖，为学生提供放心的"精神食粮"。教材内容建设，教育之大事，国家之大事。

之所以成立国家教材委员会，是因为之前的语文、历史、政治等教材出现重大问题，包括崇洋媚外、造谣杜撰、严重西化等问题，没有能够"贯彻党和国家关于教材工作的重大方针政策"，甚至背道而驰，逆向而行。这些重大问题难以解决，必须由国家成立高级别机构，统筹全国教材工作。

（原载《教育》2017-10-06）

视点12 立德树人的智慧

自从"全面贯彻党的教育方针,坚持教育为社会主义现代化建设服务、为人民服务,把立德树人作为教育的根本任务,培养德智体美全面发展的社会主义建设者和接班人"这段话写进党的十八大报告后,立德树人不仅成为教育理论研究的热点,也成为教育实践探索的热点。立德树人问题,即"立什么德"和"树什么人"的问题,正是要回应我们应该"培养什么人"以及"怎样培养人"的问题。但是,不论是理论研究还是实践探索,似乎都在从"教"的角度寻找一条立德树人之"道",希望这个"道"能够适合所有教育对象、所有教育环境、所有教育阶段和所有教育环节。立德树人,就是立人以德,不是要找到一个办法让学生有同样的德,而是要引导学生自己努力做一个有德行的人,有自己德行的人。

我们的教育有不少影响立德树人的因素。一是德与人(主体)脱节,忽略了学生的个体需要与个体感受,导致立德树人主体的缺位,忽视了学生主体的自主性、主动性和能动性。二是德与才脱节,甚至是对立的。立德只是从道德规范去要求学生,树人也只是按照某个道德模型进行塑造。三是德与道脱节。德者得也,得之于道。道生之,德蓄之。有道才有德,道为德之本,德为道之用,道之不存,德何以蓄?四是德与行脱节。德行即有德之行,要知行合一,蓄德以行,通过行道得高深道行(德),德需要在实践中体悟才能得到。立德树人既是一种价值论,也是一种方法论。当前,立德树人价值论的研究比较厚实,但立德树人方法论的研究还不深入,不缺立德树人的价值认识,缺的是立德树人的智慧。

立德树人的智慧。如何立德?一要立心。立人先立心,立心要正心,正心要诚意。心意诚,精诚所至,金石为开。立德树人,要立的是中国人。要传承中华优秀传统文化，绵延5000年的中华传统文化，是中华民族代代相传所创造的辉煌灿烂的中华文明，融贯百家、博大精深、一脉相延、源远流长，生生不息、历久弥坚。立德树人，就是要依托中华民族优秀传统文化的基因，发挥社会主义核心价值观的教育功能，让每一个人都拥有一颗中国心。二要立志。古语有说，有志者事竟成；志不立则天下无可成之事。志者，志向志愿志气者也。孔子从15岁开始志于学、志于行、志于仁、志于道，通过立志、守志、践志和酬志，一生收得3000弟子，成就万代师表。今天，我们要培养的是社会主义事业建设者和接班人，所以要树立远大志向，要有中国梦，要为民族伟大复兴担使命。三要立知。格物致知，知多识广，积知成智。知识就是能力，知识就是力量。当前已是知识经济时代，科学技术是第一生产力，依托知识进行创新，促进发展，建设美好生活。立知就是要做一个有知识的人，一个有智慧的人，一个能创新的人，一个能干事创业的人。四要立行。学问思辨行，要知行合一。读万卷书不如行万里路。知重要，行更重要，知而不行，不是真知。人之行，行一生。格物致知是行，正心诚意是行，修身持家是行，治国平天下是行。立行就是要做仁人志士，要志于道，立行天下，要有天下情怀，就是要在各行各业闯下一片天地，要做行家里手。行行都有天下，行行都是天下。

立德树人的智慧，如何树人？一要因德树人。人不同，心不同，知不同，道不同，行不同，所以德不同。人各有志，因而人各有德，但人人都是有德之人，不能把人树成一种德性的人。二要自主树人。每个人都是独特的生命，都有自己的责任，要依托生命的主体性、能动性和创造性，让生命自立自为，自选自修。不能灌输，不能塑造，不能强迫。三要树全人。要树立素质全面发展、个性和谐发展的人，自由的完整的人。不能知行不一，不能德才失衡。四要树新人。"十年树木，百年树人"，今天树的人，将来是国家栋梁，所以要树能够面向未来的人，能够迎接新挑战的人。五要合力树人。立德树人是教育的根本任务，也是全社会的任务，还是一项重要的政治任务。要发挥政府、学校、家庭、社会各方积极性，多方形成立德树人的合力，协同培养。

立德树人的智慧，是一种大德育的智慧。教育的范围就是德育的范围，生活的范围就是德育的范围。学问思辨体现德行，知情意行也体现德行。立德树人，做一个有德行的人，不在规矩教条中，而在日常生活中。身心健康不占用社会医药资源是一种好德行；为国家为社会做事是一把好手，聪明有智慧，是一种好德行；与人和睦相处，共同建设美好生活是一种好德行；有高尚情操，能精心打扮外貌容颜为社会提供美丽风景线，是一种好德行；己所不欲勿施于人，善其善恶其恶，是一种好德行。立德树人的智慧，又是一种自立的智慧。要自立其心与志，自立其情与意，自立其功与业，自立其道与行，自我修炼，自得自成。

（原载《教育》2018-02-02）

视点13　教育需要扬长的智慧

新高考实施"3+3"模式，不分文理科是最大的新闻热议亮点。高考不分文理的潜台词就是文理能够兼顾，可实现全面发展。高考指挥棒再一次深刻影响学校教育生态与教学组织。那么考试到底要不要文理分科，学习到底要不要文理分道，学生到底要怎样发展？

文理不分科就是要文理兼顾，就是要能文能理。文长理短就要补理，理长文短就要补文。我们现在的教育总是刻意寻找学生的短处，以补短来求全。虽然人可以有多种智能，问题是能否把短处补成长处？每个人都是一种真实的存在，是一种自然的生命的存在，也是一种主体性的社会实践存在。人天生是不同的，有不同的潜能、不同的兴趣、不同的志向、不同的使命。现实中，补短常常陷入"哪壶不开提哪壶"，越补越累，越补越痛苦。短处很难补成长处，抑长补短或者取长补短，执着于弥补自己的短处是扼杀成功最有用的办法。术业有专攻才能出类拔萃，人是以长处立身处世致远的，扬长避短是最好的办法。

人到底是要文理兼顾地发展，还是在长处统领下发展？我们习惯上认为文理兼顾就是一种全面发展，这是错误的。全面发展是德智体美劳五个维度的全面发展。文理兼顾为智的一个维度。人有多种智慧，但不可能多种智能都能平均地充分发展，难以全智发展。文理不分科期待的是一种全科发展，即一种全智发展。文科好是智好，理科好也是智好，文理都好当然智更好。文理都好的人有，但是很少。文理全好是大多数人不具备的天赋，追求文理兼顾的全面发展，其实是在智育领域追求全科发展，结果必然导致全面平庸。教育需要从扬长开始，需要扬长教育。

扬长教育就是要发现和发展学生的长处，让长处越扬越长，让长处闪闪发光，让长处成为自己的核心技术与核心标识。一是扬长要基于学生的兴趣。爱因斯坦说过，"兴趣是最好的教师"。有兴趣就会开启人生之门，奋发学习，广博学习；有兴趣就能持续学习、长期学习，逐渐积累与沉淀形成特长，有特长就会有成就感。二是扬长要培育学生的自信。自信是成功者最重要的心理品质。鼓励学生表现特长，从成功的体验中增强自豪感，帮助学生树立自信，培养自信，激活自我潜能。三是扬长要弘扬学生的主体性，要引导学生主动、能动地回应现实问题，能自主选择发展方向，成为社会的主人翁，有主人翁精神。四是扬长要善于避短。金无足赤，人无完人，一个人不可能精通天地万物，在知识经济时代，科学技术日新月异，要用好自己的长处，回避自己的短处，不要让短处影响长处的发挥。五是扬长要因长而扬。人的智力是多元的，包括语言智力、数理智力、空间智力、节奏智力、运动智力、交往智力、自省智力、自然智力和生存智力等等，每个人都有自己的强项和弱项，各有秋千，因人而异。每个人身上都具有多种智能，但每个人都用自己的方式来组合这些智能，每个人的优势智能领域和智能结构都有差异，智能结构不同，决定了学习方式不同，发展水平不同。六是扬长要因长而评。臧克家凭一首诗入读山东大学，吴晗数学考零分被清华大学录取成为历史学家，钱锺书数学考了15分成为清华大学学生，这些曾经十分生动的人才培养故事为什么不能在现在出现？

基于扬长的教育是人性的教育，生命的多样性，使学生在智力能力、个性特长、兴趣爱好等方面存在多样性。关心关注个性优势的长处，是每一个学生天生所具备的长处，是学生赖以成才成功的竞争力所在。扬长是目的，引领学生做一个有长处的人，可以是特别善于言辞，或者特别善于韵律，或者特别善于空间辨识，或者特别善于数理逻辑，或者特别善于交往交流，或者特别善于在复杂环境中求生存。只要有一技之长，让这一技之长成为自己的看家本领就能实现成功，就能过上幸福美好的生活。扬长是规律，教育的本质是立人，扬长符合教育的本质，扬长教育就是立人长处的教育，符合教育规律，补短不能把短补成长，只有扬长才能使人的长处越扬越长，才能完成立德树人的任务。扬长是方法，扬长教育强调个体长处的充分发展，并以此统领个体的全面发展，扬长教育让人的全面发展得以可能，教育要以一长之智统领人的全面发展，有长处的人可以是有德的人，可以是强壮健康的人，可以是审美的人，可以是有劳动观、奋斗观的人，做一个幸福的人。

基于扬长的教育是适合的教育，扬长承认个体差异，可以张扬个性，扬长立足个体差异，体现人文关怀。扬长教育旨在发现学生的长处，识别学生的长处，培育学生的长处，发扬学生的长处，成全学生的长处，让每一个学生因长处而绽放生命的光彩。通过扬长实现学生的人生价值，通过扬长实现学生的成就感，通过扬长实现学生的优越感，通过扬长实现激活学生的创造性，通过扬长让学生遇见最好的自己，成为最好的自己，成为最骄傲的自己。教育需要扬长的智慧，扬长是最好的教育智慧。

（原载《教育》2019-12-06）

视点14 自主学习的智慧

2020年之春新冠肺炎疫情，是全球化背景下、中国新时代时序下的一件世界性大事件，其急性传染性、高致命性，在中国暴发被成功阻击，在全球肆虐蔓延，在具体传染机制不明、防治特效药物缺失、救治方法还不能对症施治科学救治的情况下，显得非同寻常，疫情步步惊心。新冠病毒已成为人类共同的敌人，抗击并打赢疫情已成为"人民战争"，新冠肺炎疫情将深刻影响国际关系和全球治理的体系性结构性变革，意义深远。

教育是民生之首，我国教育受新冠肺炎疫情影响巨大，正在打上新冠肺炎疫情的历史烙印。全国中小学学校延迟开学，教育部提出"停课不停学"，全国各地学校各显神通，各种在线课程、空中课堂，家庭变成学校，家长变身班主任，教师变成主播，可谓非常宅居之非常举措，体现了国家和社会对教育的重视，也体现了教育工作者的创造性、责任心和使命感。

毕竟新冠肺炎疫情是突发事件，"停课不停学"也是首次探索，在实际实践中还存在一些问题，中国这么大，地理环境不一样、社会发展水平不一样、教育发展程度不一样、家庭可供学习的设施设备不一样，所以想法是很好的，所谓理想很丰满，现实很骨感。

网络环境下的学习与现实环境中的学习完全不一样，现实环境中常规常态的教学，网络环境下无法进行。即使家里有电脑、手机或平板等电子设备，网络备件及条件千差万别，况且不少家庭不是只有一个孩子在读。所以出现教师有准备网课焦虑的，有加班制作网课到凌晨的，有在凛冽寒风中坐在草地上给学生讲课的；学生有徒步数公里找信号高地听课的，有在泥地菜地听课做笔记的，有盯屏幕数小时导致头疼眼晕的,有假学习真游戏的,有几个孩子共用一个手机出争执事件的。实际情况是不少教师太累太烦不想当主播,更多学生只想玩耍不想上网课。

应该停课不停学,学生在家上学是可行的,但是不是由教师上网课来实现就不一定了。目前教师们所呈现的网课,应该更多的是以学科知识为主要内容的,是一种基于知识的教学。知识的学习早一点迟一点,其实不是很重要。难一点的知识,易一点的知识其实都有价值,重要的是发挥知识的育人成人作用。知识有价值是有前提的。知识的价值是通过人来实现的。有些知识不是对所有人都有用,因为有人不喜欢这种知识,有人毕其一生可能也用不上这种知识,要让每个人自主地选择对自己有用的知识。所以疫情当前的学习过多强调知识数量及难易程度,强调教所有知识给所有人,只见知识不见人,陷入立知论困境。出路应该是从立知论转向立人论,不应只因知施教,应该因材因人施教。

教育的本质是立人,即将生物意义上的人立成一个文化意义上的人,一个有文化的人。这个立人的立,不是他立,而是自立。教育的作用不是灌输,不是塑造,不是改变,而是扶持和引领学生自立,自立其心志,自立其情意。教育的立人本质,内涵是引领学生自立成人。自立成人的学习是一种自主的学习,要让学生学会自主学习。

一是让学生自愿学习。天生其人必有才,人人都能成人才。自愿的学习是一种有强烈内在驱动力的学习,要注重激发学生的主体性精神,要激活学生的使命感,责任感,使学生认识到要让自己成为对社会,对国家,对民族有用的人,是社会主义事业的建设者和接班人。

二是让学生自设学习。时时处处皆可学,学习无处不在。时值新冠肺炎疫情期间,正好发挥新冠肺炎疫情的教育价值,引导学生自己把国内外疫情发展作为一个学习项目,根据疫情中出现的热情问题和标志性事件,不放过一个疫情细节,可以找人多方讨论与交流,让学生自己判断疫情走向,判断什么时候是峰值,估计什么时候能结束。跌宕起伏的疫情事件让学习具有情境性、时事性、持续性和预期性。判断可以不准确,但过程具有成长价值。

三是让学生自选学习。要在自主学习中实现自己的德智体美劳素质全面发展,实现自己知情意行个性和谐发展。但每个人的德智体美劳,每个人的知情意行是不同的,要让学生自己选择成长进步的领域,在相关的领域自选自己学习内容。

四是让学生自为学习。自为的学习是自己选定学习目标,自己选择学习资源,自己调控学习节奏，自己管理学习进程，自己选定学习伙伴，自己判断学习进步。可以和陶行知一样和学生有个约定，即每日四问：身体有没有进步？学问有没有进步？工作有没有进步？道德有没有进步？让学生每天自己制定自己的学习任务，学习是学生自己的事。

在教育部关于幼儿园、中小学校和高等学校等三个新型冠状病毒肺炎防控指南的指引下，让突如其来的新冠肺炎疫情，变成学生自主学习的好机会，让学生自愿自设，自选自为，充分发挥自主学习的主动性、能动性、独立性、创新性，让学生获得更宽阔的学习视野，找到学习的意义，形成正确的世界观、人生观和价值观，真正让学生拥有自主学习的智慧。

（原载《教育》2020-04-02）

视点15 让孩子学会劳动

劳动是人的类特性，劳动专属于人类。人类自由自在、自觉自为地劳动是把人和动物区别开来的本质特征。劳动体现了人的本质力量。劳动创造了并继续创造着自然界和人自身。但是在全球化时代，科技空前弘扬，人类逐步陷入身体退化和精神迷失的状态。教育的工具化、功利化越来越明显，只见知识不见了人，不见了人的本质存在。劳动创造了人，劳动也教育人。劳动是教育的本源，学会劳动是教育的本质属性。由于各种原因，劳动与教育没有能够很好地结合起来，消解了教育发展人的功能与价值。

劳动未能与教育很好地结合的主要问题有以下几个方面：一是知识化，常常组织学生集体参观一些劳动教育基地，听听讲解，少有技术操作和模仿。二是片面化，认为智育第一，劳动不是教育的目的。三是形式化，劳动就是在学校扫扫地清洁一下卫生，或者是在家里帮家人洗洗碗打打鸡蛋。四是边缘化，认为教育就是学习文化知识，就是培养道德品质，而不是要学会劳动，劳技课常常被数学、英语等所谓的主科挤占。五是狭隘化，认为劳动就是种田，劳动就是惩罚，甚至将劳动教育赋予思想政治改造功能。六是功利化，认为劳动无用，劳动者工作强度大、工资福利低、晋升机会少、职业前景差等。劳动未能与教育很好地结合造成我们教育出来的学生区分不了韭菜与麦苗，不知盘中餐粒粒皆辛苦，不以劳动为荣，反以劳动为耻，不尊重他人劳动，不珍惜劳动成果。脱离生活和劳动的教育，是失败的教育。

劳动未能与教育很好地结合，劳动教育被弱化被淡化有多方面的原因，一是传统因素，如书中自有黄金屋，两耳不闻窗外事一心只读圣贤书等。二是文化因素，如学而优则仕,君子谋道不谋食,劳心者治人劳力者治于人等。三是制度因素,如应试教育以训练获得高分的考试选拔制度。四是社会因素,以独生子女为主体的学生群体,家长的过度期待,一夜暴富不劳而获的思想蔓延等。五是教育因素,如手脑分离、知行脱节,未真正实行素质教育等。劳动并不等同于劳动教育,劳动与教育结合,培养热爱劳动、尊重劳动、爱惜劳动的真正的劳动者,关键是要赋劳动以教育意义,发挥劳动本质的价值。

劳动曾经让我们的教育很灵动。陶行知提倡"生活即教育、社会即学校、教学做合一",主张的生活教育是一种活的教育。他立下宏愿要"征集100万个同志,创设100万所学校,改造100万个乡村"。他写的《手脑相长歌》:"人生两个宝,双手与大脑,用脑不用手,快要被打倒。用手不用脑,饭也吃不饱。手脑都会用,才是开天辟地的大好佬。"语言朴素,形象生动。他首次把垦荒、施肥、修路等劳动列为考试科目。教育部曾于1958年规定开设生产劳动课,初中开设手工劳动和农业基础知识,高中开设农业实习和机械实习,还规定学生每年要参加14天至28天的体力劳动。把生产劳动教育制度化、课程化的做法,至今仍有重要的现实意义和借鉴意义。

劳动是立国富国之基。英国前首相布莱尔曾问德国经济成功的秘诀,德国总理默克尔回答:"我们至少还在做东西。"可见劳动是德国经济领跑欧盟的秘诀。劳动让我们国家繁荣富强。劳动创造财富使中国工厂变成了中国市场,中国市场正迈入全球最大市场。劳动孕育创新使中国制造变成了中国智造,正迈上赶超德国制造、日本制造和美国制造之路上。数据表明,2012年中国高新技术产业总产值突破10万亿元,2013年中国进出口贸易总额首次突破25万亿元,2014年中国游客境外消费超过1万亿元。

列宁说体力劳动是社会解毒素,恩格斯说劳动是从创造工具开始的,苏霍姆林斯基说儿童的智慧在他的手指尖上。在新课程改革背景下,教育和生产劳动相结合,要贯彻国家《关于加强中小学劳动教育的意见》最新精神,坚持思想引领、有机融入、实际体验和适当适度的原则,丰富资源,统筹资源,构建多样模式,结合现代创新平台,借助我国完整而发达的手工生产体系,如烧冶铸锻、织染缝绣、编结扎饰、笔墨纸砚、木工雕琢、装潢印刷、烹饪酿制等数不胜数的专门技艺技巧,充分发挥劳动的综合育人功能,以劳树德、以劳增智、以劳强体、以劳育美、以劳创新,弘扬中华民族创造智慧和中华文明独特品格,促进学生德智体美劳全面发展。

　　让孩子学会劳动，就是要引导孩子学会一门手艺伴随终身，让劳动变成孩子真实地生活生存的基础和方式；让劳动奠基孩子的发展，成为有教养、有社会责任感、创新精神和实践能力的建设者和接班人；让劳动使孩子成为一个能动的人、创造的人、自由的人。以劳取酬，按劳取酬，过一种有情趣的生活，一种雅致的生活，一种幸福的生活，做一个受人尊重的劳动者。

（原载《教育》2015-10-30）

第五章

学校教师成长

学高为师身正为范

立德修业立己达人

师贵有道更贵传道

师者传道授业解惑

师者要立志成明师

乐教善教安身立命

视点1 愿天下教师皆为明师

教育大计，教师为本。有好的教师，才有好的教育，才有好的人才，才能实现教育的梦想。所以做教师，就要做一位好教师。好教师能教能导、能想能写、能说会道，但真正的好教师是明师。

那么什么样的教师是明师？

明师乃高明之师。知识渊博，博采众长，技艺精湛，能够因材施教、启发诱导、循序渐进、旁征博引，既授人以鱼也授人以渔，能激活少年的潜能，激发少年的求知欲，变要我学为我要学。

明师乃明白之师。明白人情事理，明辨是非曲直。淡泊明志宁静致远，明悟明鉴至明亮明媚之境界。身体自由之，心灵自由之，明白生存生活意义，自成体系自得其乐。

明师乃明日之师。十年树木，百年树人。今日之少年，20年后乃国之栋梁。少年强是因为少年能自立自强，少年富是因为少年能自给自足而自富。所以明日之师之智慧，在于点燃少年自强自富之梦想。

明师乃贤明之师。贤明之贤，贤德贤能、贤良贤淑、贤惠贤哲。贤明之师乃贤达之人、贤达之师、贤达之人师也。亲其师信其道，师生心灵相约、命运相交、使命相守。故贤明之师似明灯，启示少年人生之方向，照亮少年人生之前途。

可见，明师以明化性、以明化心、以明化无明、以明化腐朽为神奇。做教师者要努力让自己成为明师。

如何才能做一位明师？

要做好学之师。像陶行知一样虚心宽容，做到每日四问有没有进步：一问身体,二问学问,三问工作,四问道德。实现六大解放:解放头脑让想象自由,解放双手在做中学,解放眼睛观察,解放嘴巴问问题,解放空间大开眼界,解放时间换空间。

要做智慧之师。像魏书生一样,树立为学生服务的思想,建立互助的人际关系,发展学生的人性、个性和特长,时时处处、平等民主地和学生做商量。

要做研究之师。像李吉林一样,一生致力于儿童情境教育研究与实践。身临其境,显整合、熏陶、启智、激励之功。身与事接而境生,境与身接而情生。一个课题一生研究,成就一世之明。

明师不一定是名师,不一定有名声、名望、名誉、权威、专家等身外之名。

但明师内外澄明,明如日月,自适自由,自转自如,以入世的心态做教育做事业,以出世的心态看荣辱看得失。

学生需要明师,家长需要明师,教育需要明师,社会需要明师,民族复兴的梦想需要明师。

愿天下教师皆为明师!

(原载《广东教育(综合)》2013年第9期,后被《教育家》2016年第7期转载)

视点2 师贵有道，更贵传道

在当下的教学实践中，教师特别热衷于某种教学技巧，彼此之间交流得最多的也是基于解决教学具体问题的教学技术与方法。而对于为什么教似乎不是太重要了，教师成了教书之"匠"了。这种只教书不育人的教育，极大地影响了孩子的健康成长，偏离了教育的应然意义，未能体现师者之价值。

师者究竟何为？韩愈《师说》有曰："师者，所以传道受业解惑也。"这句话准确明白地说出了教师的职责内涵。笔者理解，教师的第一要务是传道，为了更好地传道，必须通过"业"来载"道"，所以第二要务是授业，在传道授业的过程中，时不时会出现疑惑，所以教师的第三要务是解惑。由此可知，为师者，贵有道。而现状是师道之不传也久矣！师道之不复可知矣。师贵有道，那么师者应该拥有什么道？

一是做人之道。贵在诚意正心。欲正其心者，先诚其意。意诚心正而身修，修得忠、恕、公、正、诚、信之身方可为师，方可有感召力、感染力、影响力和教育力，方能行不言之教，行为世范，为人师表。

二是学问之道。贵在格物致知、会学会问。格物才能致知，会学会问方能成就大学问。会学要求专心、静心和恒心求学，学通古今东西；会问要求问天问地问凡人，问得大道理大智慧，问成渊博高深之真学问。

三是识人之道。每个孩子都是独特的生命，每个孩子都有独特的潜能，每个孩子天生都是可造之才，每个孩子都有自己内在的需要，可是每个孩子又如此各不相同，有人有最强大脑，有人有最美声音，有人有最棒体能，有人有最尖眼力，有人有最巧双手。为师者贵在识别孩子不同的潜能，让潜能得到激活激发，成为孩子立身处世之本。

四是诱人之道。教育是一项人影响人的灵魂工程，师生通过心灵与心灵互相交流。为师者贵在因材施教、启发诱导，循序渐进，亲其师而信其道，既授人以鱼更授人以渔，志同道合，帮助孩子找到自己成长的起点，帮助孩子树立自己的人生目标，解决孩子成长中的困惑，为孩子指引一条仅属于孩子自己的可能的幸福人生之路。

做人之道、学问之道乃师之内在道行，识人之道、诱人之道乃师之外显道术。师者之道需要内外兼修，师道乃内圣外王之道。师者之道即为天道、地道、圣贤之道、人之生存生活之道，是一种至道也。

师贵有道，更贵传道。如何传道？要学孔夫子行师道，夫子循循然善诱人，博人以文，约人以礼，欲罢不能；要学孟子以得天下英才而教育之为人生至乐；要传承与弘扬5000年中华优秀传统文化，像张载一样引导孩子："为天地立心，为生民立命，为往圣继绝学，为万世开太平。"真正实现列宁所说："教师是太阳底下最光辉的职业。"

在国家未来发展"五位一体"总体布局的大背景下，文化是国家根本，是民族血脉。值此隆重庆祝2014年教师节之际，传承并弘扬尊师重道优秀传统文化，重启文化自觉、重建文化自信，对激发与实现千千万万青少年的中国梦，具有重要的现实意义。

为师之道，师贵有道，应尊师重道！

（原载《师道》2014年第9期，后被《教育家》2016年第12期转载）

视点3 为师者，要有安身立命的智慧

时常听闻一些教师言及诸多不如意，抱怨领导要求高、工作压力大、福利待遇低、家庭事务多、同事关系差等，总觉得外面的世界更精彩，所以，有的工作不安心，有的职业倦怠，有的谋兼第二职业，有的干脆提前退休。这样的教师虽然不是多数，但也说明当前教师队伍的现状，折射教师队伍建设的困境，值得重视。在政治、经济、社会与文化的大发展和大交流的背景下，师者价值之重新建构，具有重要意义。

有人说，做教师好。因为教师为国家培养人才，工作稳定而且有意义，有寒暑假期。重要的是，教师被誉为人类灵魂的工程师，教师被誉为太阳底下最光辉的职业。国家有尊师重教的传统，目前国家也在实施科教兴国战略，教育作为社会事业之首，得以优先发展。

也有人说，做教师不好。教师工作责任重，学生不好教，升学压力大，起得早，睡得晚，身累心也累。更重要的是，做教师没有晋升的空间。有人做了对比：从制度设计看，在公务员队伍，工作三年可以是副科级，五年可以是正科级，七年可以是副处级，十年就可以是正处级，而在学校，工作三年是备课组长，五年是教研组长，七年是教导处主任，十年最多做个副校长，而村级小学可能还是个股级都算不上的单位。这样对比，不能说完全正确，但是，从一个侧面反映了做教师的职业现状。

教师的职责是传道、授业、解惑。学高为师，身正为范。道德文章，为人师表。做教师要教书育人，要唤醒学生智慧成长与心灵成长，要培养学生健全的人格，所以现实中确实不是每个人都适合做教师。但有哪个职业是好职业？哪个职业

没有压力？哪个职业不受社会监督？哪个职业不干活却能享受高待遇、高福利？其实，就像围城的寓意：外面的人想进来，里面的人想出去。人要有知人之智，更贵有自知之明。不能老是觉得别人比自己过得好；不能老想着世界那么大，都想去看看；不能老想着诗和远方。其实也可以做个比较，做教师比做警察好吧，因为警察的工作对象是坏人，一天到晚和坏人打交道，既辛苦又危险；做教师也比做医生好吧，因为医生工作的对象是病人，一天到晚与病人病菌打交道，也是既辛苦又危险。而教师的工作对象是学生，一个个鲜活的心灵，朝气蓬勃，占领话语高地，稳定又安全。

在社会分工如此发达的今天，各行各业都能安居乐业，都有人愿意干，都有人适合干。前提是要脚踏实地做好本职工作，在本职工作中安身立命。何谓安身立命？简单说就是指生活有着落，精神有所寄托。如何在本职工作中安身立命？《孟子·尽心上》："尽其心者，知其性也。知其性，则知天矣。存其心，养其性，所以事天也。夭寿不贰，修身以俟之，所以立命也。"首先是安身。要安其身、善其身，修身以养性事天，终身不二，方可立命。三天打鱼，两天晒网，做事不认真、三心二意，不够持之以恒，就不能安身立命。安身就是在任何环境都要善于保全身家性命，保身得仁不立于危墙之下。其次是立命。知命才能立命。命是指命运际遇，为时代境遇所限制，是一种不以人的主观意志为转移的人生境遇。只有知命，才能乐天。要积极入世，努力奋斗，自强不息。任何境遇都要保持心安之状态，修道德，习仁义，立忠贞，宠辱不惊，富贵不动，安之若素，实现生命价值。即便身居陋室，也可惟吾德馨。

教书是一项平常而琐碎繁杂的工作。要静下心来教书，潜下心来育人。教书育人不仅是工作，更是责任，是使命，是安身立命的方式。既教书育人，又安身立命，关键是安心。要安心教书。安心才会专心，要用心专一，聚精会神，专心致志，心思全放在教书育人上；安心才有爱心，要爱每一个孩子，每个孩子都是独特的心灵，身心稚嫩却青春勃发，是绽放的花朵，要用爱心唤醒；安心才会热心，要热爱教书，热爱本职工作，就是要保持积极的心态，正如泰戈尔所说"你的态度决定你的高度"，要着眼长远，专注本职，追求极致；安心才有耐心，人的心智成长是很个性化的，教育是一项慢的艺术，要有耐心，静待花开。

平淡平常可以不平凡，琐碎繁杂可以有作为。做教师就是要在平淡平常中、琐碎繁杂中，存心尽心以安心，知性尽性以养性，存身爱身以修身，从而知命尽命以立命。魏书生每次做报告时都会用同样的一段结语："要用平平常常的心态，高高兴兴的情绪，快节奏、高效率，把平平凡凡、实实在在的事情，干得有滋有味、有声有色的时候，就是履行生存责任的时候，就是享受幸福快乐的时候。"这段结语把教师在教书育人过程中如何安身立命诠释得很精彩。

为师者，要有安身立命的智慧。在教书育人中安身立命，是师者之人生目标，是师者之道德追求，是师者之生活方式，是师者之精神状态，是师者之理想信念。淡泊明志，宁静致远，加持守望，达成师命。安身立命处，就是诗和远方。

（原载《教育》2017-05-05）

视点4　为师者要敬畏教育

近年来，各种"抄袭门"事件层出不穷，什么论文抄袭、论著抄袭、报告抄袭，什么博士抄袭、教授抄袭、名家抄袭等，可谓样态百出，这些抄袭事件一经曝光，往往占据新闻头条，舆情十分凶猛恶劣，社会公共资源消耗十分巨大。值得严重关注的是，基础教育教师队伍中也存在不少抄袭现象，尤其是有一些名校长、名师也在抄袭之列，严重影响了社会公众对基础教育学校教师的认知预期，严重偏离了国家重视教师队伍建设的预期，严重伤害了立德树人的教师形象，给教育事业带来了极大损害。

基础教育一线教师有没有写论文、出论著的必要？为了更好地教学，答案是肯定的。国家现在正在实施的"教学成果奖励制度"，其出发点就是要鼓励优秀教师专心从教，安教乐教，并不断实践、不断提炼优化，逐渐形成自己的教学风格。以论文论著的形式，把自己长期的教育教学经验提炼成自己的教育教学主张，显然具有非常重要的现实意义。不能因为存在抄袭现象就因噎废食，这不是正确的办法，就像"电"可能导致人触电死亡，那人类就不要用电了？鼓励教师们专心教学，潜心研究，争做教书育人优秀教师，正是教师队伍建设的国家政策预期。

问题的根源是教师通过发表论文、出版专著来沽名钓誉，博取得益，并且通过抄袭等学术失信的恶劣方式来实现。用不正当手段来获利，只要是一个正常的社会，都是不能容忍的。这种现象的存在，其原因是多方面的。有社会浮躁的原因，当前国家发展欣欣向荣，物质生活丰富多彩，生活方式丰富多样，一些群体或个人出现情绪焦躁、急功近利、盲目狂热、弄虚作假、好大喜功、不择手段。有价值观不正的原因，认为获得权利就是获得成功，于是追名逐利，争权夺利，蝇营狗苟，只求实惠，不讲"主义"，不谈使命担当。其原因是作为教师，失去了对教育工作的敬畏，导致师道失守，师德失范。

教育的根本任务是立德树人，引领学生成为有知识、有文化的人。可以说教育影响人的一生，影响一代又一代的人生，所以教育被定位为党之大计、国之大计。教育关乎国家社稷，民生福祉，所以教育是神圣的，教育事业是一份神圣的事业。教师作为教育工作者，因教育神圣而师道尊严。为师者要敬畏教育。

敬畏敬畏，又敬又畏，敬而畏之，敬畏之畏，至畏为敬，关键在于敬。一是要有恭敬之心，放低自己姿态，把教育作为人生大事，谦卑而恭敬的内心，心正而敬；二是要有虔敬之诚，端正自己内心，把教育作为自己人生唯一大事，正心而敬，虔诚而敬；三是要有崇敬之道，理顺自己心事，把教育作为根植于心的大事，把教育作为自己的一门心事，孜孜以敬之道，终得心想事成；四是要有重敬之德，要提升敬之重心，把教育作为天之大事，师道为天道，重敬方为敬，以不能承受之重以敬，像敬天道一样敬教育。

教育神圣，为师者要敬畏教育，要正师道，行正道，方能理顺并重建教学关系。教学关系，一是知识关系，教学的媒体是知识，师生通过知识学习建立联系；二是生命关系，教学是基于生命能力而展开的体现生命活力的一种关系；三是生长关系，学生来学校，第一要义是学习成长，生物意义的身体生长，文化意义的精神生长；四是伦理关系，教学关系本质上是人（师生）之间的伦理关系，伦理关系失序，则组织失序、学校失序、教育失序。

当前教师抄袭导致教学伦理关系失序，要在建立规范的伦理关系的前提下重建学术诚信。

一要加强师德教育，这是固本工程。学高为师，德高为范，教师是太阳底下最光辉的职业，教师是人类灵魂工程师，为师者要为人师表，学生才会"亲其师，信其道"，从而"行其道、得其道"。

二要加强法制建设，这是建制工程。在我国学术诚信制度不健全、惩治学术不端行为还缺少相应法律依据的情况下，加强法制建设，通过立法来界定学术不端行为的类型和性质，惩戒的组织和程序，学术不端行为者的法律责任和后果。依法治教，抄袭就要承担相应的民事甚至刑事等法律责任，要通过法制建设来保障学术诚信，做到有法可依。要鼓励并建设由各种社会力量来共同监督的机制或平台，合力整治，要对各种学术不端行为做到零容忍。

三要加强惩治力度，这是治标工程。目前关于教师队伍建设的各种文件、各种规章制度，可以说林林总总，但都约束力不强。能否制定一个机制解决教师抄袭问题？"开车不喝酒，喝酒不开车"，其机制的实质是，喝酒开车，抓住就拘留15天并开除公职，是否今后在治理教师抄袭的制度设计时，可以参照酒驾治理机制？"为师不抄袭，抄袭不为师"，为师抄袭，抓住就拘留15天并开除公职，终身禁入？为什么抄袭等行为屡禁不止，就因为抄袭的代价还不够严重。

师道尊严，选择教师就是选择高尚，就是选择在平常平淡的生活中为国育才。为师者，应以诚信为本，遵守规矩，自律自重。为师者，要兢兢业业为师、干干净净为师、公公正正为师。敬至畏处方显教育庄严，要敬畏教育。

（原载《教育》2020-06-02）

视点5　教师应享有职业尊荣

2014年教师节，习近平主席在北京师范大学发表重要讲话提出"使教师成为最受社会尊重的职业"。2016年教师节，习近平主席到八一学校看望慰问师生并发表重要讲话，提出"让教师成为让人羡慕的职业"。2018年1月20日，中共中央、国务院颁发《关于全面深化新时代教师队伍建设改革的意见》，是迄今为止关于教师队伍建设的最高等级文件。"百年大计，教育为本；教育大计，教师为本。"作为文件开篇之语，对教师的价值进行了最高定位。2018年教师节，习近平主席出席全国教育大会发表重要讲话，提出"教育是国之大计、党之大计"，又将教育地位提高到一个前所未有的新高度。要"坚持把教师队伍建设作为基础工作"，"人民教师无上光荣，每个教师都要珍惜这份光荣"。中国教师队伍建设迎来好时代。

现实中，教师的身份、地位、职责及形象被赋予特定的含义，因而教师是高度符号化的概念。对教师的认知，有人认为教师是人类灵魂工程师、是太阳底下最光辉的职业，是照亮别人"蜡烛"，是任劳任怨的"园丁"，是人生的"贵人"，照亮人生的"灯塔"等，也有人认为教师是教书匠、是"臭老九"、是老学究，搞满堂灌等。人们对教师的期待也往往过高，动不动就要求教师要学高为师身正为范，要为人师表，要正人君子等。在教育发展不充分不均衡的今天，谁都可以对教育进行品评诟病，教师也常常成为舆论焦点，教师从教环境益发严峻。

教师问题还真是个老大难问题。老问题是一直都在，一直都在想办法，一直都未能解决好。大问题是教师是教育系统中关键性问题，影响教育事业发展的大局，影响到人民群众美好生活的大局。难问题是难在教师作为社会大家庭中的一员到底应该得到什么待遇，拿到多少工资，似乎没有一个绝对标准，毕竟每个行业都重要，每个行业工作者都应该得到国家重视和社会承认，都能够安居乐业。目前，社会对教师不够满意，教师对自己的生存现状似乎也不够满意，家长也对教师颇多意见，是一个各方都未达到自己预期的局面。按理说，国家重视，有专门的法律法规，也有不少制度，教师问题应该不成为问题，但确实是个问题，存在制度顶层设计之后的操作性问题。

教育是一个特殊的社会事业，是把立德树人作为根本任务的事业，是培养社会建设者和接班人的事业，是让我们事业后继有人的事业，是培养中国自己人的事业。教育就是培养娃娃的事。教育应从娃娃抓起，其实是一种关乎人的思想灵魂的高超的意识形态，关乎民族复兴伟业之千秋万代之事业。当前，国家对教师队伍建设提出了新要求，明确提出要从战略高度来认识教师工作的极端重要性，把加强教师队伍建设作为基础工作来抓，这就要使教师最受社会尊重，使教师让人羡慕，使教师享有职业的尊荣，这是解决教师问题的指导思想。

一是确定教师法律地位，为教师队伍建设的制度设计提供法律依据。制定相关法律体系，承认教师都是为全体国民服务的，教师要自觉地对待自己的使命并努力完成自己的职责；承认教师的专业身份和职业使命，即教师是履行教育教学职责的专业人士，承担着教书育人、培养社会主义事业建设者和接班人、提高民族素质的使命；规定教师作为教育公务员（与政事公务员有别的特殊群体）的权利和待遇。

二是制定教师待遇制度。首先要提高教师政治待遇，确立教师的教育公务员身份，打通教育公务员的晋升通道，联通教育公务员与政府其他部门公务的融通路径，让教育公务员有机会有机制成为政府公务员，其实政府公务员有教育公务员的经历也是一件好事。其次要提高教师经济待遇，国家有多份法律法规文件都规定教师平均工资不低于当地公务员平均工资，如中共中央办公厅、国务院办公厅文件《关于深化教育体制机制改革的意见》再次指出，确保教师平均工资水平不低于或高于当地公务员平均工资水平，这一文件精神应该是教师平均工资水平等于或高于当地公务员平均工资水平。如何等于？可参照公务员工资体系确保教师工资与当地政府公务员工资持平，以此作为教师的基础工资。如何高于？可制定教师作为教育公务员的专业身份，制定相应的薪酬制度，以此作为高于的部分，视各地财政能力而定。

三是落实教育优先发展战略。各级政府只要谈到教育，几乎都会提到教育要优先发展，但都没有落到实处。首先要优先制定教育发展规划，发挥规划的先导引领作用。其次优先解决教育问题，特别是优先解决教师问题，教师问题是影响教育质量的关键问题。最后是优先解决教育投入，解决教育经费问题，在解决教育硬件建设的同时，提倡奖教奖学，营造尊师重教的社会氛围。

深化教育体制改革，健全立德树人落实机制，形成更高水平的人才培养体系，关键在教师，关键在教师理想信念的坚定、道德情操的历练、学识水平的提高、仁爱之心的培育。强国必先强教，强教必先强师。加强教师队伍建设，关键在于让教师真正享有职业尊荣。

（原载《教育》2018-10-05）

视点6　教研活动要有教育性含量

我国的教研制度是最具有中国特色的基础教育教学研究管理制度。教研室是行使教学研究管理制度的专门机构。教研室组织教研活动的目的是通过观摩、研讨和交流，提高教师的教学能力，实现学校课程目标，更好地培养合格人才。通常的教研活动有以下几个方面：一是教学课例研究活动，如各种公开课、研究课、示范课等；二是教学方法研究活动，如各种教与学的方式、模式、策略等；三是教学专题研究活动，如兴趣激发、复习、考试、评价、阅读、实验等；四是综合教学研究活动，如把课例、教法、学法等各种专题整合在一起进行研究；等等。各级各类教研室在基础教育改革与发展的进程中，开展教学研究、培养教师队伍、规范教学过程，评价教学质量，探索教学创新，承担着研究、指导、服务、管理的职能，发挥了不可替代的作用，做出了巨大的贡献。

教研室要做好教研工作的关键就看能否组织高水平的教研活动。但是当前的教研活动常常缺失教育性，笔者归纳有以下六种倾向性表现：一是同质化教研，所有的老师在同样的时间和地点参加同样要求的教研活动，不管参加老师的年龄是否不同、需求是否不同、各个学校的实际情况是否不同、各自的教学进度是否不同。二是技术化教研，教研活动成了有样学样的教学技术模仿活动，经常是大家一起学习一个被认为很有效果的教学方法，如几段法，几步法或几环法等，有一个著名顺口溜"一年学习一个样，学来学去学不像，等到学得有点像，又换一个新花样"，说出了这种教研活动的窘况。三是单一化教研，教研活动常常目标单一、内容单一、形式单一以及要求单一，教学活动的现场性、情境性、丰富性和问题性，决定了教研活动的复杂性、生成性、演绎性和思辨性，人的发展的可能性决定了教学活动的个体性和多样性，教有法教无定法贵在得法。四是浅表化教研，教研活动成了见面会、家常会，如公开课的走过场现象，评课都讲好话，不对问题进行深入思考和追问，缺少针对性建设性意见。五是事务化教研，教研活动成了教研员日常工作性的活动，如布置学科学期工作计划，宣读文件，统一进度，考试评价甚至推销资料等，教研工作管理含量多，研究含量少。六是指令化教研，教研活动组织者拥有话语霸权，对话交流少，互议互辩少，组织者和参与者异化为管理者与被管者的关系，个别教研员甚至被称为"话霸"（话语霸权）。有人干脆把教研室喻为考务室、资料室、督查室、比赛室、裁判室等等。

客观上教研管理有指令、有事务，教学也需要技术、方式和方法等内容，问题是教研活动没有体现教育性实质。造成教研活动教育性缺失现象的原因很多，如组织者（教研员）本人素质和水平的因素，教育理念观念的因素，教研机制制度的因素，教研方式策略的因素等，但根本原因是现在的老师们企图找到一种放之四海而皆准的教学方法，企图以一招之术解决所有教学问题，这种为提高教学效果而过度追求教学技术理性（科学理性），将使教研活动的组织陷入现代性困境。必须相信的是，课堂上老师讲得快慢多少，先讲后练还是先练后讲，甚至有学生因故缺席几节课，如果从教育促进成长的意义上看，对学生的一生几乎不会有什么影响。

这让我想起自己做教研员的前三年，当时要求自己每个学期至少听每个本学科老师一节课，所以三年中每个老师的课我都至少听了六节，可以说我对我学科老师的课堂教学状况是熟悉的，但当我翻阅听课笔记本时惊奇地发现，不少老师在我听的第一节课上存在的问题，三年后听第六节课的课堂还存在，等于我这三年和这老师的交流研讨几乎没有一点效果。这一经历让我想明白一件事，就是老师们的课堂承载了其本人内在的禀性特质，是一种模式化了、固化了的课。长期以来，教研活动主要就是让老师们去学这人学那人，学这法学那法，结果只能是学得到形而学不到神。俗话说江山易改，禀性难移。人的观念没有变，其行为就很难改变。每一位老师都是独特的自我，学谁也像不了谁，只能像自己。

教学研究是一种教育研究，一种育人的研究。教研既要研究教学之术，更要研究教育之道。教研要有教育性含量，就是要增加教研活动中育人的含量，就是要通过富有教育性含量的教研活动，让老师们能从教育育人的角度理解教学的教育性，从而影响老师们的教育观念，继而影响老师们的课堂教学行为。在大数据时代，在课程改革的大背景下，系统谋划并科学设计富有教育性含量的教研活动，帮助老师找到自己喜欢、自己熟悉、自己特长的教学领域，充分激活教师内在的主体性力量，主动地不断观摩、研讨和思辨，持续地开展实践和研究，将先进的教育教学理念内化内隐成自己的教育思想，形成自己特质的教学风格和特色，行进在迈向教育家的路上，一条专属于老师自己职业生涯之路。这就是最有教育价值的教研活动。

（原载《教育》2015-10-09）

视点7 合格教研员"四三三"方略

教研员是特指在我国各级各地教研室工作的专职教学研究人员,承担着研究、指导、服务、管理的职能,是教育理论与教学实践、教育行政部门与一线教师的沟通桥梁。长期以来,全国以十万计的教研员队伍对促进一线教师的专业成长、提升一线教师教学水平、提高基础教育质量做出了巨大的贡献。但是长期且大量的事务性工作、机关工作方式以及教研员培养提升机制缺乏的现实境况下,教研员的教育理论修养、教学实践指导引领能力越来越跟不上时代要求。随着国家素质教育的全面推进,教育转型发展的全新要求,课程改革的日益深入,加强教研员队伍建设就显得特别重要和迫切。结合自己长期的教研员经历,总结出做一名合格教研员要有"四三三"方略。

一、立四会要求

1. 会研究

教研员要在课程改革中,研究学校和教师所面临的系列问题(如课程功能、课程结构、课程内容、课程实施、课程评价和课程管理等问题),要关注和深入教育实践,要从学生发展、教师成长和学校发展的需要出发,了解和掌握具体的、富有个性的实际困难和问题,把握重点,有目的、有计划、有组织地开展研究,总结推广教学经验,探索教学规律,不断提高研究的层次和水平。

2. 会创意

人的发展是一种创意的发展,教学既是科学更是艺术,所以做好教研工作首先要会创意,会创意才有教学艺术的生命力。创意可以是常规的思维突破、要素的重新组合及智能的延伸拓展，体现教育的文化底蕴。思路决定出路，好的教研思路来源于创意。

3. 会实干

会创意却不会实干，眼高手低做不好工作，是不合格的教研员。教研员如果不积极学习教育新理论就会上不着天（理论水平不高），不积极参与教学实践就会下不着地（不能进一线课堂）。实干贵在深入学校基层，深入教师群体，善于发现并积极解决教育教学方面的突出问题，求真务实，真抓实干，追求实效。

4. 会提升

通过总结反思进行提升。总结是对自己工作中的得失、收获进行梳理、归纳、呈现和提升；不会总结就不会自我积淀、难以自我超越。古人强调"一日三省吾身"，可见总结、自省、反思的重要性。定期对自己所经历的大事进行梳理，才会看到自己的进步与不足，能加强自己对工作的方向感、成功感、归属感。

二、练三大本事

1. 把握本学科当前教改新走势

以课改带动教改。教研员要树立新的教育理念和新的课程理念，知道什么样的课是好课，是符合新课程理念的课。知道什么样的教学方式是符合新课程理念的教学方式等等。只有把握本学科当前教改新走势，才能正确引导教育教学改革。

2. 把握本学科教研核心内容

有扎实的专业功底、较高的教研水平和指导水平。在新课程理念下，哪些内容重要，哪些内容要特别重视，如何才能发挥教材应有的教育价值，知道要对教师进行哪些专业指导与引领。

3. 把握本区本学科教研现状

熟悉本学科的教情、研情和学情。如本学科教师现状、教学现状，风险在哪、机会在哪，尤其是一些带倾向性的问题如学生负担问题、学生心理健康问题等需要调研与掌握。

三、显三项功能

1. 搭台功能

某种意义上，有一位好的教研员就会有一个好学科，就会有一群好老师。教研员平台是一个教师与教师之间教学、研究、培训、合作与交流的平台，学校之间的优秀师资优势互补、资源共享的平台，为教师提供成果提升、呈现与展示的平台，将先进的经验加以辐射、推广与应用的平台，促进教学研究共同体形成的平台。

2. 引领功能

教研员的工作要由原来的指令性和指导性变为引领性，由重布置、检查、评比变为重调研、指导和协调。教研员必须面向基层学校和基层的教师进行专业引领，因为区域内各学校原有的基础、条件各不相同，各学校之间的发展态势不平衡，各学校在课程开发、实施和管理等方面的能力相差甚远。教师对课程的新理念理解不够，对角色的转变和教学方式、教学行为的变化还感到茫然和困惑，创造性地进行课程改革的能力不强。通过引领帮助教师从教育观念、教育行为、教育方式等各方面重塑自己的角色和形象。

3. 资讯功能

教研员作为一个理论与实践中介桥梁，可以通过多种途径和方法为学校发展服务，为广大教师服务，为区域教育的整体发展服务。其服务方式及范围有：为教育行政部门提供课程的决策咨询；为基层学校提供最新的信息、资料等。

造就一支视野开阔，善于调查研究，能将教育理论与教育实践结合起来，专业素养高、学术水平高、引领水平高，能够胜任新课程改革需要、新型人才培养的需要、新时期教研工作转型需要的教研员队伍，是教研员自身建设的要求，是教育主管部门的要求，也是教育事业发展的要求。

（原载《教育》2015-12-30）

第六章 学校评价变革

让评价传递创意成长密码

让评价具有点石成金智慧

让评价识别天赋异禀潜能

让评价激励生命赋能成长

视点1 为孩子找寻创意成长的密码

每个孩子的成长都是一种独特的成长，一种卓越的成长。教育要为孩子的独特成长和卓越成长提供帮扶服务，起到促进作用。孩子们的成长又是一种自内而外，自动、自觉、自选和自为的成长，教育就是要为每个孩子找到一条适合自己成长的路径，让孩子在那条仅属于他（她）个人的成长路径上主动、能动、创意地成长。

每个孩子都拥有一颗独特的心灵，每一个心灵都有一扇窗。打开它，照耀它，需要心灵的创意。所以最好的教育就是要帮助每个孩子发现自己成长的可能性，让孩子有灵性地成长，并成长为有灵性有智慧的人。

学校是孩子学习成长的地方，因为孩子的成长是独特而且卓越的，因而又是一种创意的成长。教育者的教育智慧就是要为每个孩子找寻到最有创意的成长密码。值得高兴的是，我们的很多学校就拥有这种教育智慧。比如，有的学校为孩子设定的创意成长密码是做一个善良的人——因为善良可以使人的心灵更纯净，与人为善，可以开启人生的美好旅途，并在人生旅途中寻找道德的高地，发现并闪耀人性的光辉；有的学校为孩子设定的创意成长密码是做一个美好的人——美好成天然，天然成美好，美好教育给学生展示了一种美好生活方式的预期，促使每一个孩子都去追寻可实现的美好未来；有的学校为孩子设定的创意成长密码是做一个幸福的人——幸福理念引领学生成长，让学生学会幸福，就为学生找到了一种本真的、有人生幸福意义的生命归属感觉；有的学校为孩子设定的创意成长密码是做一个有长处的人——每个孩子都是有长处的，每个人都是以长处立身处世致远的，这是教育的逻辑起点，也是孩子创意成长的逻辑起点；有的学校为孩子设定的创意成长密码是做一匹千里马——每个孩子天生就是一匹千里马，每个老师都是一名富有智慧的伯乐，教育就是要有把每个孩子成为千里马的潜能发现并发掘，养成好习性，让好习性成就千里马；有的学校为孩子设定的创意成长密码是做一个和善的人——和为贵，善为本，行和善之道，至远至善，这是引领孩子们幸福成长、和行天下、和善天下的大智慧。

善良是孩子内在的品性，美好是孩子的向往，幸福是孩子的追求，长处是孩子天生就有的，和善是孩子们都想拥有的品质。这是多么有智慧的密码设定！它的智慧在于所设定的成长密码，都是孩子很容易就能找到的，都是孩子生来就拥有的。这个密码设定，其实是师生之间的一种共同生活愿景的约定，这个约定是为孩子的创意成长巧妙设计的一个机制，起着指引、促进及约束的作用。

（原载《广东教育（综合）》2013年第4期，后被《小学教学研究》2013年第23期转载）

视点2　让评价具有点石成金的智慧

教育评价经历了从强调客观工具的测量时代、目标达成的描述时代、标准鉴定的判断时代，到重视生成的建构时代，探索了评价结果从量的评价到量的评价与质的评价并重转变，从评价主体的单一化到评价主体多元化转变，从评价维度的简单化到评价维度多样化转变，从评价目的功利取向到评价促进人的发展功能转变，可见教育评价的观念和技术一直在进行着更新和优化。

有的评价可以是孩子健康成长的密码，能给孩子巨大的鼓舞，获得巨大的力量，开启孩子绚丽、幸福而荣耀的人生。

有的评价可能是孩子健康成长的咒语，能毁灭孩子的自信，给成长以巨大杀伤力，使孩子穷尽毕生精力都无法从伤害中得到恢复。

席慕蓉是幸运的，国文极佳数学极差的她，在数学老师及同学们的怜爱和关怀下，顺利通过了考试，获得了好的评价。数学老师用心良苦的安排使她在最不擅长的领域里获得了信心，感受到生活的美好。老师和同学关切和怜爱的眼神，成为她生命中最温馨、最美丽的记忆。让她能够在爱丈夫、爱孩子和爱生活的同时，能用自己的诗、画和文章，吸引、陶冶和美化无数的心灵。

同样国文极佳数学极差的三毛是不幸的，在付出巨大努力后，她在三次数学小考中都得了满分，但她没有得到数学老师的表扬，反而认为她成绩的提高百分之百是因为作弊。这一事件让敏感而倔强的她，自尊心、自信心受到了极大的打击，只好休学在家，自闭了七八年。尽管她一生走过了48个国家，写的26部作品感动和影响了无数的人，但她自己那颗独特、骄傲而高贵的心灵，却一直充满着悲观和孤独，在48岁时以极端方式结束了自己充满灵气才情的一生。

同样是数学老师,同样是一次评价事件,同样是才华横溢的女生,却变成了完全不同的两个悲喜人生。虽然三毛不幸福的一生不能全怪她的数学老师,但人生往往是境遇弄人,造化弄人。可以肯定的是,评价是一种师生间心灵与心灵的交流,灵魂与灵魂的碰撞。所以有时候,教师不经意的一句话,就这样或那样深刻地影响着学生的一生。

现实中,我们的评价之评,还在强调分数、还在强调结果、还在强调甄别、还在强调试定终身、还在用一把尺子评天下那五彩缤纷的孩子;我们的评价之价之确定,往往强调智育却又忽视全面,强调综合却又忽视专长;我们在评价的价值取向上立德树人,但是在操作上又变成了以分树人,造成了高分低能、高能低德的现象。

而所有问题的根源,是在我们的评价中只见"技术"不见"人",不见了人的成长,不见了人的个性,不见了人的志趣,不见了人的使命,缺失了评价人的智慧。

让我们来回顾一下孔子的评价智慧。季康子请教孔子,问可不可以请仲由、端木赐、冉求从事政事?孔子说:"仲由果敢决断、端木赐通达事理、冉求多才多艺,从事政事有什么难呢?"孔子的评价告诉我们:一是评价要因人而异,要发现人之长处;二是从事政事,有一技之长就能胜任,因为人以长处做事立世。

可见,我们需要的,是一种因人而评的智慧。要有因人而评的智慧,就要认识这个"人"。

这个人不仅是一种物质的存在,更是一种精神的存在、一种文化的存在和一种灵魂的存在。

这个人不仅有时间属性、有空间属性、有价值属性,更重要的是有生命的属性。

这个人既是普普通通的人,又是独一无二的人,更是充满无限价值的人。

这个人还需要赏识和激励、需要鞭策和唤醒、需要宽容和信任,需要老师一句充满爱的评语。

老师啊,您的每一句话,都深刻影响着孩子的心灵,都可能点石成金。

老师啊,请给孩子一个评价,让孩子从中获得力量,让孩子有一个金子般的未来。

老师啊,请找到那句话,让孩子珍藏,让孩子成长,让生命成为金子,让金子闪闪发光。

老师啊,请谨记,您面前的每个孩子都是上天赐予的礼物,因为每个孩子本来就是金子。

(原载《新课程研究(上旬刊)》2014年第1期)

视点3　组织考试的智慧刍议

最近一段时间，教育部先后出台了学业水平考试、综合素质评价、加分项目瘦身与高校自主招生等重磅文件，各省市陆续出台高考有关配套文件和方案，新的高考采取"3+3"的考试模式，不分文理。高考改革再次显示的"考试指挥棒"威力，引起高中学校教学"大乱"，"分层教学"和"走班制教学"将是主要组织形式，"同班不同学"将成为常态，以考试改革倒逼教育改革，引起社会极大关注。

考试是一种组织严密严格的鉴定人才、遴选人才和使用人才的办法。考试是人类文明的产物，体现的是一个民族或者国家的发达水平，其核心是体现了一种占主导地位的社会文化和价值观。

中国是考试的故乡，具有悠久的统一考试的历史传统。从汉朝到明清，逐渐形成了完整的考试制度体系。历朝政府用统一组织考试的方式来选拔人才，形成了一套标准化的考试体系，如标准化的考试内容，标准化的考试文体，标准化的考试书体和标准化的人才任用等。其自主报名、公平公正、平等竞争、广泛参与、唯才是举等思想成为超越社会发展时空的人类共同的基本理念。中国古代考试制度有效地促进了社会各阶层的流通，被誉为最好的制度，深刻影响着东南亚地区，也为西方国家所仿效。

考试作为选拔人才的一种方式，涉及每个人的生存权和发展权。当前我国的考试规模大、考试人数多、考试种类多及社会影响大，毫无疑问是一个考试大国。但我们的考试理念、考务管理、考试方法、考试技术还未能适应高等教育大众化和多样化的需求，离人民群众美好教育生活的预期还有较大距离，还不是一个考试强国。

随着1952年统一高考制度的建立，特别是恢复高考制度40年来，中国再一次进入了一个可以通过考试来公平竞争实现改变命运的时代，为国家教育发展、文化繁荣、社会进步、民族兴旺和国家富强做出了历史性贡献。历史告诉我们，考试是一种崇高的、可信的、正义的选拔人才的程序。大规模统一考试兼顾公平与效率，使人人享有平等参与高等教育竞争的机会，真切地体现了统一高考制度存在的价值。

高考是一项社会影响巨大的教育制度，高考改革牵一发而动全身。由于二元论思维的影响，常常是本次的改革，成为下次改革的对象，不时陷入为改革而改革的被动境地，如何从困境中突围，让人口红利转变成人才红利，再一次体现高考制度的力量，显得十分紧迫。

考试要如何改革？要回到问题的原点。第一要回答为什么考试？考试是为了更好地立德树人，培养建设者和接班人，让我们的事业后继有人。第二是谁来考试？考试的主体是学生，目的是为了检测学生是否成长、成人、成才。第三是考什么？是考知识？考能力？考素质？应该是考查人的成长成才程度。第四是怎样考？每个孩子都是独特的，有独特的潜能、独特的养成（经历）、独特的兴趣，还有独特的志向。面对这样的孩子我们能怎样考试他（她）？

目前推行的3+3高考考试模式好不好？这是一个按考试事理进行的制度设计，选择性也多了，应该是很好了！但是如果站在学生的立场，似乎就存在问题了。学生会问：为什么每个人都必考语数英？为什么仅仅在理化生、政史地6科中选3？为什么要考同样难度的试卷？如果数学天生就是弱项，为什么不可以不考数学？英语（外语）为什么一定要考？站在学生立场，当前高考存在的最突出问题有：历时长（2—3天，导致持续焦虑）；科目设置不全面（高考仅3+3），考什么就学什么，不考不学，是预先设置的套餐不是自助餐；难度大（都是高强度训练后的条件反射题）；等等。如何突破考试组织？

在技术发达的今天，最有智慧的考试组织是，一次考试一天内完成。改目前短跑式考试（每科考试时间短、强度大、速度大、失误大、压力大）为马拉松式考试（人机互动式，可以4个小时，题量多，做不完可以猜，可以在考试位置适度休息，休息时间不计时）；内容为全科目（按比例设置、按人才要素设置）；标准化试题（仅回答对错是非，最容易的答题方式）；考查知识宽度（见多识广者得考试，短时训练复习基本没用）；科目自选（志向学科、潜能学科、兴趣学科、从小习得的养成学科，在题库自己选择）；时机自定（学生觉得准备最好时自己选择考试时间）；周末考试（每周六考试，每位学生可以考试2次，计最好成绩）。这样的高考是孩子自己选择的高考，是为孩子设置的高考，是必要的高考、人性的高考、个性的高考，是一种有组织智慧的高考。

（原载《教育》2018-04-06）

视点4　新高考，再思考

新高考实施3+3模式，毫无疑问已成为当前的热议话题。语文从150分提高到180分；英语从150分降到100分，可以多次参考，取最高分计入高考总分；数学不变。这一改革被称为史无前例的颠覆性改革，更有人惊呼：得语文者得高考，得语文者得天下，语文为王的时代到了！得语文者真的得高考得天下吗？真的是本次高考改革的颠覆性所在吗？这得好好回顾一下高考改革之前路。

我国自恢复高考以来，对考试组织和招生方式的改革探索始终没有停止过。1977年高考设文理两类，政治、语文、数学三科必考，文科加考史地，理科加考理化，俗称大文大理模式。1984年英语正式被列入高考主考科目，开始保送生试点。1989年全国推行标准化考试，全国试行高中会考制度。1995年全国实行会考后的高考"3+2"科目组设置方案。1999年广东省率先探索"3+X"高考科目改革方案，开启了多样化的高考模式。2000年上海、北京开始自主命题单独组织高考工作，开启分省命题模式。2003年开始高校扩大自主选拔录取改革试点。2006年形成"统一考试、分省命题、多元录取"高考招生考试制度。

从1977年到2006年，30年高考为国家选拔培养了无数人才，为国家高速发展提供了人力资源保障，做出了重要贡献。但一个制度实施30年，尽管不断变化优化，但高厉害高风险的高考还是陷入了制度困境。

2005年，前教育部部长何东昌上书中央痛陈应试教育之弊端，得到中央重视，从而开启了本次新高考制度的研究。新一轮高考改革方案几易其稿，几度搁置，在不断争取政策支持，不断优化方案基础上，经中央政治局会议审议，《关于深化考试招生制度改革的实施意见》于2014年得以通过，前后达10年之久。

根据文件精神，新的考试招生制度改革方案分三个阶段：第一阶段，2014年国家发布总体方案及高考改革等各领域的改革实施意见，部分省份开始综合改革试点或专项改革试点；第二阶段，2017年总结成效和经验，推广实施，即目前高考3+3模式；第三阶段，2020年基本形成新的考试招生制度，实现改革总体目标。

值得思考的是，高考从大文大理模式、3+2模式、3+X模式，到现在3+3模式，高考科目加减法一通算来，结果似乎是正确的。从学好数理化走遍天下都不怕，到语文为王，得语文者得高考得天下，高考科目权重一通演化，逻辑似乎是正确的。

要问的是，为什么一定要"3"，为什么这"3"一定是语文、数学、英语？英语为什么要被放进"3"？如果其他理科试卷阅读量与语文试卷差不多，那到底要考查的是理科还是语文？高考要鉴别的到底是学生的语文能力？综合能力？还是个体特长能力？大学毕业后用非所学根源在哪？

其实，什么时候不是语文的天下？中小学语文课时数量一直为各科之最，语文一直在王位上，一直是语文的天下。每天我们的学习生活不是基于语文？数学是用语文表达的数学，科学是用语文表达的科学。我们每天都在用语文表达着我们的喜怒哀乐，生活的范围有多宽厚，语文的范围就有多宽厚。语文是语言文字，是文学、是文化，更是文明，象形汉字是最具标识的中国文明符号。中国历史政权历朝交替，可中国文明千古承袭，呈现出文明为本体，政治为功用的独特社会发展模式，这里面基石是语文，这种意义上，天下本就是语文的。

语文真的很重要，但是如果真的让所有的学生花最多的时间去学习语文，而不是花最多的精力去攻克数理科技难题，不重视培养学生的数理科技素养，这样的未来真的不敢想象。"3+3"新高考模式下出现的"弃物理现象"应该深思，国之竞争归根结底是以文明为基础的科技实力之争。

《国家中长期教育改革和发展规划纲要（2010—2020年）》要求"分类考试、综合评价、多元录取"。分类考试，类在哪儿？综合评价有没有在原来会考加高考基础上有实质性进展？多元录取是否更多"元"了？对于国家来讲，哪一科都重要，哪一科都希望能出顶尖人才。对于学生个体来说，很多科目都不是那么重要，因为不擅长，或者不喜欢。好的高考制度设计要允许学生不考自己不擅长不喜欢的科目，要建立因材施考理论。要相信大多数的人生都是职业人生。职业人生有职业专长就可以了，辅之以个人兴趣爱好，生活就会很美好。人生漫长，我们要有理由相信，职务变迁多数是朝着自己的可能性方向。边工作边学习边提升边完善，干到老学到老，就是很好的工作方式，也是很好的生活方式。

　　高考制度是国之重器，深刻影响国家未来。高考改革要做好"分类"的文章，按"类"设置科目种类及权重，真正做到因类施考，让立志语文者得语文能得天下，让立志数学者得数学能得天下。人各有志，要转知者天下为志者天下，要让有志者有天下，有属于自己的天下。

（原载《教育》2019-02-01）

视点5 让评价引领人的成长

为全面贯彻党的教育思想，落实立德树人根本任务，推进素质教育，促进学生的全面发展和个性发展，深圳市教育局根据《国务院关于深化考试招生制度改革的实施意见》《教育部关于进一步推进高中阶段学校考试招生制度改革的指导意见》和《广东省教育厅关于实施初中学生综合素质评价的指导意见（试行）》等文件精神，在总结深圳市开展初中毕业生综合表现评价工作经验的基础上，制定《深圳市初中学生综合素质表现评价方案（试行）》（以下简称《综评》），从2018年秋季入学的初一年级学生开始实施。《综评》的内容包括思想品德、学业水平、身心健康、艺术素养和实践创新五个维度，以写实记录、学生成长过程性资料记录、评语评价及重要观测点计分评价相结合的形式评价。学校依托学生综合素质评价信息管理平台（学生综合素养成长电子档案系统），建立完善的《深圳市初中学生综合素质表现评价档案》。

深圳《综评》初衷是希望能够破除以考试成绩作为评价的唯一标准，以综合素质评价、多元多样评价，从而全面评价学生，促进学生全面发展。这一方案从五个维度二十五个指标设计看似乎也很全面系统、科学合理，符合学理逻辑，从其评价方式、信息采集、档案管理看似乎也是很好的事理安排，应该说体现了主管部门的职业水准与使命担当。但诡异的是《综评》推行过程中一直伴随争议，至2019年12月上旬多篇《综评》相关文章刷爆深圳家长的朋友圈，争议达到高潮。该事件由家长吐槽引发，社会持续热议发酵，进而引起高层关注。

舆情告急，深圳市教育局体现了高超的公关水准。一是邀请省市人大代表、政协委员、家长代表、教师代表参加《综评》工作座谈会。二是召开《综评》专班专题研讨会，会议决定"暂停综评，尽快完善"。被广大网友誉为深圳政府应对舆情的"深圳速度"。看来开会还是有用的。

暂停不是目的，争取时间完善才是目的。《综评》改革本是惠民好事，需要的是能把好事办好的智慧。《综评》引巨大"吐槽"回响，到底问题在哪里？收集各方"吐槽"信息，主要问题如下：一是过于繁人。让家长登录"学生综合素养成长电子档案系统"，将经历感悟文本、图片及视频、证明证书等多种材料上传，繁杂烦琐耗时耗力。这客观上增加了家长负担，也不是所有家长都能胜任的，甚至有偿代写代填现象。二是过于繁重。深圳《综评》在省意见基础上多项指标在数量和水平上均加码要求，如校级以上荣誉、竞赛获奖、行政主管部门认可的证书、国内外研学活动等，与北京、上海、广州等市相比，深圳《综评》标准最高，操作最复杂。三是过于量化。如"参加公益活动、志愿者活动、社区服务"等均有时间及次数要求，并且还要相应的证书及活动图片证明，有形式化倾向，可能导致假大空。

评价何意？就是通过"评"来对评的对象给出一上"价"。"评"的主体可以单一也可以多元。"评"的对象可从一维度、多维度，或者整体。"评"的方式可以通过客观工具来测量、目标达成来描述、标准鉴定来判断，还是预设生成来建构。而"价"可以通过数量（多少）来表征，也可以通过程度（等级）来表征。

深圳《综评》之初心是从多元主体、多维要素、多个阶段、多个领域、多种方式来进行，并且尽可能"量化"。应该说"综"没有错，问题出在"价"极尽"量化"。如果是对"物"评价，极尽量化，精益求精，说明做事认真，可行也应提倡。问题出在对"人"进行评价。这个人是有个体主体性的人，能用一个"标准"去评价个体多样的人吗？这个人是个成长中的人，能用一种"要求"评价正在走向未来的人吗？这个人是有自己梦想的人，能用一种"方向"去评价可能性多样的人吗？人的显性外化的素质可以量化指标来评价，而人的隐性内存的素质难以量化，难以制定评价测量的工具，只能用描述性评价。因为无法判断谁长大后会成为总理，谁会成为另一个"马云"。

教育的目的是培养人，评价要为培养人服务。教育不是把学生培养成"物"，而应该培养成"人"，评价要引领人的成长。

要引领孩子做一个有用的人，要勤奋学习，天道酬勤，要树立正确的人生观、价值观，要有正确的劳动观、幸福观，学好本领为国家社会做贡献。要引领孩子做一个有信的人，让孩子学会一诺千金，学会营建自己的口碑，亲戚朋友同学说好，难道不可信吗，难道一定要让不认识的人说好才可信吗？要引领孩子做一个审美的人，学识涵养美，德行涵养美，才艺表达美，妆容呈现美。要引领孩子做一个乐群的人，互帮互助，贡献正能量，与人和睦共处和美生活。一个有用有信，审美乐群的人一定是国家社会所需要的人。最好的评价其实是与孩子进行一个约定，从而引领孩子的成长，让孩子为了成为自己所预期的人，一个"无价"的人。

（原载《教育》2020-02-07）

视点6 高考改革不只是加和减

高考科目及其权重是加是减，似乎谁都有发言权！可谓众说纷纭，莫衷一是。到底谁最有发言权？其实很简单，问一问高考的对象，即问一问我们的孩子。高考是孩子的权利，重要的是要给孩子高考的选择权利。高考改革不是加减问题，而是要解决每个孩子的个体需求问题。每个孩子都是独一无二的人，有不同的潜能，有不同的兴趣爱好，有不同的理想抱负，不同的成长经历。高考不仅是选拔，更重要的是识别，识别是选拔的基础。所以高考要帮助孩子找到能成为他（她）想成为自己未来愿景中的人的可能性，让孩子自己去做决定，也只能让孩子去决定。

未来社会是价值观多元的社会。在未来社会多元价值观视野下，没有哪一个科目是绝对主科，没有哪一个科目是每个孩子都必须要考的，没有哪一个科目是每个孩子必须同时选修的。只有孩子的优势潜能科目才是绝对主科，只有孩子喜欢的科目才应该被列为孩子的高考科目。高考改革的制度设计要变独木桥为立交桥，能为拥有每一种潜能的孩子进行识别和分流。要给有文学天赋而数学弱势的孩子不参加数学高考的权力，因为不参加数学高考并不会影响孩子的文学发展，因为有高中数学基础因而也绝不会影响孩子的生活智慧；要让孩子有学习的主动权，要给孩子选择科目学习时机和时间的权利，高一数学一定要高一学完并考试吗？为什么不可以让孩子掌握到最好时参加考试？考试的目的不仅是为了排个前后，判个高低，而是为了让孩子认识自我，给孩子找到未来的方向，树立迈向人生旅程的信心。

天生其人必有才，天生其才必有用。千里马常有，而伯乐不常有。高考改革就是要让高考承担伯乐的使命，识别孩子的潜能，让每个孩子都能依托自己的优势潜能在未来多元社会中找到自己应有的位置，履行自己的职责和使命，做出自己应有的贡献。所以，理想的高考应该是所有的学科都是高考科目，供孩子任选四科（优势潜能学科、相关联学科、兴趣学科、长期养成学科），同时让孩子能任选考试时间、任选考试顺序。每个孩子的高考是不同的，让每个孩子拥有属于自己的高考，是人性和人道的。

孩子是国家的希望，决定国家的未来。在信息技术背景下的大数据时代，科学研究高考制度顶层设计和系统建构，为每个孩子定制属于孩子自己的高考，让每个孩子都能开启自己的未来梦想，推动祖国文明崛起和民族伟大复兴，是教育工作者的使命，是全社会的责任，也是国家的意志。

（原载《新课程研究（上旬刊）》2014年第10期，后被《科普童话》2015年第3期转载）

视点7 考试要赋能生命生长

深圳市教育局7月2日发布通知文件，要求"除高考、中考、学业水平考试（初、高中）外，全市各级各类学校不组织期末考试。已经开展期末考试的学校，不得公布考试成绩，不得进行排名"。通知一出，"深圳取消期末考试"成为热议话题引爆公众舆论，上了头条、上了《人民日报》。

考试是一种评价的手段，怎么强调考试的重要性都没有问题，问题出在评价上。为什么不能因人而评，从而因人设考？评价不是为了给学生判优劣排序，而是为了识别与选拔。选拔的基础是识别。考试作为识别的手段，目的是发现学生发展的可能性，从而指引学生开启一段精彩的人生。当前的考试过分强调智力测试，唯分数论让立知论走向极端，遮蔽了人的存在。教育好，不是分数高就好，而是人因为教育而生长得更好。考试是评价教育好坏的重要手段，不仅要重视考试内容的知识逻辑，以及考试方式的事理逻辑，更重要的是站在人的立场上来设计考试，要关注考试的人理人本逻辑。期末考试是一种重要时间节点上的考试，这个节点不是知识获得过程中的节点，而是人生长过程中的节点。要让期末考试成为所有人的狂欢。让所有人都能在期末考试中感受到自己知识的生长、道德的生长、身体的生长、情意的生长、审美的生长以及志向的生长。教育要从立知论转向立人论，让人立得更好，让生命更美好，所以教育要助力生命生长。

一方面，迫切需要对考试进行变革。一是变怕考试为喜欢考试，因为是根据学生自己的需要而设计的考试，是考自己优势领域的内容，是考自己长期积累的内容，是考自己认为对自己今后发展具有重要价值的内容。二是变考难度为考宽度，当前的考试主要局限在学科内容，突出学科内容的难度和深度，跨学科少，学科融合好，不重视知识面的宽度，因为有些知识只要了解就可以，知道就行。三是变把学生当敌人为主人，当前的考试把学生当敌人，教师命题是与学生斗智斗勇，哪里容易出错就在哪里出题，为难学生是考试最大的特色，去考让学生现有心智模式还难以掌握的内容，或者去考学生还没有完全掌握的内容。四是变短跑式考试为长跑式考试，当前考试，单场时间短，持续时间长（期末考试往往2天以上），单场考试难度大、强度大、压力大，失误也大，持续几天持续压力。要设立考试周，可有2次考试机会（取高分记录），一次考试3个半小时（半小时用作中间休息，自带或提供简单食品饮料），自己选择考试时间，一次考试涵盖所有各学科内涵，什么学科都有，创设情境，以选择题为主，降低答题书写量，提高答题思考量。五是变考智力为考人力，当前主要是考查学科知识和学科能力为主，是一种智力测试，应该改为考查人本身，德智体美劳全面考查。

另一方面，树立教育的生命立场。教育的本质是立人，即把人的生命立起来。教育需要依托生命，教育为了认识生命，发展生命，成就生命。一是立知立人，知识很重要，有知识就会有能力，就能为社会做贡献，但是每个人的知识结构不一样，要根据人自身的可能性来建构属于自己的知识，即立知立人要因人立知。二是立体立人，身体是革命的本钱，身体好，一切都有可能性，学校教育要让学生找到自己喜欢并且适合的运动项目，一项运动健康一生。三是立德立人，要用社会主义核心价值观来培育人，让学生在国家、社会和个人的角度，立成一个有德性的人。四是立功立人，人生在世，人不仅仅属于自己，人还属于国家社会，因此，人之为人，要胸怀天下，勤勉奋斗，要为国家社会做贡献立功勋。五是立美立人，每个人都是社会一分子，每个人都要做一个美人，都要以良好的精神面貌展示给社会，提供正能量，自美他美，美己美人，美美与共，天下大美。

考试无罪，要发挥考试的教育功能，让考试赋能教育，让教育赋能生命，让生命生长更美好。

（原载《教育》2020-08-07）

第七章 学校成果培育

引导教师培育教学特色

引导教师学会长期主义

引导教师潜心研究教学

引导教师找到教学归属

引导教师获得成果大奖

视点1　教学成果：概念要义及梳理要略

教学成果是教育工作者运用一定的教育教学理论，长期指导自己的教育教学实践，不断探索而形成的。评选教学成果奖是为了鼓励教育工作者从事教育教学研究，提高教学水平和教育质量，增强教育工作者的职业获得感、归属感与幸福感。准确理解教学成果奖评审的话语体系，把握教学成果概念及其要义，掌握教学成果梳理要略，对加强教学成果的孵化与培育，提高区域教育科研管理的质量与水平，具有重要的现实意义。

2014年及2018年组织的两届基础教育国家级教学成果奖的评审，极大地激励了广大教师教书育人的荣誉感和责任感。全国各省、市纷纷对接国家级教学成果奖话语体系，加强了教学成果的孵化与培育。目前，教学成果奖评审制度成为师资队伍建设的重要举措。做好教学成果的总结、提炼、呈现和优化，是教育科研管理的重要内容，也是教育科研管理工作者的重要任务。

一、教学成果之概念要义

（一）理解教学成果概念的依据

要准确把握教学成果的概念要义，就要真正读懂文件，深刻领会相关文件精神，要在文件中找依据。

依据一：1994年3月14日国务院令第151号发布的《教学成果奖励条例》（以下简称《条例》），对教学成果奖的概念及条件进行了基本规定。《条例》第二条规定了教学成果的概念："本条例所称教学成果，是指反映教育教学规律，具有独创性、新颖性、实用性，对提高教学水平和教育质量、实现培养目标产生明显效果的教育教学方案。"《条例》第五条规定教学成果申请的基本条件:"具备下列条件的,可以申请国家级教学成果奖:(一)国内首创的;(二)经过2年以上教育教学实践检验的;(三)在全国产生一定影响的。"

依据二:《教育部关于开展2014年国家级教学成果奖评审工作的通知》(教师函〔2013〕14号),以及《教育部关于开展2018年国家级教学成果奖评审工作的通知》(教师函〔2018〕3号),这两个通知文件中关于教学成果应遵循原则,梳理并概括得出,要遵循如下五条原则:一是坚持正确政治方向,全面贯彻党的教育方针,落实立德树人根本任务,有利于实施素质教育。二是坚持以提高人才培养质量为核心,深化教育教学改革,突出实践性和创新性。三是坚持引导优秀人才终身从教,向长期从事一线教育教学的教师倾斜。四是坚持示范引领,重在应用推广,带动提高相关领域人才培养能力。五是坚持公开、公平、公正和专家评审。

依据三:两个通知文件附件关于《2014年基础教育国家级教学成果奖评审工作安排》《2018年基础教育国家级教学成果奖评审工作安排》中,梳理并概括,除去有关原则内容外,还应贯彻如下七点精神:一是有体现时代精神和素质教育核心理念,能遵循学生身心发展和教育教学规律。二是必须围绕解决基础教育教学过程中的实际问题,创造性地提出科学的思路、方法和措施。三是经过实践检验,对于实现培养目标、提高教学水平和教育质量效果显著。四是产生了广泛而积极的影响,一直在教育教学中发挥示范引领作用。五是特等奖教学成果应在教育教学理论上有建树,在实践中取得特别重大突破,经过不少于4年的实践检验,有突出贡献,在国内处于领先水平,在全国产生重大影响。六是一等奖教学成果有自己的理论体系,不少于4年的实践检验,有重大示范作用,产生重大成效,在全国或者省(区、市)域内产生较大影响。七是二等奖教学成果在某一方面有所突破,不少于2年的实践检验,产生显著成效,发挥了重要的示范作用。

(二)分析教学成果概念之要义

《条例》《通知》及其附件等文件显示,高水平成果或者说可能获奖的教学成果,其准确的概念的精神实质,应该是"教育工作者在某一重要的教育教学领域中,进行了长期系统的、理论与实践相结合的研究与实践,形成了创造性地解决教育教学重大现实问题的一套方案"。这一教学成果概念蕴含了十大要义。

一是方向性。教学成果应该体现立德树人这一导向,要政治正确,要全面贯彻党的教育方针，要体现社会主义核心价值观，要有利于培养社会主义事业的建设者和接班人，培养的是自己人。

二是针对性。教学成果有效回应了当前教育教学中存在的重大问题，这一问题有可能影响我们的教育不能完成立德树人这一根本任务，具有严重性和紧迫性，不解决不行了。

三是独特性。教学成果体现了创造性解决重要现实问题的一套办法，具有重要的个性标识，是成果持有者的独门功夫。

四是新颖性。教学成果是一个创新的实践，属于实践中产生的创新，体现了解决问题的新角度，具有不同于常规或者常人的思路，突破旧的思维定势，找到了解决问题的新路径。

五是操作性。教学成果是一套操作性强的问题解决办法，有利于示范引领，有利于借鉴应用，有利于推广从而进一步扩大影响。

六是实效性。教学成果能够解决教育教学实际问题，能对培养目标产生重要影响，能显著提高教育教学质量和效益，有利于教师形成自己的教学风格。

七是整体性。教学成果是对重大现实问题的整体性解决方案，是一整套办法，不是局部解决方案或者局部解决办法。

八是复合性。教学成果不仅仅是理论研究的成果，也不仅仅是实践研究的成果，是理论指导实践形成的教学成果。仅有理论学术不行，仅有实践经验也不行。教学成果是理论与实践的有机结合，由理论与实践两个范畴的交叉处复合而成。

九是持续性。文件规定教学成果必须推广应用2年以上者才有二等奖资格，推广应用4年以上者才有一等奖资格。不是成果刚形成就申请，必须经过实践的持续性检验。

十是影响性。在业内有较大影响，在社会上也有良好口碑，产生了广泛而积极的影响。特等奖应有重大影响，一等奖应有较大影响，二等奖能产生重要示范作用。

二、教学成果之梳理要略

每4年一次的基础教育国家级教学成果奖是荣誉组别最高、评审办法最科学、评审过程最公平公正的奖励。基础教育国家级教学成果奖制度极大地调动了广大教育工作者开展教育教学改革的积极性,推动了基础教育教学改革的深入发展,大面积提高了教学质量和人才培养质量,赢得了良好的社会赞誉,产生了深远的影响。但是,很多教师对什么是教学成果,如何对教学成果进行提炼、培育、申报、优化等问题,存在认识不到位,理解不深刻,价值不突出,方法不具体,组织不合理等现象。科研主管部门要重视基础教育教学成果的培育、提炼、呈现和提升工作,要根据有关文件精神,尽早准备、多次论证和精心打磨,优化教学成果的呈现方式,提高教学成果的质量水平,突出教学成果的影响力、辐射力,形成一套科学的教学成果梳理办法,提高科研服务于实践的本领。

(一)回应重大关切:立德树人重大问题

要找到立德树人中的重大问题、突出问题、关键问题、热点问题,并且是十分紧迫的问题,不解决这个问题就会弄出更大更严重的问题,要把握时代脉搏,体现教育工作者的责任与担当。要做到"五个结合":一要把主要问题与主要矛盾相结合,二要把导向性问题与中国教育传统自信相结合,三要把实践问题与学科导向相结合,四要把专业问题与学术研究相结合,五要把单一学科问题与跨学科研究相结合。

【样例1】

"翱翔计划"。创新人才培养的北京模式(首届基础教育国家级教学成果一等奖)。回应我们的教育为什么不能培养创新人才的问题,作为首都的教育工作者,有责任也有使命,要有所作为。

【样例2】

适才教育。解决初中"好"学校难题(首届基础教育国家级教学成果二等奖)。回应我们的教育,不仅要让人民群众有学上,更好解决上好学的问题。适才教育能提升学校教育教学质量与水平,增加好学校好学位供给,回应了人民群众上好学的呼声。

(二)提炼核心概念:高度凝炼、高位立意

习近平总书记指出:"要善于提炼标识性概念,打造易于为国际社会所能理解和接受的新概念、新范畴、新表述,引导国际学术界展开研究和讨论。"有成果也要有概念。要提炼具有标识性的核心概念,鼓励原创,不能跟着讲别人说过的话,要解决中国教育实际问题,提倡讲"新话",用新的核心概念作为话语建构起点,才能更好地阐释新实践和新经验,才能提炼新范畴和新命题,通过高位

立意，形成我们自己特色的学术核心概念体系，才能更好地回应教育教学重大现实问题。

【样例3】

复式教学。重拾互教互学的经典教义（首届基础教育国家级教学成果一等奖）。成果奖获得学校为湖南省株洲市炎陵县鲁坑小学。为什么要开展复式教学？因为一个年级的学生不够一个班，需要两个年级合在一起教学，可见这个小学是个边远山区小学，其教育教学的硬件与软件远远无法与中心城区学校相比。学校开展复式教学是个无奈之举。但将复式教学立意为重拾互教互学的经典教义，并且是从1959年开始探索，数十年坚守，成为学校教育教学的指导性方案，具有十分鲜明的样例价值，获得大奖自在情理之中。

（三）讲好成果故事：顶层设计、高位表达

教学成果是创造性解决教育教学重大现实问题的一套办法，要根据问题解决的思路，采用问题解决思维，遵循问题解决逻辑，形成关于这一问题的话语体系。教学成果话语体系蕴含着一个教师的教育行动智慧、教育价值取向以及教育理论思考，是成熟的、完整的一套说法。要联系实际，把普通教育工作者安教乐教善教的、平凡平常的故事讲好，要高度概括，要高位表达，要生动呈现。

【样例4】

情境教育。实践探索与理论研究（首届基础教育国家级教学成果特等奖）。题目就给人以宏大叙事的感觉，情境教育成果故事讲述了解决问题的八个台阶，全方位建构情境教育体系。台阶一，情境教育本质：儿童情境学习需与真实世界相通。情以物迁，辞以情发，借鉴古代意境说中"真、美、情、思"四元素。台阶二，情境教育美学：美的学习情境给儿童带来愉悦。台阶三，情境学习核心秘密：情感活动与认知活动的结合。台阶四，情境教学五要素：以培养兴趣为前提诱发主动性，以指导观察为基础强化感受性，以发展思维为核心着眼创造性，以激发情感为动因渗透教育性，以训练语言为手段贯穿实践性。台阶五，情境教育模式与原理：拓宽教育空间、缩短心理距离、保证主体活动、突出创新实践的情境教育四条基本模式。从心理学、场论等理论提出情感驱动原理、暗示倾向原理、心理场整合原理、角色转换原理的情境教育四大基本原理。台阶六，情境课程四大领域：核心领域，学科情境课程；综合领域，主题性大单元情境课程；衔接领域，过渡性情境课程；源泉领域，野外情境课程。保证儿童学习知识形成多元结构的开放系统。台阶七，情境课堂操作五要义：以美为境界，以思为核心，以情为纽带，以儿童活动为途径，以周围世界为源泉。台阶八，情境教育科学依据：科学理论、学习科学、脑科学，为儿童情境学习找到理论依据和应对策略。

（四）填好申报表格：读懂体例、厚实功夫

梳理教学成果要特别重视对申报表格的把握，要下厚实功夫反复打磨，力求精练精准。其中：500字的成果概要，要求要素化、结构化表达，说明成果是什么，好在哪里，要做到全面、准确地概述。800字的解决的主要问题、解决问题的过程与方法，要特别重视对问题的聚焦，围绕问题进行解决过程与方法设计，让人确信这个过程与方法是科学的、合理的和有效的。500字的成果创新点，要从理论创新、实践创新、价值创新、平台创新、方式创新、方法创新、路径创新等角度，让人确信这个教学成果是一个创新的套路。800字的成果应用及效果，要简述应用情况，效果指成效与成果，要从多个角度、多个层面进行立体描述，让人确信这个成果在业内业外都有很好的口碑。

（五）设计支撑系统：主题支撑、系列支撑

申报教学成果，需要按要求提交一整套材料。很多申报者往往是等到申报通知来了，就把所有资料集中起来进行临时组拼速成，这是很忌讳的。正确的做法是产生标志性成果（成果应用的时间起点）之后，进行主题式活动推进，系列化材料呈现，这样看得出成果的推广应用过程，要尽早谋划，一个学期呈现一个主题，精心设计，汇集成册，1学期1册，1年2册，5年就有10册，要是坚持10年，有20册材料支撑，不获奖都难。要围绕教学成果核心概念多发表文章，发表的期刊层次越高，支撑力度越大。

好的教学成果都体现自己的使命担当（回应重大现实问题），都有自己的话语体系（核心概念为起点的一套说法），都有深厚的实践支撑（持续系统深入的实践探索）。但不能伪造问题，不能是假问题，不能凭空捏造概念，不能玩概念，尽量不要出现有争议的概念。申报教学成果某种意义上不能说是成果持有人个人的事，应该是学校的事，应该是教育发展的需要，美好教育生活的需要。

参考文献

[1] 国务院.教学成果奖励条例[EB/OL].（1994-03-14）[2019-02-27].
http://old.moe.gov.cn/publicfiles/business/moe_620/200408/1382.html.

［2］教育部.关于开展2014年国家级教学成果奖评审工作的通知［EB/OL］.（2013-12-30）［2019-02-27］.http://old.moe.business/htmlfiles/moe/s7058/201401/162272.

［3］教育部.关于开展2018年国家级教学成果奖［EB/OL］.（2018-02-01）［2019-02-27］.http://www.moe.s7058/201802/t20180206_326947.html.

（原载《中小学管理》2019-06-05）

视点2　教学成果培育的学理呈现与事理安排

教学成果奖励制度是国家为加强教师队伍建设的一项政策红利。这一制度对增强教育工作者的职业获得感、归属感与幸福感，提高教学水平和立德树人教育质量，起到了重要推动作用。获得教学成果奖数量的多少及等级的高低，已经成为评价学校（区域）教育质量的重要依据。教学成果培育作为教学成果奖励制度的落地机制建设，要围绕"实践问题解决"进行学理与事理分析，从教学成果之本体、主体、价值、理论与实践等维度进行学理呈现，从教学成果之培育依据、培育方向、培育目标、培育思路、获培条件及培育举措等方面进行事务安排。

国家教学成果奖励制度自1994年3月14日国务院令第151号发布《教学成果奖励条例》（以下简称《条例》）以来，国家级教学成果奖（基础教育类）已经评审了两次。各省市也根据各自情况组织了届数不一的教学成果评审活动。国家及省市组织教学成果奖的制度化评审，已成为国家为鼓励教师长期从教安教乐教的一项政策安排，已经深刻影响并推动了教育实践的变革，激活了广大教师潜心教学育人的积极性和创造性，涌现了一大批基于教师教学实践风格的创造性教学成果。学校（或者区域）教育教学质量除了升学率之外，教师所获得的教学成果奖的数量与等级，已经成为教学水平与教育质量的重要参数。当前，通常所见到的、成果持有人所归纳、收集、梳理与呈现的教学成果中，存在着价值不高（问题未聚焦）、本体不明（不明白教学成果是什么）、主体不突出（未体现成果持有人的风格形成和使命担当）、理论不厚实（话语表达苍白）、实践不深入（未体现基于实践的整体创新）等学理呈现逻辑不清晰问题，也存在着成果培育依据未找对（未读懂文件精神）、培育方向不准（偏离立德树人方向）、培育目标不具体（未突出创造教学实践话语体系）、培育思路不清（未按照实践问题解决思路）、获培条件不充分（未把握教学成果获奖的要素及条件）、培育举措不落实（措施不系统不得力）等事理事务安排不合理问题。教学成果其学理呈现不好，事理安排不好，直接影响教学成果奖励制度的落地机制建设，为此，笔者作为负责深圳市基础教育教学成果培育的具体推手，把自己长期以来对基础教育教学成果培育工作的理解与做法做一样例，以期抛砖引玉。

一、教学成果培育要重视学理呈现

教学成果培育首先要解决其学理呈现问题。教学成果学理呈现又首先要基于学理分析。问题是，教学成果其学理分析从何处开始？笔者以为，要对教学成果进行学理分析，应从教学成果之概念分析开始。什么是教学成果？应从《条例》中寻找依据。

《条例》第二条规定："本条例所称教学成果，是指反映教育教学规律，具有独创性、新颖性、实用性，对提高教学水平和教育质量、实现培养目标产生明显效果的教育教学方案。"由该规定可知："教学成果"是一种"教育教学方案"，这一"教育教学方案"要符合三个要素：一是"反映教育教学规律"，二是"具有独特性、新颖性、实用性"，三是"对提高教学水平、教育质量、实现培养目标产生明显效果"。

根据"国家级教学成果奖申报表（基础教育）"，其中"二、成果简介"第二个表即800字的"解决的主要问题、解决问题的过程与方法"，以及根据"国家级教学成果报告（基础教育）"的体例，"问题的提出、解决问题的过程与方法、成果的主要内容、效果与反思"，可以得出：教学成果是一种基于问题解决的教育教学方案。

什么样的教学成果（即教育教学方案）能够获奖？除了要符合《条例》中教学成果概念所规定的三个要素外，还要符合四个要求：一是回应教育教学重大问题（立德树人方向）；二是基于问题的创造性解决方案（独门功夫）；三是基于问题的整体解决方案；四是教学成果要在推广应用要达到一定年限（二年以上具备二等奖资格，四年以上具备一等奖资格）。也就是，能获奖的教学成果（教育教学方案）是一种创造性地解决了教育教学重大现实问题而长期探索形成的一整套解决方案。

根据《条例》精神，以及对"教学成果"之学理分析，教学成果培育应以"实践问题解决"进行要素设计，从教学成果之价值维、本体维、主体维、理论维及实践维等维度进行呈现。

1. 价值维

破解现实问题。"必须围绕解决基础教育教学过程中的实际问题，创造性地提出科学的思路、方法和措施，经过实践检验，对于实现培养目标、提高教学水平和教育质量效果显著。"教学成果的价值来源于实践改进（有用），能够破解教育教学改革重大实践问题。教学成果的呈现一定要聚焦问题，把问题的严重性、紧迫性梳理出来，方能体现教学成果的价值。破解实践问题是教学成果培育的逻辑起点。

2. 本体维

教育教学方案。从前两届（2014、2018）"基础教育国家级教学成果奖评审工作安排"规定"基础教育国家级教学成果要反映我国基础教育教学改革与实践探索的重要成果，包括课程、教学、评价、资源建设等方面，可以是综合性的，也可以在某些方面有所侧重。中小学教材建设成果暂不被列入本届奖励范围，另外安排"。可见，教学成果的呈现，可以是课程方案、教学方案、评价方案及资源建设方案，可以是综合性方案，也可以是有所侧重的某个领域的方案。但中小学教材建设方案暂未被列为教学成果评奖范畴。

3. 主体维

单位或者个人。单位作为成果申报的主体，"该成果应体现单位意志，由单位派人主持方案设计、论证、研究、实施与总结的过程，并以单位为主提供物质技术条件保障"。个人作为成果申报的主体，成果持有者个人"应当主持并直接参加了成果的方案设计、论证、研究、实施和总结的全过程，做出主要贡献，并至今仍在从事教育教学研究与实践探索"。可见，教学成果的呈现应体现成果持有单位的意志，体现高水平学校样例，或者应体现成果持有人所一直从事并做出了主要的贡献，体现成果持有人对教育教学的风格形成、对教育事业的执着坚守以及对教书育人的使命担当。

4. 理论维

突出理论创新。"必须符合国家教育方针、政策，体现时代精神和素质教育的核心理念，遵循学生身心发展和教育教学规律。"教学成果的呈现应体现成果持有人在教育教学理论上的建树，如有自己的理论主张，或者自成一体的理论体系，或者对现有理论进行了重要的完善，并且该理论在国内处于领先水平，在全国产生重要影响。

5. 实践维

突出实践创新。教学成果是基于教学实践问题解决形成的一整套创造性解决方案，在实践中长期探索形成，是对教学实践存在的问题进行改革所取得的重大突破，并且要在推广应用中经得住实践检验，在实践检验过程中要对应用单位（学校）的教学改革实践有重要示范引领作用，对应用单位（学校）的教学水平和教育质量有明显提高，对实现培养目标产生重要成效。教学成果的呈现要体现成果持有人在实践中问题解决的方法论思想，问题解决过程的重要时间节点，方案成型的标志性事件，推广应用的示范引领效果及影响，呈现一个真实发生的实践创新过程。

二、教学成果培育要科学进行事理安排

获得国家级及省市级教学成果奖的数量与等级，是体现学校（或者区域）教育质量与水平的重要参照指标。指导广大教师梳理与呈现自己教学工作中的优秀经验，做好教育教学成果培育工作，获得更高等级、更多数量的国家级教学成果奖及省级教学成果奖，是加强教师队伍建设，提高教育质量的重要举措。教学成果是创造性解决教育教学重大现实问题的一整套办法，是基于实践问题解决的思路、思维及逻辑，形成的独特的话语体系。教学成果的申报工作是集总结、提炼、呈现、优化于一体，具有很强的专业性。教学成果培育要围绕"实践问题解决"进行事理分析，从教学成果之培育依据、培育目标、培育思路、获培条件、培育方向及培育举措等方面进行事务安排。

1. 找好培育依据

有关政策文件。跟随国家意志，精读相关文件，理解文件精神，争拿政策红利。国家层面有《教学成果奖励条例》《教育部〈教学成果奖励条例〉实施办法》《教育部关于开展2014年国家级教学成果奖评审工作的通知》《教育部关于开展2018年国家级教学成果奖评审工作的通知》。省市级层面，各省各直辖市根据国家政策，出台的省市层级的教学成果奖励办法，也组织过届数不一的省（市）教学成果奖的申报及评审工作。在报纸杂志上也有关于获奖教学成果的文章。要理解政策，读懂文件，要读懂教学成果的结构与体例，不要自创体例，自说自话。

2. 找准培育方向

围绕立德树人目标，在教学育人、课程育人、组织（学校组织）育人、综合

育人等方向上呈现好成果。一是教学改革方向。回应重大教学问题，以立德树人为核心，以提高教学质量为目标，在教学模式创新、教学方法改革、教学策略优化等方面形成的成果。二是课程改革方向。回应人才培养重大现实问题，围绕人才培养模式改革，聚集课程体系建设，在课程开发、课程组织、课程实施、课程评价等方面形成的成果。三是学校改革方向。回应学校治理重大现实问题，围绕以学生为中心，探索现代学校内涵发展、特色发展、转型发展，突出制度创新，呈现学校管理新路径等方面形成的成果。四是综合改革方向。回应教育质量提升重大现实问题，破解教育热点难点问题，在构建政府、学校、社会新型关系，推进管、办、评分离改革，促进资源共享，实现有公平的教育质量等方面形成的成果。

3. 制定培育目标

让每一位教师都有自己的优势领域，让每一位教师都有自己的教学风格。通过教学成果培育工作，促进教师形成安教乐教优教，潜心实践，不断形成自己的教学特色，并善于总结、提炼，呈现自己独特的教育教学方案，涌现一批基础好，水平高的教学成果。唤醒并激发教师的教学成果意识，引导教师们在平常平凡的教学工作中形成自己特色的教学体系，回应好问题、积累好经验、呈现好成果、创造好生活。

4. 确定培育思路

理论联系实际，理论指导实践；回应好问题，立项好课题，研制好方案，实践好效果；遴选优育，优中选优，持续跟进。深入挖掘和全面总结教师在教育教学实践中形成的优势和特色，采取存量推选与增量自主相结合的形式，遴选部分基础扎实、特色鲜明的教学成果进行重点培育，通过系统梳理和持续改进，进一步完善内容体系，凝练项目特色，增强推广价值，突出成果的实践性、实用性、新颖性和独创性。

5. 设定获培条件

实践厚度、理论高度、育人效度、应用广度。一是成果要有厚实的实践基础。解决教育教学重大实践问题是教学成果的价值所在。要突出教学成果所回应问题的重要性和迫切性。遵循教育教学规律，引领教学改革方向，在设计、论证和实施等方面具有相应的理论与实践创新，属于国内、省内首创或部分首创。二是成果要有扎实的研究基础。围绕教学中存在的重大现实问题进行了长期的改革实践，方案具有可行性和可操作性，改革前后效果对比突出，支撑材料丰富，有较强的应用推广价值。三是成果要有鲜明的育人特色。在优化教育教学管理、更新教学方式方法、提高人才培养质量、实现人才培养目标方面具有突出的、为社会所认可的特色，在系统内优势突出。四是成果要有较大的推广价值。围绕解决教育教学重大现实问题的整体性解决方案，操作性强，有示范引领作用，有借鉴意义，有很好的应用前景，对大面积质量提升有显著效果。

6. 落实培育举措

（1）提高认识。要把教学成果培育作为学校（区域）教育质量的重要指标，要把教学成果培育作为促进学校（区域）教育发展的重要举措，要发挥成果培育工作的辐射带动作用。成果培育不是成果持有者个人的事，应该是单位的重大事项。要在人、财、物等各项资源投入上配齐配足，要有专人负责，筹措专项经费，确保成果培育。

（2）对象跟踪。对每一项培育成果进行持续跟踪指导。根据教学成果奖有关文件精神及评审指标要求，结合成果现有条件，科学分析，查缺补漏，补齐短板和不足，提出优化提升路径。

（3）专家引领。根据教学成果的学科领域，由成果持有人与所在单位商量拟定专家团队。专家来源为国内教学成果培育方面有造诣的专家等。

（4）持续优化。围绕教学成果要回应的重大问题，从成果名称、框架体系、创新点提炼等方面进行反复修改凝练，做好成果申报材料的梳理与升华。

（5）宣传推广。发挥省、市、区、校各级多方积极性组织培育活动：一是成果梳理活动，邀请专家对成果进行归纳、提炼、呈现、提升等活动；二是成果推广活动，如成果展示活动、成果宣讲活动；三是组织专项培育活动，如中等职业教育教学成果培育专场活动、特殊教育教学成果培育专场活动，并在各种报纸杂志及其他传媒进行专题宣传，增强教学成果的影响力。

（6）形成合力。教学成果的水平和质量已经成为衡量区域学校教育教学质量的一个重要指标，所以教学成果培育不仅是成果持有人个人的事，也不应是单个学校的事，而是各相关方面大家的事，要协同培育，要形成合力。个人层面要求教学成果持有人要把申请教学成果奖体现自己的责任感和使命感联系起来，获得教学成果奖是对学校（单位）最好的贡献，是对学生最好的教育，是对自己最好的肯定。要积极主动申请申报，把自己的教学改革实践经验很好地梳理与呈现出来。校级层面要求学校主要领导要重视教学成果奖对于学校发展及教师安教优教的重要意义，要尽可能把本校办学经验完整呈现，把本校教师的优良教学传统及风格提炼出来，要多组织、多发动、多研讨、多优化、多申请，多出成果，出好成果。主管层面要求政府教育主管部门重视，教学成果申报的推荐单位是教育行政部门（教育局），省市区级层面都应成立成果培育专项工作小组，由教育业务主管部门（教科院所、中心）具体组织推进。根据培育进度组织各种培训、研讨活动；牵头组织各种培育活动进行跟踪指导，如研讨推广活动、展示观摩活动，切实做好服务工作，梳理好经验，提炼好成果。

教学成果奖励制度作为重塑教师职业生涯特质的一个重要政策，是促进教师专业发展的一个生成机制。引导教师们围绕教育教学重大问题进行长期探索实践，形成自己独特的教学风格，做一个完整的教师、独特的教师、创新的教师、高水平的教师，使教师成为立德树人的不懈奋斗者，追梦人，让教师散发出职业的影响力与魅力，享受教师职业的尊荣，意义十分深远。

参考文献

［1］国务院.教学成果奖励条例［EB/OL］.（1994-03-14）［2020-02-10］.http：//www.moe.gov.cn/s78/A02/zfs__left/s5911/moe_620/tnull_1382.html.

［2］教育部.关于开展2014年国家级教学成果奖评审工作的通知［EB/OL］.（2013-12-30）［2019-02-27］.http：//old.moe.gov.cn//publicfiles/business/htmlfiles/moe/s7058/201401/162272.html.

［3］教育部.关于开展2018年国家级教学成果奖评审工作的通知［EB/OL］.（2018-02-01）［2019-02-27］.http：//www.moe.gov.cn/srcsite/A10/s7058/201802/t20180206_326947.html.

（原载《教学与管理》2020年第19期）

视点3 国家级教学成果奖深圳组织工作

一、2018年基础教育国家级教学成果奖(第二届)简介

(一)评奖背景

2018年国家级教学成果奖励活动,是深入学习贯彻习近平新时代中国特色社会主义思想和党的十九大精神的重要举措,是落实《中共中央国务院关于全面深化新时代教师队伍建设改革的意见》的实际行动,是2018年党和国家送给广大教师红包里的"真金白银"。

基础教育国家级教学成果奖评选活动,是在以国家层面的力量鼓励和引导一线教师投身教育教学改革。教学成果奖项更好地发挥校长和教师的主体作用,充分肯定广大教师在教育改革中做出的突出贡献,让政府、专业机构和社会力量为校长和教师创造更宽阔的空间,提供更有效的支持和更良好的条件,让每一位一线教师都有可能成为未来教学成果奖的获得者。

基础教育国家级教学成果奖像是航标灯,也像是探照灯,指引着未来教育改革的方向,指引着基础教育教学改革中人才培养模式的进一步改革和调整,鼓励广大教师将着力点放在怎样培养人,培养什么样的人,把握好教学实践中真正面临的重要问题和关键问题,进行面向未来的改革创新。

(二)评审情况

继2014年首届基础教育国家级教学成果奖评选之后,第二届国家级教学成果奖于2018年2月1日开始,到8月1日评审结果公示,再到2018年12月21日《教育部关于批准2018年国家级教学成果奖获奖项目的决定》最终结果文件颁发,评审工作历时

10个月。

由各省级教育行政部门受理成果后先行展开评选，在限额范围内择优推荐，确保成果质量和水平。全国各地各部门共推荐1382项候选项目（广东省获得102项推荐名额，深圳含16项），遴选出授奖成果共452项，其中拟授特等奖2项，拟授一等奖50项，拟授二等奖400项。深圳市共获奖9项（一等奖1项，二等奖8项）。本届评奖首次接受港澳地区教学成果申报，评出香港地区成果3项，其中一等奖1项，二等奖2项；澳门地区成果1项，获一等奖。

基础教育国家级教学成果奖由教育部成立的基础教育国家级教学成果奖评审委员会负责，具体由中国教育学会组织评审。

成果评审就被分为网络评审和会议评审两个阶段。网络评审分类别进行，采取按类别分组、专家打分排序的方式，最终进入会议评审阶段。

分组讨论结束后，评审专家在听取汇报、审阅、评议的基础上对成果进行表决和评选。评选中，每一项成果的获票情况都清晰透明地体现出来，评选过程繁而不乱。特等奖的评选共组织了两次大规模集体讨论。

整个评审过程体现三大特点。

一是导向明确，落实立德树人根本任务。最终获奖成果均坚持了正确的人才观、教育本质观、教育价值观、教育目的观，所有获奖成果将充满时代精神的教育观念贯穿到了基础教育各阶段、教育教学全过程和学校文化建设的每一方面。

二是注重实践，聚焦基础教育改革关键领域。以实际问题为导向，解决基础教育教学过程中的实际问题和未来挑战，更注重向一线倾斜，更关注学生和一线教学。

三是引导进一步深入研究人才培养的焦点问题。基础教育国家级教学成果奖像是航标灯，也像是探照灯，指引着基础教育教学改革中人才培养模式的进一步改革和调整，围绕关键环节，将改革者的精力聚焦在焦点问题之上。

（三）专家评价

1. 中国教育学会会长钟秉林

"透过成果看我们的基础教育，我充满感动同时也更有自信。获奖者大部分是普普通通、几十年如一日耕耘在教育一线的教育工作者，他们既有仰望星空的教育理想，又有脚踏实地的苦干实干精神，在普通的教学岗位上执着探索，取得了丰硕的成果。"

"获奖教学成果经过了较长时间的实践探索，注重解决实际问题，并通过试点、实验等方法检验解决问题的思路、方法和措施的正确性和有效性。"

2. 教育部基础教育课程教材发展中心主任田慧生

"从教育部基础教育司到承办单位中国教育学会,事先都做了精心的准备。大家高度重视,整个过程有序规范。"

"参与评审的专家团队本着'为国举贤,为国选优'标准,以一种高度认真负责的态度投入工作,展开了充分的讨论,按照严格的程序进行评审,我感觉这次整体组织工作令人满意。"

"每一项研究的成果都是针对我们教学改革中,特别是实践一线面临的重点问题、难点问题和真正需要迫切破解的一些问题来开展研究,开展探索。"

3. 西南大学基础教育研究中心主任、西南师范大学原校长宋乃庆

"每个项目在网评中的排序都列了出来,将网评作为参考。"

"此次评审更注重'大评委'公开讨论和集体评议。每个学科类别的评选结果都经过分组讨论,反复征求意见,达到基本统一后才提交到大评委手中。""第一天下午讨论,第二天上午又讨论,然后再投票,确保了奖项的质量。"

4. 清华大学教授石中英

"很好地贯彻执行了党的教育方针,努力落实立德树人根本任务,着眼于培养担当民族复兴大任的时代新人,在德智体美等全面发展教育的各领域、各阶段、各环节进行改革创新。"

"拟授奖项目有的具有世界性影响,有的具有全国性推广价值,有的在不同的区域范围内产生了积极影响和推动作用,整体上形成了一种百花齐放、百舸争流的改革创新局面。"

"要尊重和体现基础教育的性质,反映儿童身心发展规律、教育教学规律和人才成长规律,不能瞎折腾、贴标签或者走急功近利的路线。"

5. 成尚荣

"教学成果是'做'出来的,是长期积累积淀的结果",不少成果项目名称中都含有"20年""30年"等字样,每一项都饱含着育人者长期探索,历经多年磨炼和实践得出的综合成就。

二、2018年基础教育国家级教学成果奖（第二届）深圳组织培育情况

（一）组织启动基础教育国家级教学成果申报辅导会

于2018年1月18日下午，由深圳市南山教育科学研究院（时称"深圳市南山区教育科学研究中心"）承办，在深圳市南山区教育局三楼会议厅（地址：南山区南山大道2076号南山教育信息大厦）进行。主要内容为：一是南山区拟申报成果持有人陈述（四位）。二是专家对成果陈述情况进行点评指导。参加人员有：各区负责课题与成果申报工作的负责人、市局各直属学校科研负责人；凡想申请国家级教育成果奖的成果持有人、近几届省教育教学成果奖获得者。本人是活动策划者与会议主持人。事后说明启动会是动员会，鼓劲的会，效果很好。

（二）分区组织培育活动

在接到《教育部关于开展2018年国家级教学成果奖评审工作的通知》（教师函〔2018〕3号）以后，本人策划、组织和主持分区培训，共组织八场次国家级教学成果奖培育培训。每场活动所选专家均为省教学成果奖评审委员会主任或者成员，具有丰富的成果鉴别经验；每场培训均选取4—6项已获省二等奖以上成果进行，聚焦教学成果科学表达进行系统性辅导，通过解剖已获奖国家级教学成果奖案例的逻辑架构进行案例式辅导；每场活动都持续近3个小时，是充分展示后的深度梳理与指导，取得较好效果。

（三）资格推荐及获奖情况

广东省申报2018年基础教育国家级教学成果奖（第二届）的组织工作由广东省教育厅基信处负责，由广东省教育研究院协助。广东省申报2018年基础教育国家级教学成果奖（第二届）资格的推荐依据，以2017年广东省基础教育教学成果奖（第九届）特等奖及一等奖获得者为主。深圳市共有16项一等奖，其中非一线一等奖成果比一线成果多，于是将2项非一线一等奖撤下，补上2项一线二等奖获得者代替。撤下及替补者均由省厅（省院）直接决定。省里同时给深圳大学师范学院2个推荐名额。深圳市共9项成果获奖，其中1项一等奖（广东省仅2项），取得了较好成绩。

（本文为本人负责深圳市申报2018年国家级教学成果奖的遴选与报送工作的一个小结）

视点4　广东省教学成果奖深圳组织工作

深圳教育公众号2020年3月24日发表《三个最多！2019年广东省基础教育教学成果奖深圳喜获丰收》，对本人工作做了最好肯定。内容如下：

近日，广东省教育厅下发了《关于公布2019年广东省教育教学成果奖获奖项目的通知》。全省基础教育类总奖项数为221项，深圳获49项，获奖数全省最多。其中特等奖全省5项，深圳2项，全省最多；一等奖全省96项，深圳31项，全省最多。深圳市基础教育教学成果奖呈现出获奖等级高、数量多、获奖单位分布广的明显特点。全市基础教育49项成果奖，其中学前教育4项，义务教育20项，高中教育9项，特殊教育2项，全市教科院（进修学校、教研室、教科研中心）13项，大学1项。分布10区共43个单位。这既反映出深圳市中小幼教师的良好科研素养，更是深圳市基础教育高质量发展的重要体现。

深圳市基础教育教学成果奖喜获丰收，非一时之功，也非一时之力。主要做法：

一是明确定位，坚持面向教育教学实践的问题要导向。

全市中小学和幼儿园把教育教学研究的根扎在教育教学实践的大地上，研究教育教学实践中的问题，在教育教学实践中研究，为改善和提高教育教学实践效果而研究，避免基础教育教学研究假、大、空现象。

二是搭建平台，不断完善基础教育教学科研体系。

抓住教科研的五个关键点构建起全市基础教育科研体系，以体系建设促全市基础教育教学研究水平的整体提升。这五个关键环节是：面向全市中小幼教师的普通课题、聚焦教育教学重大问题的重点课题、培养教科研骨干的教育科研专家工作室、重在激励市教育教学优秀成果奖、强化成果转化的优秀成果推广应用平台。

三是抓实过程，不断提高教育教学研究的规范和水平。

教育教学研究的基础在规范，水平在过程。不管是普通课题还是重点课题或者是教科研专家工作室课题等，我们紧抓开题、中期检查和课题结题的全过程管理，开展课题主持人培训、组织课题研究专项研讨会和专家研讨会，以各种形式提高教学研究的规范水平和研究能力。

四是加强指导，认真做好成果申报工作。

教育教学成果梳理与呈现是一项政策性、专业性很强的工作。课题研究工作做好了，不等于课题申报就成功了。市、区教科院组织了多场培训，从成果申报材料组织、核心观点提炼、关键成果呈现等各个方面进行指导，还请专家对成果奖申报进行一对一指导。

五是加大投入，强化教育教学研究的条件支持。

市、区政府和教育局高度重视教科研工作，不断加大投入。2019年市教育局投入教科研课题资助经费达900万元。

强国必先强教，强教必兴科研。当前，深圳市正全力建设中国特色社会主义先行示范区。深圳市中小幼教育教学研究任重道远，光明无限。

（本文为本人负责深圳市申报2019年广东省教学成果奖的遴选与报送工作的一个小结，2019年深圳市和广州市推荐数量持平，都是70项，但深圳市获得全省最好的成绩）

后 记

自2011年5月开始,我到深圳市教育科学研究院工作已经有12年了。2012年9月担任院教育科研管理中心副主任,2014年4月担任院教育科研管理中心(科研管理办公室)主任,2021年11月任院比较教育研究室主任。在教育科研管理办公室工作时,主要职责是两项:一项是课题管理,包括市级教育科学规划课题的立项评审及过程性管理;省级教育科学规划课题的评选报送;全国教育科学规划课题的评选报送。另一项是教学成果培育及评选,包括深圳市教学成果的评审、省教学成果的评选报送,全市教学成果培育工作。主要亮点成绩有:一是深圳市教育科学规划课题管理的各种文本体例已成体系,管理理念先进,文本设计科学合理。二是2019年广东省教学成果评选中,深圳市报送的教学成果成绩突出,总结为"三个最":获特等奖数量最多、获一等奖数量最多、获奖总数最多,体现出获奖等级高,获奖数量多,获奖面宽的特点。

2009年10—12月我在英国华威大学访问学习的2个月期间,适逢深圳市教科院组织申报深圳市教育科研专家工作室项目的评选,我当时作为龙岗教师进修学校科研管理部主任,响应号召积极申报,到项目真正评审完成已经到了2011年上半年,我有幸成为深圳市首批教育科研专家工作室主持人之一。随着我被调到市教科院工作,工作室就承主持人走,所以在市教科院工作,还有一个教育科研专家工作室事务。当时工作室核心课题是"以教育科研引领学校特色品牌建设研究",相关成果获得广东省教学成果一等奖(2017年)。所以来市教科院工作,除了教育科研管理事务外,把学校研究作为自己的学术研究方向。学校作为社会教育生活方式的一种存在,包含办学理念、理论、制度、课程、教学、师资队伍、评价等方方面面,可以说空间巨大，什么都能往里装。所以我把这些年围绕学校教育的要素进行建构，并且以学校教育学视域，把这些年来公开发表的主要文章进行结集出版，作为职业收官之作，很有意义，也感触良多。

一要感谢市教科院各位领导，尚强、叶文梓、李桂娟、潘希武等院领导的关心支持，也感谢院里各位同事如李庚靖、李敏、赵鹭等的支持。

二要感谢各区教科院的院长、各区院科研管理部门的主任、承办协办教育科研管理活动的学校的校长们，感谢他们对我负责的部门工作及工作室工作的支持。

三要感谢杨登明先生，他是《教育》杂志（新闻版）主编，他鼓励我多写文章，原希望我能每月发一篇，因工作紧张改为两个月一篇，开辟《快评天下》栏目，前后持续六七年，每篇文章约一千八百余字，我形容为"千字文"。

四要感谢吴颖民校长，他做过中学校长、大学校长，是当代教育名家，跨越学科，跨越学段，事通人通，是个通人。承蒙他赐序加持，让拙著添光彩，感激并铭记。

五要感谢闫德明教授，他是学校特色研究领域权威专家，是学校研究的领路人。在为拙著赐序的言语中，我深深感受到闫教授的厚爱关怀，受之诚惶诚恐。

六要感谢李均教授。我在龙岗工作时，他到龙岗指导很多。我在市教科院工作时，有困难就找李教授，得到他很多帮助。他的特点是公正严谨。他点评课题的特点是能批判（中性词），更能建构。现在是深圳大学教育学部执行主任，日常事务繁杂，仍然为拙著赐序，心中感激不尽。

七要感谢出版的团队，刘鹏先生、付宁堂先生和张艳青先生，他们对拙著出版做了大量贡献。

要感谢的人还有很多，如刘堂江老先生、陈如平副院长、柴纯青社长、王爱玲主编、王颖博士、夏晋祥院长等，他（她）们为我的学术文章的发表提供了指导与帮助。

最后要感谢农凌女士，她是我文章的第一读者，指出我文章亮点，也指出其中不足，很受启发，拙著一半的功劳是她的，诚心诚意地感谢。

最要感谢的是，我们都处在一个美好的时代。

黄积才

2022年10月